사도신경

그분과 나눈 약속의 정표

차동엽 글

사진제공 게티이미지: 표지

Nihil Obstat:
Rev. Thomas Kim
Censor Librorum
Imprimatur:
Most Rev. Boniface CHOI Ki-San, D.D.
Episc. Incheon
2013.12.20.

사도신경
그분과 나눈 약속의 정표

2012년 6월 8일 1판 1쇄 발행
2018년 5월 18일 1판 17쇄 발행

글 차동엽

펴낸이 백인순
펴낸곳 위즈앤비즈
주소 서울 영등포구 선유동2로 46 (당산동5가, 유원제일2차아파트상가) 304호
전화 02-324-5677
출판등록 2005년 4월 12일 제 313-2010-171호

ISBN 978-89-92825-63-4 03230
값 14,000원

ⓒ차동엽, 2012
· 이 책은 저작권법에 의해 한국 내에서 독점적인 권리를 갖는 저작물이므로
  무단전재와 무단복제를 금합니다.
· 잘못된 책은 바꾸어 드립니다.

Credo

Credo in Deum Patrem omnipotentem,
Creatorem caeli et terrae.
Et in Iesum Christum, Filium eius unicum,
Dominum nostrum,
qui conceptus est de Spiritu Sancto,
natus ex Maria Virgine,
passus sub Pontio Pilato,
crucifixus, mortuus, et sepultus,
descendit ad inferos,
tertia die resurrexit a mortuis,
ascendit ad caelos,
sedet ad dexteram Dei Patris omnipotentis,
inde venturus est iudicare vivos et mortuos.
Credo in Spiritum Sanctum,
sanctam Ecclesiam catholicam,
sanctorum communionem,
remissionem peccatorum,
carnis resurrectionem,
vitam aeternam.
Amen.

— 라틴어 원문

사도신경

전능하신 천주 성부
천지의 창조주를 저는 믿나이다.
그 외아들 우리 주 예수 그리스도님
성령으로 인하여 동정 마리아께 잉태되어 나시고
본시오 빌라도 통치 아래서 고난을 받으시고
십자가에 못박혀 돌아가시고 묻히셨으며
저승에 가시어 사흘날에 죽은 이들 가운데서
부활하시고
하늘에 올라 전능하신 천주 성부 오른편에 앉으시며
그리로부터 산 이와 죽은 이를 심판하러 오시리라
믿나이다.
성령을 믿으며
거룩하고 보편된 교회와
모든 성인의 통공을 믿으며
죄의 용서와
육신의 부활을 믿으며
영원한 삶을 믿나이다.
아멘.

- 가톨릭 사도신경

사도신경

전능하사 천지를 만드신 하나님 아버지를
내가 믿사오며,
그 외아들 우리 주 예수 그리스도를 믿사오니,
이는 성령으로 잉태하사 동정녀 마리아에게
나시고,
본디오 빌라도에게 고난을 받으사,
십자가에 못박혀 죽으시고,
장사한 지 사흘 만에 죽은 자 가운데서 다시
살아나시며,
하늘에 오르사, 전능하신 하나님 우편에 앉아
계시다가,
저리로서 산 자와 죽은 자를 심판하러 오시리라.
성령을 믿사오며,
거룩한 공회와,
성도가 서로 교통하는 것과,
죄를 사하여 주시는 것과,
몸이 다시 사는 것과,
영원히 사는 것을 믿사옵나이다.
아멘.

— 개신교 사도신경

추천사

사도신경은 그리스도교 신앙의 젖줄이다. 이것으로 많은 이들의 신앙이 잉태되고, 성장되고, 유지된다. 이런 의미에서 사도신경은 하늘 밥이다.

이번에 차동엽 신부가 이 '사도신경' 풀이를 책으로 내 놓았다. 우리 신앙 선배들의 이해에 충실하면서도 이 시대의 살아 있는 언어로 풀어내어, 쉽게 그리고 신나게 읽힌다. 치하한다.

그리스도인이라면 한번쯤 꼭 점검해 봐야 할 것을 갈무리할 수 있도록 해 준다는 점에서, 이 책을 추천한다.

천주교 인천교구장
최기산 주교

헌사

2천 년의 지혜 사도신경으로 인하여 가히 수천만이 피를 흘렸고, 그 덕에 오늘의 우리가 살고 있다. 그것은 지금 내가 존재하고 있는 이유이며, 내가 살도록 해 주는 힘이며, 내게 설렘과 기쁨을 가져다 주는 희망이다.

나는 그것을 외울 줄 알았지만, 몰랐다.
명색이 공인된 신학도인 내가 그랬으니, 신자들은 오죽하랴.
그래서 글을 쓰는 내내, 깨달음이며 회개였다.

사도신경은 그리스도교 문화의 보물이다. 여기에는 교파도 없고, 천주교와 개신교의 구별도 없다.
그리스도교에 속한 모든 이들은 적어도 세 가지 보물을 공유한다.

그 첫째가 '성경', 둘째가 '주님의 기도', 셋째가 바로 '사도신경'이다. 이들을 나는 순서대로 『맥으로 읽는 성경』과 『통하는 기도』라는 제목의 저술로 풀어낸 바 있으며, 이 책은 그 셋째에 해당한다.

사도신경 때문에 사도신경을 위하여 목숨을 바친 모든 순교자들에게 이 책을 바친다.
사도신경으로 말미암아 단 한 영혼이라도 더 영원한 생명을 누리게 되기를 희망하면서.

천등고개 연구소에서
글쓴이 차동엽 신부

차례

추천사

헌사

1. 프롤로그 • 12

2. 나는 믿나이다 • 28
3. 전능하신 천주 성부 • 45
4. 천지의 창조주 • 61

5. 그 외아들 우리 주 예수 그리스도님 • 76
6. 성령으로 인하여 동정 마리아께 잉태되어 나시고 • 93
7. 본시오 빌라도 통치 아래서 • 109
8. 고난을 받으시고 십자가에 못 박혀 돌아가시고 묻히셨으며 • 123
9. 저승에 가시어 사흗날에 죽은 이들 가운데서 부활하시고 • 141
10. 하늘에 올라 전능하신 천주 성부 오른편에 앉으시며 그리로부터 산 이와 죽은 이를 심판하러 오시리라 • 157

11. 성령을 믿으며(1)_ 성령강림 • 173

12. 성령을 믿으며(2)_ 은사계발 • 189

13. 거룩하고 보편된 교회(1)_ 우리가 교회다 • 207

14. 거룩하고 보편된 교회(2)_ 성사인 교회 • 223

15. 모든 성인의 통공 • 238

16. 죄의 용서 • 255

17. 육신의 부활 • 273

18. 영원한 삶(1)_ 종말 • 288

19. 영원한 삶(2)_ 은총이 흐르는 삶 • 306

20. 아멘! • 325

21. 에필로그 • 343

1. 프롤로그

보물 보따리   지금으로부터 한 15년 전, 내가 강화에서 본당 신부를 할 때의 일이다. 미사가 끝나면 늘 성당 주변의 쓰레기를 줍는 교우가 한 분 있었다. 한 70세쯤 된 자매였다. 지금 생존해 있는지는 모르겠지만 하여간 그 자매는 하루도 빠지지 않고 주보며, 성당 안팎에 떨어진 쓰레기며를 다 치웠다.

하루는 하도 대견스러워 내가 칭찬해 드렸다.

"어쩜 그렇게 하루도 거르지 않고 자원봉사를 하세요! 정말 신앙이 대단하십니다."

그랬더니 자매가 하는 말이 다음과 같았다.

"신부님, 나는 일자무식입니다. 글 읽는 것도 몰라요. 그런데 나는 미사 드리는 데는 아무 지장이 없습니다. 다~아 외웠으니까요."

부모로부터 외워서 신앙을 대물림 받았다는 것이다. 그러면서 자매는 혼자 중얼중얼 기리며 주님의 기도, 사도신경은 물론, 나도 잘 모르는 기도문까지 외우는 거였다. 그 기도문이 궁금하여 몇 자 받아 적어 자료를 찾아 봤더니 우리 신앙의 선배들이 바치던 '봉헌경'이었다. 그 전문은 이렇다.

> 천주여 너 너를 위하여 나를 내셨으니,
> 나 나를 가져 너를 받들어 섬기기를 원하는지라.
> 그러므로 이제 내 영혼과 육신 생명과,
> 내 능력을 도무지 네게 받들어 드리오니,
> 내 명오(明悟)를 드림은 너를 알기 위함이요,
> 내 기억을 드림은 항상 너를 기억하기 위함이요,
> 내 애욕을 드림은 너를 사랑하고
> 감사하기 위함이요,
> 내 눈을 드림은 네 기묘한 공부 보기 위함이요,
> 내 귀를 드림은 네 도리 듣기 위함이요,
> 내 혀를 드림은 네 거룩한 이름을
> 찬송하기 위함이요,
> 내 소리를 드림은 네 아름다움을
> 노래하기 위함이요,
> 내 손을 드림은 갖가지 선공(善功)하기 위함이요,

내 발을 드림은 천당 좁은 길로 닫기 위함이니,
무릇 내 마음의 생각과 내 입의 말과
내 몸의 행위와, 나의 만나는 괴로움과,
받는 바 경멸과 능욕과,
내 생명에 있는 바 연월일시와,
내 생사화복(生死禍福)을
도무지 네게 받들어 드려,
일체 네 영광에 돌아가기를 간절히 바라며,
천주 성의(聖意)에 합하고
천주의 명(命)을 따르고,
도무지 나와 모든 사람의 영혼 구함에,
유익하기를 지극히 원하나이다.
우리 천주여 죄인이
죄가 크고 악이 중(重)하여,
드리는 바 당치 못하오나,
네 불쌍히 여기심을 바라고,
네 인자하심을 의지하여 비오니,
나 드리는 것을 받아들이소서. 아멘.

나는 생각했다. 그 자매가 이 기도문을 외고 있었기 때문에 자신의 '손'을 주님께 드릴 수 있던 것이로구나. 만약 글자를 알았다면 무심코 눈으로만 좇았지 그 속에 담긴 의미를 모르고 넘어갈 수도 있었을 텐데. 이처럼 '입에 담는 신앙'은 은혜롭다.

아득한 옛적에 우리 신앙 선배들 역시 저 자매처럼 '글자'로가 아니라 '입'으로 신앙을 전수받았다. 어렵사리 배웠고, 가슴으로 외웠고, 온 몸으로 믿었다. 그러기에 신앙은 그 무엇하고도 바꿀 수 없는 보물이었다. 아니 보물 보따리였다.

그 보물 보따리 속의 또 다른 보물 한 점.
그것으로 인하여 족히 수백만 명이 자신의 목숨으로 값을 치렀을, 귀하디 귀한 보물 한 점. 그 앞에 나는 떨리는 심정으로 눈물을 흘리고 있다. 마냥 고마워서 눈물이 나고, 너무 죄스러워서 눈물이 흐른다.
"그렇게 귀한 줄 내가 몰랐구나! 이렇게 소중한 것을 내가 건성으로 읊조렸구나!"

중심(中心)   오늘날 교회에서 사도신경은 가장 결정적인 순간에 고백된다. 사도신경이 그리스도교 신앙과 기도의 중심 역할을 하는 것이다. 이는 사도신경이 사도들, 나아가 예수님의 가르침에 원천을 둔 신앙의 정통임을 인정받기 때문이다.

신앙의 보전에 있어서 '중심'은 아주 중요하다. 안 믿으면 불신(不信)으로 그치지만, 잘못 믿으면 미신(迷信), 맹신(盲信) 또는 광신(狂信)이 되기 때문이다. 미신이 뭔가. 미혹하는 신앙, 사람을 헷갈리게 하는 신앙이다. 또 맹신은 뭔가. 눈먼 신앙이다. 그렇다면 광신은 뭔가. 믿음이 무르익었지만 결국 잘 갈무리가 되지 못해 극단으로

간 신앙이다.

잘못 믿으면 믿어도 헛것이 된다. 아니, 오히려 해악이 된다. 믿어서 생명을 얻는 것이 아니라 파멸에 이르게 되기 때문이다. 그런 믿음은 차라리 없는 게 낫다. 그럼에도 많은 이들이 거짓을 믿고 있다.

그러기에 우리 믿음에는 '중심'이 필요하다.

그런데, 이 '중심'이라는 말이 재미있다. 한자로 두 단어를 합치면 어떻게 되는가? '中'과 '心'이 세로로 합쳐진 '충'(忠)자가 된다. 그러니까 우리가 '중심'을 가지고 있으면 '충성'이 된다는 말이다. 다시 말해, 우리가 사도신경으로 신앙의 중심을 주님께 온전히 고백하면, 이것은 주님께 대한 충성이 되는 것이다. 멋지지 않은가.

중심을 어디에 둘 것이냐? 이는 결과적으로 엄청난 차이를 가져온다.

한 시골 교회에서 있었던 일이다. 사순 시기 동안 매일 새벽 미사를 참석하자는 의견이 모아졌다. 많은 신자가 이에 동참했는데 그중 한 자매는 걸어서 한 시간이 넘는 거리에 살고 있었다.

드디어 부활절 날, 주임 신부가 개근상을 받은 신자들을 일일이 돌아가며 격려하는 가운데 특별히 그 자매에게 이렇게 말했다.

"자매님, 성당이 너무 멀어서 고생하셨지요?"

자매가 대답했다.

"아니에요, 신부님. 성당이 멀다는 생각은 단 한 번도 안했습니다. 다만 우리 집이 너무 멀리 있다고 생각했지요."

그 자매는 자기 집이 아니라 주님의 집이 중심이었던 것이다.

자신의 중심이 어딘지 알았기에 그 먼 길도 문제되지 않았던 저 자매처럼, 중심을 어디에 두느냐에 따라서 태도가 바뀐다.

우리가 이런 신앙을 지니고 신앙생활을 한다면, 말 그대로 위에서 은혜가 안 떨어질 수 없으리라. 아니 그냥 은혜가 주룩주룩 내려올 것이다.

사도 바오로는 말한다.

"어떠한 눈도 본 적이 없고 어떠한 귀도 들은 적이 없으며 사람의 마음에도 떠오른 적이 없는 것들을 하느님께서는 당신을 사랑하는 이들을 위하여 마련해 두셨다"(1코린 2,9).

이 사도신경 풀이를 준비할 때, 내 마음속에 불쑥 이 말씀이 떠올랐다.

"아! 사도신경 속에 금맥이 있구나. 어떤 눈도 본 적이 없고 어떤 귀도 들은 적 없고 어떤 사람의 마음에도 떠오른 적 없는 기가 막힌 좋은 것들을 주님께서 사도신경에 다 감춰놓으셨구나!"

이제 우리는 이 책 속에서 그 풍요로운 은혜를 만나게 될 것이다. 고백하거니와 언제나 그렇듯, 이 무한한 영광의 첫 번째 수혜자는 책과 강의를 준비하던 나였다.

유다인의 신앙고백문   오늘날 못지않게, 구약의 이스라엘 백성 역시 신앙의 중심이 필요했다. 그러기에 중요한 상황에 부응하여 약간씩 강조점을 달리하는 신앙고백문들이 있었다.

대표적으로 감사의 선순환을 기약하는 신앙고백문을 함께 살펴보자.

이는 신명기 26장 5-10절에 나와 있는 신앙고백문이다. 이스라엘인은 삶 자체를 곧 은총으로 깨닫고 감사드리는 삶을 살았다. 그들은 야훼께서 유산으로 주신 가나안 땅에서 농사를 지어 추수할 때에 햇곡식을 야훼께 바치며 신앙고백을 하였다.

"너희는 주 너희 하느님 앞에서 이렇게 말해야 한다.

'저희 조상은 떠돌아다니는 아람인이었습니다. 그는 몇 안 되는 사람들과 이집트로 내려가 이방인으로 살다가, 거기에서 크고 강하고 수가 많은 민족이 되었습니다. 그러자 이집트인들이 저희를 학대하고 괴롭히며 저희에게 심한 노역을 시켰습니다.

그래서 저희가 주 저희 조상들의 하느님께 부르짖자, 주님께서는 저희의 소리를 들으시고, 저희의 고통과 불행, 그리고 저희가 억압당하는 것을 보셨습니다.

주님께서는 강한 손과 뻗은 팔로, 큰 공포와 표징과 기적으로 저희를 이집트에서 이끌어 내셨습니다.

그리고 저희를 이곳으로 데리고 오시어 저희에게 이 땅, 곧 젖과 꿀이 흐르는 땅을 주셨습니다.

주님, 그래서 이제 저희가 주님께서 저희에게 주신 땅에서 거둔 수확의 맏물을 가져왔습니다'"(신명 26,5-10).

놀라운 사실은 조상들이 떠돌이 아람인이었던 때와 가나안에 정착하여 농사를 짓게 되었을 때의 시간 간격이 무려 500년이 넘었음에도 이스라엘 백성은 '그 시절'의 떠돌이 신세를 생생하게 고백하고 있다는 점이다.

"저희 조상은 떠돌아다니는 아람인이었습니다"(신명 26,5).

야훼 하느님께서 떠돌이, 장돌뱅이 같은 조상(아람인)에게 은혜를 베푸셨고, 그 후 몇 백 년이 지나고서는 조상들을 이집트 종살이에서 구출하셔서 젖과 꿀이 흐르는 땅을 주시어, 오늘의 소출을 내도록 도우셨으니, 하느님께 덕을 돌린다는 것이다.

이 밖에도 야훼 신앙 결단을 선언하는 신앙고백문(여호 24,16-18 참조)과 신앙 대물림 목적의 신앙고백문(신명 6,4-9 참조)이 있다.

이상의 세 가지 신앙고백만 보더라도 이스라엘 백성의 '중심'을 짐작케 한다. 오늘날 이스라엘인이 뿔뿔이 흩어져서, 말하자면 '나라 없는 백성'이 된 지가 2천 년이 넘었다. 지금은 어느 정도 정착하긴 했지만, 정착해서 살고 있는 사람보다 전 세계에 흩어져서 살고 있는 사람이 더 많다. 그 2천 년간 이스라엘인이 꿋꿋하게 하느님의 백성으로 아직도 살아남을 수 있던 이유는 바로 이런 신앙고백을 오늘도 삶 속에서 대물림하기 때문이다.

한번 자문해 본다.

"그리스도교의 미래를 위해서 오늘 우리가 대물림해 줄 것은 무엇인가?"

이는 우리 모두가 고민해 봐야 할 물음이다. 저 질문이 금방 마음에 와 닿지 않는다면 이렇게 바꿔 봐도 좋을 것 같다.

"나는 우리 가정에서 어떤 신앙을 대물림해 줄 것인가?"

사도신경은 그 '대물림'의 가장 중요한 장치가 되어 줄 수 있다. 현재의, 미래의 자녀들에게 부모로서 해설을 해 주는 것이다. 사도신경 한 구절 한 구절을 따라가며 "나는 이렇게 배웠단다. 너도 훗날 네 후손에게 이렇게 가르쳐주렴!" 하고 말이다.

그리스도인의 신앙고백문: Symbolum Apostolorum

구약시대의 신앙고백문은 오늘 우리 그리스도인에게도 여전히 유효하다. 하지만 그리스도인에게는 그 이상의 신앙고백문이 있다. 바로 사도신경이다.

사도신경을 라틴어로 '심볼룸 아포스톨로룸'(Symbolum Apostolorum)이라 부른다. 직역하면 '사도들의 증표'라는 뜻이다. 본래 '표징' 또는 '표어'를 뜻하는 라틴어 '심볼룸'은 그리스어의 '심볼론'(symbolon)이라는 단어와 같고, 이는 '함께 맞추다', '서로 들어맞다', '모이다'라는 뜻을 지닌 그리스어 '심발레인'(symballein)에서 유래한다. 또한 우리가 흔히 알고 있는 영어 '심볼'(symbol)의 원어다. 여기서는 라틴어가 신앙고백의 원형에 해당하므로 '심볼룸'으로 통일하여 부르기로 한다.

오늘날 그저 '상징', '기호' 정도를 나타내는 말로 알려진 '심볼룸'은 깊이 헤아려 보면 그 의미가 풍요롭다.

심볼룸은 원래 깨뜨린 또는 쪼개진 물건의 '반쪽'을 가리킨다. 우리 식으로 이해하자면 일종의 '정표' 내지 '신원의 증표'라는 뜻이다. 이것을 서로 맞출 때 심볼룸의 원형 동사가 뜻하는 "서로 들어맞는다"는 말이 성립하는 것이다.

연인끼리 헤어질 때 훗날 서로를 알아보는 정표로써, 하나를 둘로 쪼개 각자 간직하는 것. 그 반쪽이 서로 다시 짝을 맞추면 어떻게 되는가? 확증이 된다. 즉 이는 하나의 완전한 일치를 이루기 위한 반쪽이 되는 것이다. 그러니 심볼룸의 의미는 얼마나 심오하고 은혜로운가.

우리가 사도신경을 고백할 때, 그 의미를 영성적으로 확장하면 그 은혜는 실로 감격스러울 것이다.

우선, 사도신경은 이 세상 '반쪽'과 초월적 세상 '반쪽'의 맞춤이다.
사도신경은 주님과 우리가 서로 반씩 가지고 있는 심볼(룸)이다. 우리가 반쪽, 주님이 반쪽. 멋지지 않은가.
내가 먼저 "짝" 하고 심볼을 보여드리는 것이다. 우리는 3차원 공간에서 살고 있기 때문에 그 이상 차원에 계신 더 힘 있고, 더 풍요로운 어떤 존재를 향해 우리 방식으로 표현할 수밖에 없다. 그래서 3차원의 언어로 "나는 당신을 믿나이다" 하고 위로 "짝!" 해 드리면, 주님은 그 초월적인 은총을, 당신의 임재를 "요거!" 하고 밑으로 짝을 딱 맞춰 주셔서 하나가 된다. 주님의 기운이, 천상의 가치가, 천국이, 사도신경 반쪽을 통해서 마주 내려오는 것이다. 기가 막히지 않은가.
말씀의 전례 때도 마찬가지다. 그 때는 주님이 먼저 "요거!" 그러시는 거다. 말씀의 양식을 복음으로, 강론으로 먼저 내려주셨지 않은가. 그러니까 우리도 사도신경을 고백하며 "짝!" 하고 올려드리는 것이다. 누가 먼저 시작하느냐는 상관없다. 중요한 것은 사도신경을 고백할 때 주님과 우리의 반쪽 약속을 기억하는 것이다.

이런 의미에서 사도신경을 '주님과 나눈 약속의 정표'라고 불러도 무방하다 할 것이다.

다음으로, 사도신경은 '나'의 '반쪽'과 '공동체'의 '반쪽'이 서로 만나 신앙의 일치를 누리게 해 주는 맞춤이다.

한마디로 신자들끼리의 맞춤이다. 사도신경은 '우리'의 신앙고백이지만, 결국 궁극적인 고백자는 '나'다. 그러기에 내가 주님께 고백하는 이 믿음이 공동체의 믿음과 하나가 되고 일치를 이루게 된다.

나하고, 너하고 서로 만나서 "너 예수님 믿어? 나도 믿어" 그러면, "난 이거 사도신경 믿어. 넌 예수님 뭘 믿어?" 하고 반문이 온다. 그때 "나도 그거 믿는데!" 하고 맞추는 것이다. 물론 서로 맞춰봤는데 안 맞을 때도 있다. 왜 이단에서는 다르게, 바꿔서 믿고 있지 않은가. 그렇게 맞지 않는 때도 있다. 그럴 때 신앙정체성을 지켜주니, 당연하면서도 이것이 얼마나 감사한 일인지 모른다.

이처럼, 같은 사도신경을 서로 "짝!" 하고 고백하는 것은 "요 둘은 같은 신앙이다"라고 선언해 주는 보증이다. 이를 테면 신앙의 정석, 신앙의 정통을 담보해 주는 개런티인 것이다.

그리고, 심볼룸을 전례적으로 적용하면 '계응'이 된다.

한쪽에서 열고 한쪽에서 닫고. 선창하고 후창하고. 묻고 답하고. 이렇게 맞장구치며 주고받는 것이다. 이 원리를 가지고 우리가 찬미의 축제를 벌이는 것이다. 멋있지 않은가? 그러기에 함께 어우러짐을 이루도록 하는 '반쪽'이다.

사도신경의 역사　　찬찬히 들여다 보면, 사도신경의 단어 하나하나마다 심오한 내용을 담고 있다. 한 단어 한 단어 신중하게 확정해야 했기에 교부들은 오랜 논쟁과 검증의 과정을 밟아야 했다.

그 출발은 '복음서'와 '사도행전'에 등장하는 두 종류의 신앙고백문이다. 원시적인 형태의 그리스도에 대한 고백(마태 16,16 참조)과 삼위일체 하느님에 대한 고백(마태 28,19 외 다수)이었다.

그 하나는 '살아 계신 하느님의 아드님 그리스도'(마태 16,16), "예수 그리스도가 하느님의 아들이심을 내가 믿습니다"(사도 8,37: 사도 9,20 참조) 등 그리스도의 신비에 대한 고백이었다.

다른 하나는 '너희는 가서 모든 민족들을 제자로 삼아, 아버지와 아들과 성령의 이름으로 세례를 주고'(마태 28,19)와 같은 하느님의 세 가지 존재 양식에 대한 고백이었다.

이것들이 3세기 말경 로마에서 8-9개의 신조(信條)로 이루어진 '고대 로마 신경'으로 발전하고, 바로 이것이 사도신경의 모체인 동시에 후기에 나타나는 모든 신경의 원형이 된다. 이처럼 큰 골격이 만들어지기까지는 한 300년 이상 350년 정도 걸린 것이다.

하지만 그 기원은 엄연히 사도들이었다. 400년경 로마의 신학자 루피노의 진술이 이를 뒷받침한다.

"그들은, 흩어지기 전에 그리스도께 대한 믿음을 받아들일 사람들에게 서로 다른 가르침을 가르치는 일이 생겨나지 않도록, 떠나기 전에 마땅히 해야 할 설교에 대한 어떤 규범을 공통적으로 설정했습니다. 따라서 성령으로 충만하여 모든 사도들이 다시 모인 상태에서 그들은, 그들 각자가 생각하고 있는 것을 공통적인 것으로 만들고 그러한 것이 믿는 이들에게 제공되는 신앙규범이어야 한다는 점을 규정함으로써, 자신들이 앞으로 할 설교에 대한 이러한 짧은 개요를 작성했습니다."[1]

한꺼번에 열두 명이 같이 다니던 사도들이 이제 땅끝까지 복음을 전하기 위하여 뿔뿔이 흩어져야 할 때가 되자, 사도들은 고민할 수밖에 없었다. 그래서 "우리가 똑같은 신앙을 전해야 하는데, 뭔가 이야기하는 방식이 다르고 핵심이 다르면 안 되지 않은가. 그래 누구든지 똑같은 교리서를 가지고 신앙을 가르치자" 하여 머리를 맞대고 최소한의 규범을 만들었다는 것이다.

그러나, 사도신경의 기원이 사도들이 아니라는 의심은 줄곧 있어 왔다. 특히 중세를 지나 근세로 넘어오는 과도기에 이른바 지식인들 사이에서 그 회의는 점점 짙어져 갔다.

바로 그 시기에 프로테스탄트 종교개혁자 칼빈은 사도신경에 대하여 이렇게 언급한다.

"나는 사도들의 신경이라고 부른다. 그러나 저자가 누구인지에 대해 너무 집착하는 것에 대해서는 관심을 갖지 않는다. 〔…〕 누구일지라도, 그것이 어떤 부분에서 왔든지, 나는 그것이 교회의 초기, 즉 사도들 시대로부터 신앙에 대한 공적이고 확실한 하나의 고백으로 받았다는 점에 대해서는 적어도 의심하지 않는다."[2]

근래에 와서 사도신경이 사도로부터 기원한다는 사실에 대한 회의적 견해를 체계적으로 불식시킨 사람은 예수회원 벨기에 사람인 요셉 신부다. 그는 1946년에 최고 학자들의 응집력 있는 작업의 도움을 받아 사도신경의 형성과정을 학술적으로 규명하였다. 바로 위에 기술된 것들도 그의 연구에 근거를 두고 있음을 밝힌다.

그런데, '사도신경'이라는 표현은 이 신경이 열두 사도에 의하여 공동으로 작성되었다는 전설이 퍼져 있던 4세기 말경에 나타난다. 이 시기를 전후하여 비로소 '신앙고백문' 형식으로 확정되어 사용되었을 것으로 추정된다.

마침내, 7세기에는 오늘날 사용하고 있는 사도신경의 표준문이 작성되어 로마를 제외한 다른 서방 교회에서 '예비자 교리 지침서'로 사용되기에 이른다. 장장 600년이 걸쳐 완성된 것이다.

이것이 교황 인노첸시오 3세에 의해 비로소 서방 교회의 '공식 신경'으로 인정되었다. 그 이후 현재까지도 사도신경은 모든 서방 교회에서 세례 의식에 사용되고 있으며 주일 미사 때마다 신자들은 이 신경을 외움으로써 신앙을 고백하고 있다.

참고로, 현존하는 제일 오래된 사도신경 원문은 4세기에 루피노에 의해 라틴어로 기록된 것과 안치라의 주교인 마르첼로가 로마 교회와의 신앙의 통교를 증명하기 위해 340년에 교황 율리오 1세에게 보낸 서신에 온전하게 보존되어 있다.

이것과 오늘 우리가 바치는 사도신경 원문과 비교해 보면 오늘의 것에 단 두 가지 조항이 추가되었음을 확인하게 된다. 즉, 현재 우리가 사용하는 신조는, 최초 신조의 12개 조항이 아닌 14개 조항을 갖고 있다는 점뿐이다. 첨가된 그 두 가지는 '모든 성인의 통공'과 '영원한 삶'이다. 사실 '모든 성인의 통공'은 '거룩하고 보편된 교회'의 중복이다. '영원한 삶'도 '육신의 부활'의 반복이다.

그러하니 340년경에 완성된 초창기 사도신경과 현재 우리가 바치는 사도신경이 얼마나 일치하는가.

'모든 성인의 통공'과 '영원한 삶'이 추가된 것은 시대가 요구했기 때문이다.

여기서 잠깐. 미사책에 보면 가끔 사도신경 말고 '니체아 콘스탄티노플 신경'이 있다. 이 신경은 니체아 공의회(325년)와 콘스탄티노플 공의회(381년)에서 아리우스와 마체도니우스의 이단 교리에 맞설 목적으로 내용이 첨가되고, 확정된 신앙고백문이다.

사도신경의 권위 사도신경은 말 그대로 성경의 요약이기에 성경적인 권위를 지닌다. 이는 성경의 숨은 다이내믹, 그 힘이 사도신경에도 서려 있다는 얘기다. 우리에게는 바로 그 권위를 지니는 신앙고백을 필요한 곳마다 힘차게 선포하는 지혜가 필요하다.

사도신경에 관하여 성 아우구스티노가 당시 예비자들에게 행한 설교 일부는 천오백 년이라는 세월을 넘어 쿵쾅쿵쾅 우리 가슴을 두드린다.

"성령께서는, 여러분들이 이 신조를 믿고 사랑할 수 있으며 신앙이 여러분들의 마음속에서 사랑을 통하여 모든 것을(갈라 5,6 참조) 작용할 수 있도록, 여러분들의 마음속에 이 신조를 직접 기록하실 것입니다. 이 신조는 짧은 개요를 통하여 표현된 여러분의 신앙에 관한 규범입니다. 기억하는 데 어려움 없도록, 성령께서는 여러분들을 가르치십니다. 적은 말들이지만 이를 통하여 표현되어야 하는 신앙을 위하여 커다란 선익을 얻게 됩니다. 나는 전능하신 하느님을 믿습니다. 적은 말들이 얼마나 풍부합니까! 그분은 하느님이십니다. 아버지이십니다. 능력있는 하느님이시고 선하신 아버지이십니다. 주님께서 아버지를 찾는 것처럼 우리가 그렇게 한다면 우리는 행복한 자들입니다! 따라서 그분을 믿읍시다. 그리고 그분의 자비하심으로 모든 것을 희망합시다. 왜냐하면 그분은 전능하시기 때문입니다. 아무도 '그분은 나의 죄들을 사하시지 못하신다'라고 말하지 맙시다. 어떻게 그것이 가능할 것 같습니까? 그분은 전능하십니다. 이러한 신앙이 여러분들의 마음을 가득 채웁니다. […] 그리고 신앙을 이해하는 데 도달하도록 여러분이 매번 그것을 이해하고 믿는 것, 이것이 그리스도교 신앙입니다. 이것이 보편적인 신앙입니다. 이것이 사도들의 신앙입니다."[3]

느껴지는가. 성 아우구스티노의 격정적인 신앙이.

느껴지는가. 그의 언어를 타고 폐부를 파고드는 성령의 설득이.

2. 나는 믿나이다

우리들의 이야기　　좀 과장된 표현이지만, 나는 신자들에게 믿음의 뻥을 칠 것을 권한다. 성경의 인물들은 하나같이 뻥쟁이였다. 그 가운데 대표가 다윗이다. 열두 살밖에 안 된 다윗은 거인 골리앗 앞에서 허풍을 떨었다. 그것도 최신병기로 중무장한 무적의 장수 앞에서, 막대기 하나 들고 뻥을 쳤다.

"너는 칼과 표창과 창을 들고 나왔지만, 나는 네가 모욕한 이스라엘 전열의 하느님이신 만군의 주님 이름으로 나왔다"(1사무 17,45).

믿음의 뻥이었다. 그런데 알려져 있듯이 다윗의 대포는 놀랍게도 통했다. 그 막대기를 가지고서 돌멩이를 무릿매질하여 골리앗의 이

마에 정콩으로 명중시켰던 것이다.

　다윗의 이야기에서 나는 영감을 얻어 '뻥치기 영성'을 계발했다. 나 역시 믿음의 허풍을 많이 치고 다닌 사람 중 하나다. 그렇게 큰소리쳤던 것은 대부분 이루어졌다. 물론 안 이루어진 것도 있다. 하지만 누가 뒤따라 다니면서 이루어졌는지 안 이루어졌는지 일일이 조사하지 않으니 그것도 사실 염려할 일이 아니다. 그러니 마음 놓고 사람들한테 큰소리치시라.
　"두고 봐. 우리 애가 잘 되는지 안 되는지."
　"두고 봐. 우리 남편이 잘 풀리는지 안 풀리는지."
　"두고 봐. 우리 집안이 일어나는지 안 일어나는지."
　아마 이런 얘기하고 다니면 주님께서 꿈에 나타나셔서 "너, 왜 그렇게 큰소리를 쳤느냐?"라고 문책하실지도 모르겠다. 그럴 때를 대비해서 미리 답을 연습해 둘 일이다. 이렇게.
　"이건 제 믿음이에요!"
　그러면 주님께서는 감탄하시어 이렇게 말씀하시지 않을까.
　"네 믿음대로 될지어다."

원고백의 속뜻

크레도(Credo)　　무엇이건 개념을 분명히 파악하려면 그 원어의 뜻을 먼저 짚어 봐야 한다. 그래야 곡해와 왜곡을 피할 수 있다.

성경 원어는 히브리어와 그리스어다. 즉 구약은 히브리어, 신약은 그리스어로 기록되었다. 그런데 사도신경은 아주 초창기에 그리스어로 되어 있었다가 이것이 확정·보급될 때에는 라틴어가 표준이 되었다. 그 이유는 당시 로마제국이 그리스어를 만국공통어로 사용하던 헬레니즘을 벗어나 점차 자국어인 라틴어 문화를 찬란하게 창달하였기 때문이다.

저런 이유로 매번 사전 찾기 수준에서 사도신경의 원어인 라틴어 뜻풀이를 하고자 한다. 좀 번거로워도 건너뛰지 않는 것이 풍요로운 깨달음과 공감의 전제가 될 것이다.

라틴어 사도신경 첫 문장은 이렇게 시작한다.

"Credo in Deum"(크레도 인 데움).

여기서 '크레도'는 "나는 믿나이다"라는 뜻이고, '데움'은 '하느님을'이라는 뜻이다. 가운데 '인'은 믿는 이와 믿는 대상을 이어주어 그 믿음이 '신뢰' 내지 '의탁'의 의미가 되도록 해 주는 역할을 한다. 그러니까 이 문장의 뜻은 "나는 믿나이다, 하느님을" 또는 "나는 신뢰한다, 하느님을"이 된다.

라틴어는 주어가 동사에 포함되기 때문에 격변화만 하면 된다. 그럼 알아서 이게 난지, 이게 넌지, 이게 그 사람인지, 이게 그들인지 서로 알아듣는다. 그래서 '크레도' 하면, "내가 믿는다"라는 뜻이다. 이 장은 요 단어 하나로 끝이다.

사도신경의 첫 단어 크레도는 믿음의 주체가 '나'라는 사실을 뚜렷하게 밝혀준다. 비록 공동체가 '우리'를 이뤄 함께 신앙을 고백한다고 해도, 궁극적으로 믿는 주체는 '우리'가 아니라 '나'다. 내가 선택하고, 내가 결단을 내리고, 내가 믿는 것이다. 그런 까닭에 철학자 키에르케고르는 인간은 '신 앞에 선 단독자'임을 거듭 강조하였다. 어쩌다 남자 형제에게 신앙을 권유하면 "우리 집사람 대신 내보내겠습니다"라는 말을 곧잘 듣는데, 이는 신앙의 주체가 '나'라는 사실을 모르는 소치다.

"나는 믿나이다, 하느님을" 다음에 바로 이어지는 것이 '전능하신 아버지, 하늘과 땅의 창조주'(Patrem omnipotentem, Creatorem caeli et terrae)다. 우리말 고백에서는 이 문장이 뭉뚱그려져서 "전능하신 천주 성부, 천지의 창조주를 저는 믿나이다"로 되어 있다. 여기서는 '전능하신'이라는 수식어가 '천주'(=하느님)를 꾸미고 있는데, 라틴어 원어에서는 '전능하신'이 '성부'(=아버지)를 꾸미는 것으로 되어 있다. 그게 그거 같지만, 차이는 크다. 결과적으로 우리말 고백에서는 '전능하신 아버지'의 면모가 희석되어 버린 셈이다.

라틴어 고백문을 순서대로 번역하면 "나는 믿나이다. 하느님을, 곧 전능하신 아버지, 하늘과 땅의 창조주를"이 된다. 우리말로는 매끄럽지 않지만, 그 뜻은 이제 분명해진다.
"내가 하느님을 믿는데, 그분이 누구신고 하니 전능하신 아버지시다. 그 전능하신 아버지가 우주만물을 창조하셨다. 어떤 식으로 창조하였냐 하면 하늘도 만드시고 땅도 만드셨다."

이렇게 단어가 하나씩 뒤로 물려가면서 스토리텔링이 이어진다. 원어를 짚고 가야 할 이유가 첫 문장부터 분명히 드러난 셈이다.

하느님만 믿나이다   다시, "크레도 인 데움"로 되돌아가 보자.

이 고백에는 '믿는 이'와 '믿는 대상' 사이의 긴밀한 관계를 나타내는 '인'(in)이 들어가 있음을 앞에서 언급했다. "Credo **in** Deum", 이렇게 말이다.

사실 라틴어 어법에서는 "크레도 데움" 해도 말이 된다. 그런데 뜻이 달라진다. 이는 "나는 하느님의 존재를 믿는다", "하느님이 계시다는 사실을 믿는다"는 뜻이다. '실제로 이루어진 일이나 일어난 일' 곧 '팩트'(fact)를 믿는다는 소리다. 그런데 이런 믿음은 아직 나와 하느님 사이를 관계의 끈으로 이어주지 못한다. "그게 나와 무슨 상관인데?" 하면 그만인 것이다.

그런데 "크레도 인 데움" 하면 이제 '인'이라는 단어를 통해서 엄청난 의미가 펼쳐진다. 여기서의 '인'은 영어의 '인'(in)처럼 '~안으로', '~안에'라는 뜻이다. 따라서 '인 데움' 하면 '하느님에게로' 크레도한다는 의미가 된다. 한마디로 모든 것을 그분께 '올인'(all in)한다는 말이다. 결국 하느님을 온전히 신뢰하는 것을 의미한다. 그러므로 사도신경에서 "나는 믿나이다"라고 고백하는 것은 "나는 하느님을 온전히 신뢰하고 의탁한다"라고 고백하는 의미를 지닌다.

성경에는 '의탁한다', '신뢰한다'는 말이 어떤 에너지를 지니고 있는지 실감하게 해 주는 대목들이 즐비하다. 그 한 예를 보자.

"주님은 나의 힘, 나의 방패. 내 마음 그분께 의지하여 도움을 받

앉으니 내 마음 기뻐 뛰놀며 나의 노래로 그분을 찬송하리라"(시편 28,7).

다윗의 찬미가인 이 노래 속에서 "내가 의지했노라"라는 말은 정적인가, 동적인가? 동적이다! 모두 걸었다는 소리다. 다윗이 이 찬미가를 지을 때, 그는 하릴없이 자연이나 관조하면서 이 시를 쓴 것이 아니었다. 날로 높아가는 자신의 인기를 시기하여 자신을 죽이려고 뒤따라오는 사울을 피해 도망 다니며 동굴에 숨어 있으면서 쓴 기도였다.

"'야훼 하느님, 나를 살려 주세요. 나를 숨겨 주세요' 했더니 주님이 지켜 주시고 방패가 되어주시고 하더라. 나의 존재를 걸고 몽땅 맡겼더니 진짜 구사일생으로 내가 살아나더라. 그러니 기뻐 뛰놀면서 노래를 부르지 않을 수 있는가!"

이런 고백인 것이다. 여기서 '신뢰한다', '의탁한다' 대신에 사도신경의 표현을 살리기 위해 '믿는다'는 단어를 쓰고자 한다면 '하느님을'을, '하느님만'으로 고쳐 보면 같은 의미가 된다. "나는 하느님만 믿는다!" 이러면 "당신만 믿어!" 할 때의 뉘앙스가 살지 않는가.

이를 그대로 우리말 고백에 도입하면 "전능하신 천주 성부, 천지의 창조주**만** 저는 믿나이다"가 된다. 이것이 본래 사도신경의 기운이다. 우리는 사도신경을 고백할 때마다 이 느낌을, 이 에너지를 놓쳐서는 안 된다.

전폭적인 의탁을 담은 힘찬 고백은 지금 우리들에게도 여전히 필요하다. 요즘 2040세대의 고충 운운하는데 2040세대만 어려운 게 아니다. 5060도 어렵고, 7080도 어렵다. 미리 마련해놓은 것도 없고 어느새 나이는 들고, 세상은 좁고 갈 데는 많고…. 먹먹하다. 이런 때 어디에서 힘을 받고 희망을 충전할 것인가? 우리 신앙의 조상들은 바로 사도신경을 고백하면서 격려와 위로를 받는 지혜가 있었다.

시련의 때에 "나는 믿나이다"에 내장된 의탁하는 믿음을 가지면, 주님은 우리에게 든든한 빽이 되어 주신다. 똑같이 어려운 상황에서 결국 고난을 극복하는 사람, 역경을 이겨내는 사람은 누구인가. 신앙인이다. 최후의 생존자는 그리스도인이다. 요한 사도는 증언한다.

"하느님에게서 태어난 사람은 모두 세상을 이기기 때문입니다. 세상을 이긴 그 승리는 바로 우리 믿음의 승리입니다"(1요한 5,4).

하느님을 믿기에 우리는 힘을 얻고, 승리한다. 그러니 학교에서도, 사회에서도, 이 세상 살면서도, 온갖 어려움을 겪을 때 야훼 하느님께 모든 걸 맡겨 드리자.

성 아우구스티노의 믿음 정식(定式) 성 아우구스티노는 믿음에 대하여 멋들어지게 정의 내렸다.

"믿음이란 무엇인가? 하느님을(Deum) 믿고, 하느님에게(Deo) 믿고, 하느님께로(in Deum) 믿는 것이다."

나는 이를 믿음 정식이라 부르고 싶다. 이 문장은 믿음의 핵심을 전달하고 있다.

우선, '하느님을'(Deum) 믿는다는 것은 믿음의 대상이 하느님이라는 뜻이다. 곧 하느님의 존재를 믿고, 하느님의 성품과 구원경륜을 믿는 것을 뜻한다. 이는 우리가 상식적으로 생각하는 믿음이다.

그다음의 '하느님에게'(Deo) 믿는다는 말에 심오한 뜻이 서려 있다. 여기서 라틴어 '데오'(Deo)는 하느님을 뜻하는 명사 '데우스'(Deus)의 3격 변화형이다. 영어로 'to God'에 해당한다. 직역하면 '하느님에게'가 되겠으나, 이는 전적으로 하느님의 초대와 인도하심을 전제로 한 표현이다. 즉 하느님께서 주도권을 가지시고 우리를 믿음으로 초대하셨기 때문에 우리가 '그분께로 향하여' 믿는다는 뜻이다. 결과적으로 이 표현은 믿음의 근원이 바로 하느님이라는 사실을 함축한다고 볼 수 있다.

마지막으로, '하느님께로'(in Deum) 믿는다는 것은 전적으로 '하느님께 올인'한다는 뜻이다. 여기에는 "나는 하느님을 온전히 신뢰하고 의탁한다"는 고백이 담겨 있다.

위의 세 가지를 예를 들어 설명해 본다.

먼저, 우리가 예비자 교리를 배울 때 여러 교리와 진리를 배워 믿기 시작한다. 이렇게 일차적으로 형성되는 믿음이 바로 '데움'(Deum) 믿음이다. "사도신경이 '반쪽'이라구? '심볼'이야? 사도신경 하나가 그렇게 은혜로운 거야?" 여기까지 알아듣고, 받아들이고 나면 이제 욕심이 나기 시작한다.

이 거룩한 욕심이 그 다음 '데오'(Deo) 믿음을 갖도록 종용한다. "그렇다면, 내가 배운 '심볼', 요거 잘 써먹어야지. 그러기 위해서 사도신경 기도문 좀 바쳐봐야겠는 걸. 그래서 나도 주님께 은혜를 구하는 삶, 주님과 조금 더 친해지는 삶을 살아봐야겠다." 이렇게 마음먹고, 여태까지 살던 방향에서 돌아선다. 어떻게? 하느님에게로. 이처럼 하느님께 고개를 돌려 믿음을 갖게 되는 것이 '데오'다. 이때는 이미 회개가 이루어진 셈이다. 앞서 첫 번째 믿음은 동의를 한 수준이고.

그렇다면 '인 데움'(in Deum) 믿음은 어떻게 형성되는가. 일단 "내 삶의 방향은 그분을 향해서 간다"라고 방향전환을 이루고 나면, 슬슬 그분께 희망을 걸기 시작한다. 그러면서 처음에는 조금씩 거래를 해 본다. 아직 올인은 아니다. 조금씩 기도 시간 늘려 보고, 교무금 조금 올려 보고, 조금 더 교회 봉사도 해 보고…. 그랬더니 열매가 맺어지는 것을 체험한다. 없어도 행복하고, 소원도 들어주시고…. 그러면 이제 어떻게 되는가? 점점 올인한다. 하느님께로 몽땅 다 걸게 되는 거다. 도박을 하듯이 말이다. 이것이 바로 '인 데움'이다.

믿음은 바로 이런 것이다. 우리의 믿음은 결국 3단계 믿음이다. 이는 또한 향주삼덕, 믿음·희망·사랑과도 연결된다. '데움'(Deum) 믿음은 말 그대로 '믿음'을 가리킨다. '데오'(Deo) 믿음은 '하느님을 향하여 믿는' 믿음이므로 결국 '희망'을 가리킨다. '인 데움'(in Deum) 믿음은 '하느님과의 관계 속에서' 믿는 것이므로 앞에서 언급한 '신뢰'가 기본적인 의미가 된다. 하지만 거기서 한걸음 더 나아가면 '사랑'이 된다. 왜? 관계의 완성은 사랑이니까. 우리가 '하느님께로' 걸 수 있는 최고의 가치는 '사랑'이다. 이것저것 다

올인해 봐야 사랑의 올인 만큼은 못하다.

성 아우구스티노는 격변화가 뚜렷한 라틴어의 특성에 기대어 이처럼 믿음의 정수를 밝히 드러냈다. 성인이 얼마나 기막힌 영적 차원을 누리고 있었는지를 알게 해 주는 대목이다.

열린 믿음

주님께서 기뻐하시는 믿음 우리는 믿음을 통하여 은총과 축복을 누린다. 믿음은 또한 주님을 감동시키고 기쁘게 해 드린다.

"믿음이 없이는 하느님 마음에 들 수 없습니다"(히브 11,6).

그러기에 우리의 믿음은 성장할 필요가 있다. 방금 위에서 얘기한 3단계로 말이다.

주님은 큰 믿음을 기뻐하신다. 성경 속 '중풍병자'와 관련된 예를 들어보자. 중풍병자의 친구들이 병든 친구를 예수님께 보여드려 낫게 하고 싶었지만 군중 때문에 어렵게 되자 지붕을 벗기고 구멍을 내어 병든 친구를 예수님이 앉아 계신 곳으로 내려 보낸다. 그러자 예수님은 '그들의 믿음을 보시고'(마르 2,5) 크게 감탄하셨다. 사실 예수님이 윤리 선생이면 얘긴 전혀 딴 판이 되었을 것이다. 차례 안 지켰지, 남의 집 지붕 뚫었지. 그런데 예수님은 그 차원이 아니시다. 사람을 헤아리는 그분의 측은지심은 그런 걸 문제 삼지 않으시고, 오히려 "얼마나 딱하면 이렇게까지 데려 왔을까" 하는 마음으로 병든 친구를 데려온 이들을 이렇게 칭찬하셨던 거다. "너희들이 정말로 내가 낫게 해 줄 수 있는 존재라는 것을 믿는구나. 그러니까 이 법석을 떨고 여기까지 온 거구나."

또 시리아 페니키아 여인의 경우는 어떠한가. 그녀는 병든 딸을 살리겠다는 일념에서 예수님으로부터 '강아지'라는 모욕적인 언사를 들으면서도 "주님, 그러나 상 아래에 있는 강아지들도 자식들이 떨어뜨린 부스러기는 먹습니다"(마르 7,28)라며 물러서지 않는다. 그 여인은 이방인이고, 예수님은 그녀의 믿음을 테스트하기 위해서 "나는 유다인들을, 이스라엘 백성을 위해서 왔지, 이방인들을 위해 오지 않았다"라고 하셨던 거다. 그런데 굴복을 모르는 믿음으로 간청한 이 여인의 적극성이 예수님께 어필하였다. 마침내 예수님은 크게 놀라며 여인의 믿음에 감탄하셨다.

끝으로 로마 군대의 백인대장의 예는 더하다. 그는 중병으로 누워 있는 자기 종을 치유해 달라고 청하면서, 예수님께서 미천한 자기 집까지 오실 필요 없이 '그저 말씀만'(루카 7,7) 하시면 종이 낫게 될 것이라 하였다. 이에 예수님은 그의 믿음을 보고 크게 감탄하시며 다음과 같이 말씀하시지 않았는가. "내가 너희에게 말한다. 나는 이스라엘에서 이런 믿음을 본 일이 없다"(루카 7,9).

예수님은 우리 '과장된 믿음'에 절대로 재를 뿌리거나, 찬물을 끼얹지 않으셨다. 없는 믿음은 야단을 맞아도 오버하는 믿음은 야단을 맞은 적이 없다. 나 역시 이런 이야기를 반복하여 듣고 묵상하면서 터득한다.

"아! 주님이 믿음을 좋아하시는구나! 믿음이 있는 사람을 좋아하시는구나!"

그런데, 믿음은 그 자체가 하나의 선물이다. 그러므로 우리는 자신의 믿음이 날이 갈수록 굳건해지도록 해 달라고 청한 제자들처럼 하느님께 끊임없이 청해야 한다.

"저희에게 믿음을 더하여 주십시오"(루카 17,5).

믿음이 성장하려면 믿음이 성장하는 지름길 가운데 하나는 자꾸 듣는 것이다. 바오로 사도는 말한다.

"믿음은 들음에서 오고 들음은 그리스도의 말씀으로 이루어집니다"(로마 10,17).

믿음은 들음에서 온다. 성경을 읽고, 신앙체험담을 자꾸 들으면 믿음이 저절로 생긴다.

"아, 극적으로 주님이 역사하시는구나. 죽은 자도 살려내시는구나. 망한 자도 일으켜 세우시고, 끝난 사람도 새로운 시작을 주시는구나. 와, 원더풀! 할렐루야, 아멘!"

믿음의 성장은 특히 말씀을 듣다가 '나'를 위해 건네시는 주님 말씀인 '레마'를 만남으로 촉진된다. 나는 여러 저술에서 주님께서 각자에게 '레마'를 주심을 누차 강조했다. 성경에 있는 객관적인 진술을 '로고스'(logos)라 한다면, 이것이 주님이 나만을 위해서 속삭여 주신 말씀으로 받아들여질 때 '레마'(rema)라 한다. 이에 대해 간혹 이런 의문이 들 수도 있겠다. "설마 나한테까지? 세상 사람들이 이렇게나 많은데 나한테만 따로 말씀을 주시겠어?"

사실 그 많은 사람을 일대일로 상대한다는 것이 얼마나 어려운 일인가. 나만 해도 그렇다. 강의할 때 한 사람 한 사람을 헤아려 주기 쉽지 않다. 마음은 그렇지 않은데, 각자의 이름도 모르고 사정도 모르니 어차피 한계가 있다.

하지만 우리 주님은 인류 전체를 통째로 상대하지 않으신다. 각자 한 사람 한 사람씩을 상대하시어 '나'를 위해서만 따로 말씀을 준비하신다. 이것이 주님 사랑이다. 주님의 사랑은 구체적이다. "나는 너희들을 사랑한다"라고 말씀하시는 게 아니라 "데레사, 내가 너 사랑해. 마리아, 내가 너 사랑해. 요한, 내가 너 사랑해…"라고 말씀하신다. 일대일 사랑이다. 그러니 성경을 읽다가 감동이 오는 말씀이 있다면, 그 말씀을 붙들고 힘내서 살 일이다. 그게 바로 주님께서 '나'에게만 건네시는 레마며, 그것이 '나'의 삶에서 그대로 현실이 될 것을 확신하는 것이 바로 믿음이다. 결국, 말씀을 들음으로, 레마를 철석같이 받아들임으로 믿음이 성장하는 것이다.

나는 그 증인들을 숱하게 알고 있다. 내가 회원제로 발행하는 〈신나는 복음 묵상〉으로 인해 여기저기서 체험자가 나타났다. 매 주일 복음을 묵상하여 구독 회원에게 보내주는 CD 또는 테이프를 듣고 적지 않은 회원들이 감사 편지를 보내오고 있는 것이다. 나는 매 묵상마다 말씀과 신앙체험을 연결시키려 노력하는데 처음에는 주로 내 이야기를 많이 했다. 왜? 소재가 내 것밖에 없으니까. 그런데 지금은 묵상 소재가 넘쳐 난다. 그만큼 꾸준한 '들음'을 통해서 은혜를 체험한 이들이 늘고 있기 때문이다. 그야말로 순환이 이루어지는 것이다. 말씀을 자꾸 듣고 그로 인해 받은 내 체험을 다른 이에게 전하고 하는.

주님은 당신의 은혜 받은 이가 입이 무거운 걸 원하실까, 입이 싼 걸 원하실까. 입이 싼 걸 원하신다. 자꾸 나발 부는 걸 원하신다. 주님은 신앙체험을 혼자만 간직하는 것을 '겸손'이라 여기지 않으신다. 오히려 "네가 나를 부끄럽게 여기는구나"라며 섭섭해 하신다. 주님은 우리가 각자의 체험을 나발 불며 주변에 알림으로써 당신의 영광을 드러내기를 원하신다. 나 역시 그로 인해 받은 은혜가 더 크다. 곱씹을수록 정말 중요한 내용이다. '서로 으샤으샤해서 함께 가는 것'이 신앙의 길이기에.

'믿는 이'가 되라 예수님께서 의심이 많은 토마스 사도에게 뼈 있는 말씀을 주셨다.

"의심을 버리고 믿어라"(요한 20,27).

이 말씀을 부활하신 예수님은 두 번째 다락방 발현 현장에서 내리셨다. 자신의 부재 시에 예수님이 첫 번째 발현하신 일을 곧이곧대로 믿지 않았던 토마스에게 주신 충고의 말씀이었다. 그런데 이 문장은 본래 그리스어 원문에는 이렇게 적혀 있다.

"토마스야, 아피스토스(apistos)가 되지 말고 피스토스(pistos)가 되어라."

여기서 아피스토스는 '안 믿는 이'란 뜻이고, 피스토스는 '믿는 이'란 뜻이다. 즉, "안 믿는 이가 되지 말고 믿는 이가 되어라"는 말씀이었다. 나는 이 원문을 접하고 무릎을 탁 쳤다.

"옳거니! 그래, 이 말씀이셨구나. 나는 이제 올해 농사 다 지었다.

이 말씀 하나 가지고 일 년을 먹고 살겠구나."

예수님이 말씀하시고자 했던 것은 무엇인가. 바로 믿음은 하나하나의 'case by case'로 믿는 것이 아니라, 통으로 믿는 것이라는 가르침이다. 한 사건에 대한 믿음이 아니라, 통으로 "안 믿는 이냐, 믿는 이냐"를 선택하는 것이다. 그래서 자신이 '믿는 이'가 되기로 선택하고 나면, 모든 것이 믿음의 눈으로 보인다. 이 믿음의 눈으로 보면, 다 축복이고 다 은총이고 다 행복이고 다 잘 된다. 반면 '안 믿는 이'의 눈으로 보면 다 불행이고 다 실패고 다 좌절이고 다 불평거리다. 결국, 예수님은 토마스 사도에게 이렇게 말씀하셨던 셈이다.

"토마스야, 네가 네 동료들이 전해 준 내 첫 번째 발현 얘기를 믿지 않았던 것은, 그들의 전달이 미흡해서가 아니라 네가 평소 '안 믿는이'(apistos)의 태도를 지녔기 때문이다. 너 그거 고쳐라. '믿는 이'(pistos)가 되면 비록 네가 보지 못했어도 내 부활을 진즉 믿었을 테니까."

부활은 누가 보는가? 믿는 이다. 희망은 누가 보는가? 믿는 이다. 미래는 누가 보는가? 믿는 자가 본다. 축복은 누가 보는가? 믿는 자가 본다.

핵심은 간단하다. 믿음은 결코 하나하나 사건에 달린 사안이 아니라, 일상의 사건을 바라보는 총체적인 안목이다. 그 총체적인 안목이 '믿는 이'와 '안 믿는 이'를 결정짓는다는 가르침이었던 것이다. 참으로 위대한 가르침이다.

예수님의 이 심오한 일침을 토마스는 단박에 알아차렸다. 그리하여 그는 그가 드릴 수 있는 최고의 선언을 바친다.

"저의 주님, 저의 하느님!"(요한 20,28)

이것이 믿음의 경지다. 이 두 마디로 토마스는 '믿는 이'의 반열에 당당히 이름을 올릴 수 있었다.

오늘 믿음_ 말씀을 붙잡고 시련을 견디는 신앙

우리 신앙이 바닥날 때, 절망의 골이 깊어질 때 우리를 위기에서 구출해 주는 것은 성경 말씀이다. 말씀은 우리 믿음의 파수꾼이 되어 준다. 주님은 약속의 말씀들이 반드시 이루어진다고 우리에게 가르쳐주신다.

"내 입에서 나가는 나의 말도 나에게 헛되이 돌아오지 않고 반드시 내가 뜻하는 바를 이루며 내가 내린 사명을 완수하고야 만다"(이사 55,11).

이 말씀에서 그리스도교인의 특권이 흘러나온다. 주님은 당신 몸소 주신 약속 말씀을 반드시 지키시는 분이다. 그러기에 철석같이 믿고 청하라는 것이다. 우리가 자주 들었지만 주님의 '말꼬리'를 잡고 떼를 쓰기에 딱 알맞춤인 약속이 있다.

"청하여라, 너희에게 주실 것이다. 찾아라, 너희가 얻을 것이다. 문을 두드려라, 너희에게 열릴 것이다. 누구든지 청하는 이는 받고, 찾는 이는 얻고, 문을 두드리는 이에게는 열릴 것이다"(루카 11,9-10).

이 약속 말씀은 우리가 주님 앞에 무엇을 청할 때 괜히 주눅 들어서 거지처럼 청하지 말고 당당하게 채권자처럼 청하라고 응원해 준다. 이 말씀으로 인해 "아, 주신다고 하셨잖아요, 주님! 약속대로 주세요!" 하고 애교를 부릴 수 있게 되었으니 말이다.

붙잡을 말씀은 얼마든지 있다.
우선, 주님께서 아브라함에게 하신 약속이다.
"나는 너를 큰 민족이 되게 하고, 너에게 복을 내리며, 너의 이름을 떨치게 하겠다"(창세 12,2).
만약 이 구절을 읽는데 감동이 왔다면, 내 집안을, 내 사회적 영향력을 일으켜 주시겠다는 약속으로 알아들으면 된다. "큰 민족이 되게 한다"라는 말씀은 "나의 무엇인가를 일으켜 주겠다"라는 뜻 아닌가.

다음으로, 주님은 우리가 어려울 때, 힘들 때, 두 팔을 내밀어 우리를 초대하신다.
"나를 불러라. 그러면 내가 너에게 대답해 주고, 네가 몰랐던 큰 일과 숨겨진 일들을 너에게 알려 주겠다"(예레 33,3).
주님의 이름을 부르면, 미처 기대하지 못했던 좋은 일들이 연신 생겨난다. 노상 부르는 이름, '하늘에 계신 우리 아버지'(주님의 기도), '전능하신 천주 성부'(사도신경), '성부와 성자와 성령의 이름으로'(성호경)가 크고 비밀한 일을 터주는 물꼬인 것이다. 그 힘으로, 그 설렘으로 우리가 매 순간을 살고 있는 셈이다.

3. 전능하신 천주 성부

우리들의 이야기 미 NBC TV의 명 앵커였던 팀 루서트는 자신의 저술 『아버지의 지혜』에서 다음과 같이 아름다운 일화를 소개한다.

"내가 어린아이일 때 아버지가 나를 침대로 데리고 갈 때면 침대가 늘 차가웠다. 특히 시트가 그랬다. 그러면 아버지는 아기 이불로 내 발을 따뜻하게 덮어주셨다. 아버지가 잘 자라는 키스를 하기 전에 나는 늘 아버지에게 열 개도 넘는 질문을 하곤 했다.

'뭐 필요한 거 있으면 아빠 불러도 돼요?'

'너무 더우면 아빠 불러도 돼요?'

'너무 추우면 아빠 불러도 돼요?'

‘무서우면 아빠 불러도 돼요?'
‘배고프면 아빠 불러도 돼요?'
내 질문에 아버지는 늘 미소를 띠며 말씀하셨다.
‘그럼!'
그제야 나는 내가 사랑을 받고 또 안전하게 보호를 받는다는 생각을 하며 편안하게 잠들곤 했다."

이 이야기에서 아버지는 자신의 아들과 항상 함께 있는, 따뜻한 보호자로 그려진다. 이처럼 우리도 "아빠!" 하고 부르면, 아버지 하느님은 우리에게 오시어, 자상한 말투로 대답하신다. "그럼, 그럼, 그럼."

원고백의 속뜻

하느님을 믿나이다 우리말 사도신경의 '전능하신 천주 성부'는 '천주(하느님), 곧 전능하신 성부(아버지)'가 더 라틴어 원고백의 의미에 가까움을 앞서 2장에서 확인했다. 이제 '천주'(Deum) 곧 하느님에 초점을 맞춰보자.

"하느님을 믿나이다"라는 이 신앙고백은 신앙의 근본이며 출발점이다. 구약성경에서 하느님께 대한 신앙고백은 '한 분'이신 하느님께 대한 고백이다.

"이스라엘아, 들어라! 주 우리 하느님은 한 분이신 주님이시다.

너희는 마음을 다하고 목숨을 다하고 힘을 다하여 주 너희 하느님을 사랑해야 한다"(신명 6,4-5).

예수님도 제자들에게 이 하느님의 유일성을 강조하여 상기시키셨다(마르 10,17-18 참조). 그러기에 사도신경의 첫째 항목인 "하느님을 믿나이다"는 의당 이방인들의 다신 신앙을 부정하고 거부하는 결단을 내포하고 있다.

이를 분명히 하기 위하여 앞에서 언급된 니체아 콘스탄티노플 신경 안에서는 '한 분이신'(unum)이라는 표현을 명시적으로 첨가하여 '한 분이신 하느님을 믿으며'(Credo in unum Deum)라고 되어 있다. 한 분 하느님을 믿는 것을 명확하게 할 필요를 느꼈기 때문이다. 아주 중요한 대목이다. 요즈음 우리로 하여금 하느님을 믿는다고 하면서 '한 분' 하느님을 믿는 게 아니라 여러 하느님을 믿도록 손짓하는 유혹들이 얼마나 많은가. 다원주의 신앙, 뉴에이지, 점 등등.

어쨌든 이 고백을 근간으로 하여 '전능하신 성부'와 '천지의 창조주'라는 문구가 후대에 첨가되어 오늘의 모습을 갖추게 되었음을 기억할 일이다.

(전능하신) 성부   "하느님을 믿나이다" 다음에 나오는 문구는 '전능하신 성부' 곧 '파트렘 옴니포텐템'(Patrem omnipotentem)이다. 앞 장에서 '전능하신'이라는 말이 '천주'를 꾸미는 말이 아니라 원래는 '성부'(아버지)를 꾸미는 말로 쓰였다는 사실을 밝혔다. 사도신경이 정확한 개념과 표현을 찾아서 600년이라는 장구한 역사를 거쳐

완성되었다는 점을 감안할 때 이 점을 분명히 해 둘 필요가 있다. '아' 다르고 '어' 다르기 때문이다. 이를 전제로 라틴어 어순을 따라 '전능하신'은 바로 이어서 다루기로 하고, 먼저 '성부'에 주목해 보자.

신앙인은 하느님을 아버지라고 부른다. '아버지'는 하느님께서 만물의 근원이시라는 사실, 그리고 동시에 당신의 모든 자녀를 자비와 사랑으로 보살피신다는 사실을 부각시킨다.

그런데 구약성경에서 이스라엘 백성이 하느님을 아버지라고 부르는 경우는 적다. 이는 그들에게 야훼 하느님이 자기들 역사의 특별한 주관자요, 구원자요, 해방자시라는 인식이 더 강했기 때문이다. 그들에게는 야훼 하느님이 아버지라기보다는 '아버지(조상)의 하느님'이라는 인식이 강했다.

우리에게 하느님을 아버지로 부르도록 가르쳐 주신 분은 예수님이다. 예수님 몸소 하느님을 "아빠"라고 부르셨고, 우리에게도 그렇게 부르도록 가르치셨다.

"이 세상 누구도 아버지라고 부르지 마라. 너희의 아버지는 오직 한 분, 하늘에 계신 그분뿐이시다"(마태 23,9).

이로써 우리가 육친의 아버지를 모시지만 진정한 아버지는 오직 하느님 한 분뿐임을 명백히 천명하셨다. 이를 두고 독자 가운데 혼돈스러운 이도 있을 것이다. "그럼 이 세상에 있는 우리 아버지는 뭐지?"

이 세상 아버지는 하느님이 우리를 낳는 데 사용한 도구일 따름이다. 육친의 아버지가 주도권을 가지고 나를 만들고 싶어 해서 내가 이 세상에 창조된 것인가? 아니다. 진짜 나를 만들 수 있고 낳을 수 있는 분은 누구인가? 하느님이시다. 그러기에 진짜 아버지는 하늘에 계신 아버지시고 이 땅의 아버지는 양부인 것이다. 이 영성을 받아들일 때 나와 하느님과의 관계는 훨씬 가깝고 친밀해진다.

예수님이 우리에게 가르쳐주신 아버지의 모습은 자상하시다.
우선, 아버지는 우리의 필요를 알고 계시는 분이다.
"너희는 '무엇을 먹을까?', '무엇을 마실까?', '무엇을 차려입을까?' 하며 걱정하지 마라. 〔…〕 하늘의 너희 아버지께서는 이 모든 것이 너희에게 필요함을 아신다"(마태 6,31-32).
나는 이 아버지를 매우 확신한다. 오래 전 본당 사목을 할 때, 어느 날 한 형제가 내게 와서는 이런 말을 건넸다. "제가 직장을 잃고 수입이 끊겼습니다."
며칠 후 또 다시 그 형제가 내게 와서 말했다. "우리 애들도 직장을 잃었어요. 이제 우리 집은 완전히 수입원이 없습니다."
나는 기도로 함께 해 주겠다고 위로했다. 그래도 염려가 되어 한 달쯤 지나 그 가정을 방문했더니, 여전히 끄떡없이 잘들 살아가고 있었다! 세세한 부분까지는 차마 물어보지 못했지만, 나는 돌아오는 길에 중얼거렸다. "아버지께서 필요를 채워 주신다!"

뿐만 아니라, 아버지는 우리가 구하는 것을 다 들어주시는 분이다.
"너희 가운데 어느 아버지가 아들이 생선을 청하는데, 생선 대신에

뱀을 주겠느냐? 달걀을 청하는데 전갈을 주겠느냐? 너희가 악해도 자녀들에게는 좋은 것을 줄 줄 알거든, 하늘에 계신 아버지께서야 당신께 청하는 이들에게 성령을 얼마나 더 잘 주시겠느냐?"(루카 11,11-13)

'성령'이라는 단어가 불쑥 튀어나와서 알아듣기가 쉽지 않지만, 성령은 우리가 구할 수 있는 것의 최상급을 의미한다. 성령까지 주시는데 하물며 세상적인 것이랴. 이런 의미다.

그런데, 예수님이 친히 사용하신 아라메아어 "아빠"(abba)라는 호칭은 본디 어린이말이다. 이렇게 친밀한 이름으로 하느님을 부른 사람은 일찍이 아무도 없었다. 예수님 외에는. 예수님은 유례를 찾아볼 수 없을 만큼의 친밀성을 매개하는 이 '아빠'를 우리에게 소개해 주셨다.

예수님의 권면은 명령이 아니다. 이 권면 속에는 의무보다는 은총이 숨어 있다. 억지로 하는 것이 아니라 그저 좋아서 "아빠"라고 부르면 혜택이 절로 따라오게 되어 있다. 하느님을 감히 "아빠"라고 부르지 못하는 서먹서먹함은 사실 유교전통 사회에서 그리스도교를 받아들인 영향으로 생겨났다. 유교는 거의 모든 것이 의무버전이었다. 싫어도 해야 하고 좋아도 해야 했다. 그러한 문화에서 그리스도교가 들어왔기 때문에 은총버전이 거의 축소되고 뒤로 밀렸다. 이를 우리가 다시 회복할 필요가 있다. '해야 한다'가 아닌 '하면 좋다'로. 잊지 말자. 우리에게 좋지 않은 걸 시키는 주님이 아니시다.

그렇다면, 하느님을 아빠라고 부른다는 것이 하느님과 우리 사이를 얼마나 가까이 만들어 주는지를 함께 보자.

오늘날도 경건한 유다인은 하루 중 오전 9시, 낮 12시, 오후 3시 이렇게 세 번씩 기도드린다고 한다. 이 기도를 '18기도'라 부르는데 그 중 첫 번째와 세 번째 기도를 그대로 옮겨 보면 다음과 같다.

"기도1. 찬양받으소서, 야훼시여, 아브라함의 하느님, 이사악의 하느님, 야곱의 하느님이시여, 지극히 크신 하느님, 하늘과 땅의 창조주, 우리의 방패요 선조들의 방패이십니다. 찬양 받으소서, 아브라함의 방패시여!

[…]

기도3. 당신은 거룩하시고 당신의 이름은 두려우시며, 당신 외에는 신이란 없습니다. 찬양 받으소서, 야훼, 거룩하신 하느님이시여!"

유다인이 부른 이 하느님은 지금 어디 계시는가? 하늘 높이 계시다. 이처럼 거창하게 하느님 이름을 부르면, 물론 그분이 대단하신 분임을 알지만 가까이 느껴지지 않는다. 내 하느님 같지가 않다.

이 하느님을 친밀한 '나의' 하느님으로 만들도록 예수님이 우리에게 가르쳐 주신 것이 바로 '아빠'다. "아빠!" 하고 부르는 순간, 우리에게 가까이 내려오시고 다가오신다.

전능하신 (천주 성부) '천주'와 '성부'에 이어, 마지막으로 '전능하신'을 살펴볼 차례다. 이에 해당하는 라틴어 '옴니포텐템'은 '모든 것을 행할 수 있는'이라는 뜻의 '옴니포텐스'(omnipotens)의 격변화다. 이 단어는 하느님이 하늘과 땅의 통치자요 주권자이심을 드러낸다.

'전능하신'이라는 말은 하느님의 모든 속성을 총괄적으로 표현해 주는 의미로 사용되었다. 전능하심은 대표적으로 다음과 같이 '하느님께만 속하는' 속성을 내포하고 있다.

첫째로, '전능하신'은 하느님의 '영원하심'을 내포한다. 이를 잘 표현해 주고 있는 말씀이 "당신은 언제나 같으신 분 당신의 햇수는 끝이 없습니다"(시편 102,28)라는 시편 구절이다. 여기에는 '주님은 시간의 왕이자 주인'이라는 의미가 들어 있다. 우리를 만들어 주신 분이 영원하시기에, 유한한 존재인 우리도 영원을 동경하고 마침내 영원을 누리게 되었다.

이 영원하신 분이 과거와 현재와 미래를 지배하시기에, 우리는 비록 고통 중에도, 절망 속에서도 희망을 갖는다. 주님의 영원하심 안에서 이 모든 것은 찰나일 뿐이니 말이다.

둘째로, '전능하신'은 하느님의 '전지하심'을 내포한다. 이는 하느님께서 현재뿐 아니라 과거와 미래에 속한 일까지도 철저히 또 완벽하게 아신다는 것을 말한다. "나는 처음부터 장래 일들을 알려 주고 예전부터 아직 이루어지지 않은 일들을 알려 주며 '내 계획은 성사되고 나는 내 뜻을 모두 이룬다.'고 말하는 이다"(이사 46,10). 이 하느님의 지식은 시간뿐 아니라 공간도 초월한다. 하느님의 지식은 우주만상을 꿰뚫어 안다.

여기서의 결정적인 메시지는 "하느님은 지혜시다"라는 뜻이다.

이는 우리에게 큰 힘과 위로가 된다. 우리가 왜 답답한 것인가? 답을 찾는데 답을 모르기 때문이다. 왜 헤매는가? 답을 찾기에 그렇다. 그런데 하느님은 지혜시며 전지하시다. 그분께 답이 있다는 말이다. 그러므로 우리가 하느님을 믿으며 그분께 지혜를 구하면, 우리 명오를 열고 지혜를 내려주신다.

나는 아무리 바빠도 글을 쓸 때, 또 강의를 할 때 먼저 성호를 긋고 주님께서 지혜를 주시기를 청한다. 그러면 정말 책에서 얻을 수 없는 지혜가 술술 나온다. 책에서 인용하는 구절이나 사례도 있지만 실은 원천이 하느님에게서 직통으로 받은 지혜가 더 크다.

그러니 그리스도인이라면, 답답하다고 거짓 지혜 구하는 데 가지 말고 확률 게임하는 데 가지 말 일이다. 진정으로 답을 주시는 주님께 답을 청할 일이다.

셋째로, '전능하신'은 하느님의 '편재(遍在)하심'(ubiquitous)을 내포한다. 이는 하느님이 무소부재, 곧 문자 그대로 "존재하지 않는 장소가 없다"란 말이다. 그래서 두루 계시다고 하는 것이다. "그분은 만물 위에, 만물을 통하여, 만물 안에 계십니다"(에페 4,6).

기억하는가. 구약성경에서 야곱이 형 에사우한테 쫓겨 도망을 가다가 베텔에 이르러 거기서 돌베개를 베고 자는데 꿈에 하늘에서 사다리가 내려오고 천사들이 오르락내리락 하는 장면을 보았던 것을. 말하자면 야훼 하느님을 알현한 셈이었다. 잠에서 깬 야곱은 고백한다.

"진정 주님께서 이곳에 계시는데도 나는 그것을 모르고 있었구나"(창세 28,16).

야곱은 줄곧 야훼 하느님이 성전 혹은 제단에 계신 것으로만 생각했던 것이다. 그런데 사막, 불모지대에, 아무것도 의지할 수 없는 그곳에도 야훼께서 계시더라 이 말이다. 인생의 끝자락에서, 절망의 나락에서 절대 고독을 느끼는 순간에도 거기 누가 계시는가? 하느님이 우리와 함께 계신다.

넷째로, '전능하신'은 하느님의 '정의'를 내포한다. 정의를 공의(公義)라고도 부르는데, 이는 '상선벌악'의 분배 정의를 가리킨다. "그분께서는 사람에게 그 행실대로 되갚으시고 인간을 그 길에 따라 대하십니다"(욥 34,11).

한 몇 년간 우리나라에도 "정의란 무엇인가"라는 주제가 화젯거리였다. 많은 주장이 있었지만 말만 많았던 데 비해 핵심이 빈약했다. 성 토마스 데 아퀴노는 그 핵심을 딱 두 단어로 정의했다. '각자에게 그의 것'(라: cuique suum). 이것이 정의다.

각자에게 돌아갈 몫이, 각자에게 돌아갈 땀이, 각자에게 돌아갈 보상이, 각자에게 돌아갈 책임이, 각자에게 돌아갈 벌이 돌아가는 것…. 이것이 정의다. 이런 정의로 아빠 하느님께서 이 세상을 다스리신다.

다섯째로, '전능하신'은 하느님의 '전선(全善)하심'을 내포한다. 전선의 뜻은 "악이라는 것은 요만큼도 허용하지 않으신다"는 의미다. 그러기에 하느님은 '모든 것을 합하여 선을 이루시는'(로마 8,28

참조) 분이시다.

'선하신' 하느님은 동시에 '자비로우신' 하느님이시다. 또한 '선하신' 하느님은 '완전하신 분'이시다. 하느님은 이 선하심으로 만물을 창조하셨고 인류를 죄에서 구원하셨다.

사도신경이 고백하는 '전능하신'이라는 표현은 이 모든 속성들을 동시에 담고 있는 의미로 알아들을 필요가 있다. 하느님은 전능하시기에 영원하시고, 전지하시고, 두루 계시고, 정의로우시고, 선하시다고 할 수 있는 것이며, 또 역으로 그러하기에 전능하시다고 말할 수 있는 것이다. 욥은 이 전능하심을 이렇게 고백한다.

"저는 알았습니다. 당신께서는 모든 것을 하실 수 있음을, 당신께는 어떠한 계획도 불가능하지 않음을!"(욥 42,2)

이러한 하느님을 우리가 믿기에 기도를 하는 것이다. 하느님이 우리 기도에 응답하실 수 있는 근거가 바로 여기에 있다.

열린 믿음

야훼 하느님   이스라엘이 체험한 하느님은 어떤 하느님일까? 이는 그들이 하느님께 붙여준 이름 '엘로힘'과 '야훼'에 잘 반영되어 있다.

하느님이 아브라함을 불렀을 때 아브라함은 그 하느님이 어떤 하느님인지 잘 몰랐다. 그저 다른 부족이 숭배하던 그런 신 가운데 하나려니 했다. 그러나 아브라함은 "네 고향과 친족과 아버지의 집을 떠나, 내가 너에게 보여 줄 땅으로 가거라"(창세 12,1) 하시는 하느님의 음성을 듣고 그 말씀대로 따르게 되면서 점점 역사를 주관하시는 하느님을 알게 되었다. 아브라함은 이 하느님을 '엘로힘'(Elohim)이라 불렀다. 엘로힘은 흔히 '신'을 가리키는 고대 셈어 '엘'(El)의 복수형으로 '절대적인 능력을 지닌 이스라엘의 하느님'을 가리키는 복수형 단수 명사로 사용되었다. 즉, '신들의 신', '으뜸신', '최고의 신'이란 뜻이다.

모세는 자신을 보낸 하느님의 이름이 '야훼'(Yahwe)였다고 파라오 왕에게 선포하였다. 야훼라는 이름은 모세에게 비로소 계시되었다는 것이다(탈출 3,14 참조). '야훼'가 무엇이기에 모세는 이 이름으로 이스라엘을 이집트에서 탈출시키는 그 엄청난 일을 할 수 있었을까? 히브리어로 된 야훼에 대한 설명 "나는 그대로 있는 존재다"(탈출 3,14)를 원문에 충실하게 영어로 옮기면 다음과 같다.

"I will be who(what) I will be."

이는 곧 '나는 내가 되고자 하는 대로 되는 존재'라는 뜻이다. 이를 흔히 우리말로 "나는 나다", "나는 있는 자 그로다"라고 번역하는데, 이는 온전한 번역이 아니다. 야훼는 '있다'는 의미를 넘어 '힘찬' 존재, 곧 '살아서 자신의 의지대로 활동하는' 존재를 뜻한다. 이런 의미를 담아서 전해 주는 표현이 자유자재(自由自在)라는 한자어다. 따라서 '야훼'라는 하느님 호칭의 의미를 문자적으로 번역하면 다음과 같다.

"나는 자유자재, 곧 스스로 말미암아 있고 싶은 대로 있고 행하고 싶은 대로 행하는 자니라."

이스라엘 백성은 이 야훼께서 이집트 종살이에서 자신들을 해방하여 약속의 땅 가나안에 데려다 주셨다고 믿고 있다. 바로 이 야훼 하느님이 우리가 믿고 있는 성부 하느님이시다.

아빠와 엄마 　 신약에 와서 예수님 덕분에 하느님을 "아빠"라고 부를 수 있게 되었다. 그렇다면, 하느님은 남성인가? 아니다. 하느님은 '엄마'이시기도 하다.

성경은 모성적인 하느님의 성품을 곳곳에서 표현한다.

첫째, 하느님의 '자비'를 표현하는 '라하밈'(rachamim)이라는 단어가 '자궁' 또는 '모태'를 뜻하는 '레헴'(rechem)에서 왔다는 점이다. 이는 하느님의 자비심이 부성애보다는 모성애에 가깝다는 것이다.

둘째, 하느님의 애절한 사랑이 젖먹이 어미의 심정에 비유되고 있다는 점이다.

"여인이 제 젖먹이를 잊을 수 있느냐? 제 몸에서 난 아기를 가엾이 여기지 않을 수 있느냐? 설령 여인들은 잊는다 하더라도 나는 너를 잊지 않는다"(이사 49,15).

이 말씀이야말로 하느님의 모성애를 투명하게 그려주고 있다.

이처럼 하느님은 아버지일 뿐만 아니라 어머니이기도 하시다. 그러므로 하느님을 아빠라고 부르는 것은 사실상 '어버이'라 부르는 셈이다.

무신론의 종말   미국 대통령을 지낸 부시가 부통령 시절, 소련 브레즈네프 수상의 장례식에 국가 대표로 참석했다. 그는 스탈린 이후 최장기인 18년 동안 소련을 통치하였던 인물이다.

장례식은 공산당의 관례대로 진행되었으며, 모든 것은 죽음을 상징하는 검은색과 공산당을 상징하는 붉은색으로 덮여 있었다. 장례식 말미 고인에게 마지막 경의를 표하는 순서가 되자 고인의 부인이 앞으로 나왔다. 그녀는 품에 간직했던 백합 한 송이를 꺼내어 관 위에 놓았다. 백합은 전통적으로 러시아 정교회에서 주님의 부활을 상징하는 꽃이었다.

이어서 이 미망인은 남편의 시신 앞에 무릎을 꿇었다. 그 순간 식장은 정적에 휩싸였다. 여인은 두 손을 모아 기도했다. 잠시 후 일어선 그녀는 마침 성호를 그었다. 순간, 여기저기서 미망인을 따라 사람들이 성호를 그었다. 그것은 충격이었다.

이 광경을 지켜보던 조지 부시가 말했다.

"나는 이 얼어붙은 소련 땅에 그리스도교 신앙은 완전히 죽어 버린 줄 알았다. 그런데 지금 이 순간 부활 신앙이 부활하고 있는 것을 목격한다."

"신은 없다"라는 기치 하에 종교 말살 정책을 폈던 공산주의 국가에서, 그것도 그 핵심적 인물이었던 사람의 아내가 남편이 죽자 주님께 기도했다. 남편은 신을 부정했지만, 아내는 신을 믿었다. 그녀는 남편의 평생숙원으로 밀어붙였던 무신론에 사실상 종지부를 찍은 것이었다.

나는 이 이야기를 접하고 단상을 적어봤다.

"하느님 없이는, 절망이 절망일 따름이다.
하느님 없이는, 실패가 실패일 따름이다.
하느님 없이는, 문제가 문제일 따름이다.
하느님 없이는, 벽은 벽이며 밑바닥은 밑바닥일 따름이다.
하지만, 일단 하느님을 인정하면, 이 모든 것들이 달리 보이게 마련이다.
그 뒤에 숨어 있는 희망, 축복, 은총, 새로운 가능성 등이 보이게 되는 것이다."

이는 바로 신앙인의 특권이다. 다른 이들이 "없다, 다 끝났다" 그럴 때, 우리는 "있다, 안 끝났다"라고 이야기할 수 있다니! 하느님을 믿는 신앙인의 특권임에 틀림없다.

오늘 믿음_ 하느님 코드

우리가 하느님을 알고 그분께로 나아갈 때, 이 하느님은 당신을 알아보도록 우리를 초대하신다. 하느님에게는 당신만의 코드가 있다. 이 하느님 코드를 통해서 우리는 그분과 만난다.

첫째는 고통이다. 하느님이 우리를 만나고 싶으실 때는 고통을 주신다. 괴로운 것이 반가운 일은 아니지만, 고통은 우리로 하여금 성찰케 하고, 정화시켜주고, 눈 뜨게 해 준다.

20세기 그리스도교의 변증가 C. S. 루이스는 고통이란 "귀머거리에게 알아듣도록 만드는 하느님의 확성기다"라고 말했다. 평소 하느님의 음성을 못 듣던 사람들이 고통스런 일이 생겨야 비로소 하느님의 음성을 듣기 시작한다는 말이다.

사실이다. 어떤 고통이든지 그 고통을 겪고 있을 때 인간은 물음을 던진다. "이게 도대체 어디서 온 것입니까, 이게 저에게 무슨 의미입니까?" 이러면서 하느님을 찾게 마련이다.

둘째는 불안이다. 일부러 우리에게 불안을 주신다. 성 아우구스티노는 말했다.

"오 주님, 당신은 당신을 위하여 우리를 만드셨으니, 우리의 마음이 당신 안에서 쉴 수 있을 때까지는 불안하나이다."[1]

불안도 하느님을 향하게 하는 코드다. 불안할 때 우리는 하느님을 향한다. 불안하기에 우리는 기도한다.

4. 천지의 창조주

우리들의 이야기   어느 인터뷰에서 나는 '종교인의 역할'에 대한 질문을 받았다. 내 대답은 이랬다.

"사람들이 더 깊이 보고, 더 멀리 보고, 더 높이 볼 수 있도록 도와주는 겁니다."

더 깊이 본다는 것은 무엇인가? 우리가 살아가면서 조금만 더 깊이 보면, 피상에 머물고 표피에 머물고 껍데기 붙들고서 아등바등 하던 모습을 탈피하여, 알맹이 또는 핵심을 잡고 더 이상 헤매지 않게 된다. 그러면 진리가 보이고, 근원까지 이르게 된다.

더 멀리 본다는 것은 무엇인가? 더 멀리 보면, 그동안 근시안적으로 실패, 좌절, 절망으로 단언되던 것들이 새롭게 희망 또는 가능성으로 보이게 된다. 그리하여 미래가 보인다.

더 높이 본다는 것은 무엇인가? 지금까지 지평선 아래에만 시선이 머물러 그저 물질적·동물적인 존재로만 살아오던 모습을 떨치고 하늘을 비상하는 존재로 자의식을 갖게 된다. 그러면 우리 마음속 고상함이 마지 하늘의 독수리처럼 날 수 있다. 인간은 원래 고상한 존재, 초월적 존재다.

얕게 보고 짧게 보고 낮게 보는 사람이 내리는 결론이 '없다', '끝이다', '외통수다'지만, 깊이 보고 멀리 보고 높이 보는 사람이 내리는 결론은 '있다', '출발이다', '출구다'인 것이다.

"어리석은 자 마음속으로 '하느님은 없다.' 말하네"(시편 14,1).

원고백의 속뜻

천지의 창조주   사도신경은 '천주'(하느님), '전능하신 성부'에 대한 신앙고백에 이어 '천지의 창조주'에 대한 고백으로 진행한다. 여기서도 동사는 크레도(Credo)다.

"Credo in 〔…〕 Creatorem caeli et terrae!"

이런 식이다. 여기서 '크레아토렘'은 창조주를 뜻하는 '크레아토르'(Creator)의 목적격 변화형이다. 그러니까 이는 바로 앞의 '전능하신 성부'의 동격으로서 "그분이 누구신고 하니, 천지의 창조주시다"

라는 의미인 셈이다. '챌리 에트 테래'는 '하늘과 땅'을 뜻하는데, 여기서 '하늘'은 '천상계' 또는 '초월계'를 가리키고, '땅'은 우리가 살고 있는 '물질계'를 가리킨다.

이는 구약성경 창세기의 맨 첫 구절 "한처음에 하느님께서 하늘과 땅을 창조하셨다"(창세 1,1)를 근거로 한 신앙고백이다. 이 구절로 인해 사도신경과 니케아 콘스탄티노플 신경은 하느님을 '천지의 창조주', '보이는 세계와 보이지 않는 세계의 창조주'로 고백한다.

사실 이 '창조주 신앙'은 그분의 문제가 아닌 우리의 문제며 나의 문제다. 우리는 자주 이렇게 질문을 던지지 않는가.

"우리 생명의 기원은 어디에 있고, 그 목적은 무엇인가?"

"내가 살아야 하는 이유는 무엇인가?"

"무엇이 행복이란 말인가?"

이러한 인간의 가장 근본적인 질문에 대해 창조주 신앙은 그 대답을 직접·간접으로 제시한다.

창조주 신앙의 핵심 메시지는 창세기 1장의 내용을 도해화 한 아래의 그림 안에 다 들어가 있다.

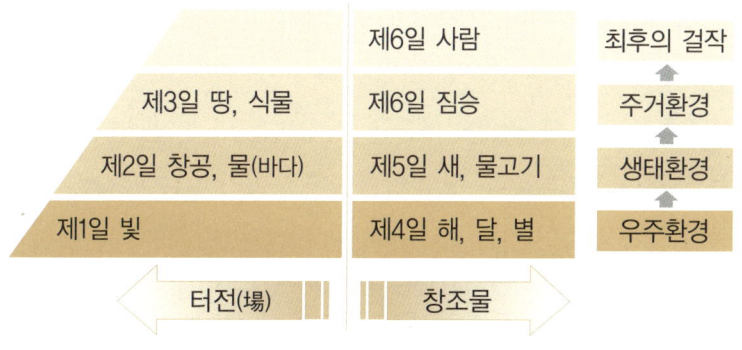

〈하느님의 창조 질서〉

하느님은 먼저 3일 동안 창조물들을 위한 터전 곧 장(場)을 창조하셨다. 그 다음에 3일 동안 그 터전에 창조물들을 만드셨다. 그림의 왼쪽에 있는 것들이 창조의 터전(場)이고, 오른쪽에 있는 것들이 창조물들이다.

여기에 창조의 질서가 잘 나타나 있다. 즉, 첫째 날은 빛을 만드시어 우주환경의 터전을 마련하셨고, 둘째 날은 창공과 바다를 만들어 생태환경의 터전을 만드셨고, 셋째 날은 땅과 식물을 만들어 주거환경의 터전을 만드셨다.

이처럼 모든 터전이 먼저 마련되었을 때 비로소 구체적인 창조 활동에 임하셨다. 그래서 넷째 날에는 우주환경의 창조물(해, 달, 별)을 지어 내셨고, 다섯째 날에는 생태환경의 창조물(물고기, 새)을 지어 내셨으며, 그리고 그 위에 여섯째 날 주거환경의 창조물(짐승)을 지어 내셨다.

이렇게 삶의 모든 조건을 갖추신 연후에 마지막으로 최후의 걸작인 인간을 만드신 것이다. 창조의 클라이맥스에 사람의 창조가 있었다는 사실은 두고두고 음미할 가치가 있다.

결국 창조는 인간을 위해 하느님께서 모든 복잡한 걸 다 동원하여 대작업을 하신 것이다! 이것은 우리에게 아주 중요한 메시지다.

영계의 창조 하느님은 '하늘'로 상징되는 영계, 곧 먼저 보이지 않는 세계를 창조하셨다. 성경은 하늘에 보이지 않는 피조물, 곧 천사들이 있음을 증언한다.

성 아우구스티노는 '천사'가 본성으로서는 영(靈)이고 직무로서 천사(天使) 곧 '하느님의 사자'라고 가르친다. 존재로서는 영이고, 활동으로는 천사라는 것이다. 천사들은 말뜻 그대로 하느님의 심부름꾼이며 시중꾼으로서 활동한다. 그들은 '그분 말씀에 귀 기울이고 그분 말씀을 실천하는 힘센 용사들'(시편 103,20)이다.

그런데, 각 사람에게는 수호천사가 있다. 그들은 사람을 섬기도록 파견된 일꾼이다. 예수님은 보잘것없는 사람에게도 천사가 딸려 있음을 강조하셨다.

"너희는 이 작은 이들 가운데 하나라도 업신여기지 않도록 주의하여라. 내가 너희에게 말한다. 하늘에서 그들의 천사들이 하늘에 계신 내 아버지의 얼굴을 늘 보고 있다"(마태 18,10).

천사 한 분씩 우리 각자와 다 연결되어, 우리에게 무슨 일이 일어나는지 아버지께 동태 보고를 하고 있다는 말이다. 이 얼마나 감사한 일인가. 요컨대, 수호천사들은 길을 인도하고 돌보는 존재다.

"그분께서 당신 천사들에게 명령하시어 네 모든 길에서 너를 지키게 하시리라. 행여 네 발이 돌에 차일세라 그들이 손으로 너를 받쳐 주리라"(시편 91,11-12).

이처럼 우리를 수호해 주시는 천사가 있다는 이 사실을 곧이곧대로 믿는 것도 축복이다.

나는 천사를 눈으로 본 적이 없지만, 몸으로는 여러 번 느꼈다. 여러 가지 이해할 수 없는 상황에서 기적처럼 살아남은 지난날을 성찰해 보면, 수호천사의 존재는 이 첨단과학의 시대에도 결코 시대에 뒤떨어진 얘기가 아니라는 결론에 이르게 된다.

절대적 창조　　'창조하다'는 히브리어 동사 '바라'(bara)가 쓰인다. 성경에 47번이나 나오는 동사 '바라'의 주어는 언제나 하느님이다. 이 단어가 쓰일 때는 주어가 사람이나 사물로 나온 적이 없고 무엇으로 만들었다는 표현도 없다. 이 단어에는 전혀 힘들이지 않고 아무런 재료도 없이 만든다는 의미가 담겨 있다. 곧 새롭고도 예외적이며 놀라운 창조라는 말이다. '하늘과 땅'(창세 1,1), '짐승'(창세 1,24), '사람'(창세 1,26-27)을 만들 때 이 동사가 쓰인다. 특히 인간 창조 때에는 세 번이나 반복된다(창세 1,27 참조).

　여기에 깊은 뜻이 있다. 결정적으로 중요한 창조는 오로지 하느님만이 하실 수 있는, 무에서 유를 이끌어내시는 이 '바라'(bara)로만 이루어진다는 것이다. 아무것도 없었을 때 하늘과 땅을 만드신 것도 이 '바라'의 절대적 창조였고, 단순한 생물들보다 한 단계 높은 동물을 만드신 것도 이 '바라'였다. 이윽고 최후의 걸작 인간을 만드실 때는 '바라'가 세 번이나 등장할 만큼 대작업이었다.

　이 바라의 영성을 우리가 깨달으면, '무에서 유를 창조하신 하느님께 대한 신앙' 자체가 우리에게 희망이라는 것을 알게 된다. 왜인가? 없는 데에서 있는 것을 만들었다는 것은 결국 구원의 언어기 까닭이다. 그랬기에 바빌론에서 노예 생활을 하며 절망에 빠진 이스라엘 백성이 "이제 우리는 어디다가 희망을 둘꼬" 그랬을 때, 딱 하느님의 예언자가 나타나서 이렇게 말했던 것이다.

　"야곱아, 너를 창조(bara)하신 분, 〔…〕 주님께서 이렇게 말씀하신다"(이사 43,1).

"나는 주님, 〔…〕 이 이스라엘의 창조(bara)자, 너희의 임금이다"(이사 43,15).

아무것도 없는 데에서 야곱 이스라엘을 만들어 낸 분이신데 새 역사를 창조해 내지 못하겠느냐는 식의 강변이다. 이를 쉽게 풀어 말하면 이렇게 되지 않을까.

"절망을 접고 희망을 가져라. 무에서 유를 만드신 분이 하느님이신데 무엇인들 못하시겠느냐. 이 고장 난 역사를 새롭게 세우고, 이 단절된 축복을 다시 이을 수 있는 분이 야훼 하느님 아니시더냐!"

이는 나의 신앙이고 나의 비밀이기도 하다. 나 역시 힘들 때도 있고, 절망할 때도 있다. 단, 내 자신에게 "딱 3일만 절망해라"라고 허락해 준다. 사실 3일도 안 간다. 3분이면 끝난다. 너무 "절망하지 말라"고만 하면, 그건 메시지가 아니다. 절망의 에너지가 왔을 땐 한번 그 절망에 푹 빠져 보는 거다. 욕도 좀 해 보고, 신세 한탄도 하고, 술도 퍼마셔 보고, 친구 만나서 하소연하고…. 단, 딱 3일만 말이다. 그런 다음 예수님이 부활하신 것처럼 우리도 부활하는 거다. 이 '바라의 영성'을 붙들고 말이다.

열린 믿음

하느님을 닮은 인간   하느님은 인간을 흙으로 빚으시고, 그의 코에 입김을 불어넣으신다. 그러자 "사람이 생명체가 되었다"(창세

2,7). 이렇게 해서 생겨난 '영혼'이 비로소 인간을 인간으로 만들었다. 흙에서 빚어진 육체가 없어도 인간 생명이라 할 수 없고, 하느님의 입김에서 생겨난 영혼이 없어도 인간 생명이라 할 수 없다. 결과적으로 인간은 영혼과 육체가 유기적으로 결합된 영육의 존재다.

영육의 통일체로서 인간은 하느님의 모상(Image of God)을 지닌다.
"우리와 비슷하게 우리 모습으로 사람을 만들자"(창세 1,26).
이것이 인간창조의 본래 취지였다. 여기서는 '비슷하게'로 되어 있지만 '닮은'이 원뜻에 가깝다. 히브리어에서 '닮았다'는 것을 뜻하는 단어로 '데무트'(demut, 영어로는 likeness 또는 resemblance)와 '셀렘'(tselem, 영어로는 image)이 있다. '데무트'는 겉모습만 붕어빵처럼 똑같이 생긴 '형상'을 뜻하고, '셀렘'은 '본질·속성'이 닮은 것을 의미한다. 그런데 여기서 '모상'을 뜻하는 단어로 '셀렘'이 사용됐다. 이는 우리가 하느님의 붕어빵이 아니라 하느님의 속성을 닮았다는 뜻이다. 이는 우리 내면까지 포함하는 인간 실재 전체가 하느님의 모상으로 창조되었다는 뜻이다.

독일의 신비 영성가 마이스터 에카르트는 모상을 이렇게 설명한다.
"한 모상은 그 본체인 것으로부터 직접 존재를 부여받는다. 그것과 하나인 존재를 가지며 그것과 동일한 존재다."
이처럼 창조주의 모상인 우리는 창조주와 존재를 공유한다. 사람은 누구나 불가침의 존엄성을 지녔다. 여기에는 일절 차별이 없다. 똑똑한 사람이나 바보스런 사람이나, 건장한 사람이나 어딘가 불편한 사람이나, 남자나 여자나, 태어난 생명이나 태어나지 못한 생명이나 모두가 똑같은 존엄성을 지녔다. 모두 안에 하느님의 모상이 있다. 그러기에 인종 차별, 낙태, 착취, 인권 유린 등은 바로 하느님을 거스르는 죄악이라 말할 수 있다.

시편 기자는 인간을 고귀하게 만들어 주신 하느님의 업적을 찬미하며 환호한다.

"인간이 무엇이기에 이토록 기억해 주십니까? 사람이 무엇이기에 이토록 돌보아 주십니까? 신들보다 조금만 못하게 만드시고 영광과 존귀의 관을 씌워 주셨습니다"(시편 8,5-6).

그렇다. 우리는 한 사람 한 사람을 당신 모상대로 지어내신 하느님께 늘 감탄하면서, 입으로는 감사와 찬미를 드릴 일이다. 더불어 '나의 소중함'을 볼 줄 아는 시각이 필요하다. 스스로 "나는 구더기 같아", "나는 쓰레기야" 같은 말을 하지 말고 "나는 존귀하다", "나는 영광스런 존재다"와 같은 말을 입에 달자.

창조경륜 창조경륜은 전능자 하느님의 지혜다. 하느님은 인간을 당신 사랑의 파트너로 만드셨다.

그런데 우리는 하느님의 위대하심만 알고 그분의 사랑을 잘 모른다. 하느님의 위대하심과 사랑을 동시에 담고 있는 낱말이 바로 '경륜'(經綸)이다. 경륜은 '경제'를 뜻하는 영어 '이코노미'(economy)를 넓게 우주적으로 적용하여 확장된 의미다. 전통적으로 하느님의 경륜은 창조경륜과 구원경륜으로 나누어 언급된다. 창조경륜과 구원경륜은 현재도 같이 진행되고 있다. 그리고 이 경륜 안에 하느님의 사랑이 녹아 있다.

먼저 창조경륜을 보자. 창조는 어떻게 이루어지는가? 사랑이 충만할 때다. 사랑이 차고 차서 넘치면 창조를 하게 되어 있다. 연인이나 배우자에게 혹은 자녀에게 자꾸 이것저것 만들어 주는 모습을 생각해 보자. 사랑을 많이 가지고 있는 사람은 자꾸 뭘 만들어 주고 싶다. 이것이 사랑의 속성이다. 이처럼 하느님은 사랑으로 인간을 창조하셨다.

창조의 원인도 사랑이지만, 창조의 목적도 사랑이다. 결국 하느님이 왜 인간에게 자유 의지를 주셨는가. 사랑을 주고받고 싶어서다. 우리를 당신 사랑의 파트너로 만드신 것이다. 이 사실을 깨달을 때 인간의 위상은 하염없이 격상된다.

그런데 우리는 보통 이렇게 생각하지 않는다. 하느님 앞에만 가면 종인 양 죄인마냥 오그라든다. 그래서 하느님 앞에서 기를 펴지 못한다. 특히 죄를 많이 지은 사람은 아예 고개를 떨어뜨리고 들지를 못한다. 그런데 당신 앞에 엎드려 고개를 들지 못하는 우리 죄인들에게 사랑의 하느님이 속삭이신다.

"고개를 들어라. 내 눈을 바라보아라. 나는 네 눈을 쳐다보고 싶지 네 머리통을 보고 싶은 게 아니야. 나는 너하고 사랑을 주고받고 싶어서 너를 만들었단다."

그러니 하느님한테 자꾸 머리통만 보여드릴 수는 없는 노릇이다. 우리는 그분께 무엇을 보여드려야 할까? 바로 눈이다. 무슨 눈?

사랑이 그윽한 눈, 그것도 애인을 바라보는 눈을 보여드려야 한다.

실제로 이 영성을 깊이 이해한 20세기 최고의 신학자 칼 라너는 이렇게 말했다.

"우리 각자의 삶은 하느님과의 러브스토리다."

우리 한 사람, 한 사람이 하느님과 러브스토리를 쓰는 것이다. 언제 태어나, 언제 사귀어서, 언제 친해지고, 언제 토닥거리다, 언제 토라져, 언제 헤어졌다가, 언제 멀어졌다가, 언제 다시 재결합하고. 그렇게 다시 깨가 쏟아지고, 이제 둘이 하나가 되고…. 주님과의 이 관계가 더 드라마틱하고 아름다워진다면야!

진리와 진리는 충돌하지 않는다 창조 이야기가 나올 때 빠뜨릴 수 없는 대목이 진화론이다. 다시 말해 과학과 신학을 어떻게 볼 것인가의 문제인데, 나는 전작 『잊혀진 질문』에서 이미 몇 대목을 상세하게 풀어놓은 적이 있다. 여기서는 아주 기본적인 것만 보려 한다. 더 관심 있는 독자는 그 책을 읽어도 좋겠다.

'과학'과 '창조 신앙'은 어떠한 관계에 있다고 볼 수 있는가? 결론부터 말하자면 서로 적대적 관계에 있던 종교와 과학은 긴 세월의 우여곡절 끝에, 근래에 들어와서, 화해 관계에 들어섰다고 해도 틀리지 않다. 지동설을 주장했다고 해서 갈릴레오를 파문했던 교황청이 수백 년이 지났음에도 불구하고 공식적으로 사과했던 사실은 우리에게 시사해 주는 바가 크다. 이로써 교회는 과학의 성과에 대해서 존중해 준다는 입장을 분명하게 밝힌 것이다.

교회는 이제 더 이상 사실로 받아들여진 우주에 대한 정보가 창조 신앙에 적대적이라고 보지 않는다. "아는 것이 힘이다"라는 말을 해서 유명해진 철학자 프랜시스 베이컨이 뼈 있는 말을 했다.

"약간의 과학(a little science)이 사람을 하느님으로부터 멀어지게 한다. 더 많은 과학(more science)은 그를 하느님께 다시 돌아가게 만든다."

같은 취지에서 제2차 바티칸 공의회의 「사목헌장」은 이렇게 밝혔다.

"모든 학문 분야의 탐구는, 그것이 참으로 과학적 방법을 따르고 윤리 규범을 따라 이루어진다면, 절대로 신앙에 대립될 수는 없다. 왜냐하면 세속 사물이나 신앙의 내용은 다 함께 하느님 안에 그 근거를 두고 있기 때문이다"(36항).

신앙에 바탕을 둔 종교와 합리성에 입각한 과학은 서로 보완적 관계를 가질 수 있다. 둘 다 진리라면 서로 일치하게 되어 있다. 다른 한쪽이 거짓일 경우에만 충돌하는 것이다. 요한 바오로 2세 교황이 "진리는 진리와 상충하지 않는다"라고 천명한 것은 이 같은 맥락에서다.

과학도 신학도 모두가 하느님 안에 근거하고 있으며, 창조주며 구원자신 하느님께 영광을 드리기 위한 것이다. 신학이 하는 일은 과학적 사실을 토대로 삼라만상, 곧 우주를 완성으로 이끄시는 하느님의 계획에 따른 최종적인 의미를 추출해 내는 것이다.

성경 전체의 관심은 철저하게 '왜?'에 있었지 '어떻게?'에 있지 않다. 이스라엘인은 주로 '왜'를 물었다. "왜 천지를 창조하셨는가?

왜 고통을 받아야 하는가? 나는 왜, 무엇 때문에 존재하는가?" 이를 '히브리적 사유'라고 한다. 반면에 그리스인은 '어떻게'를 물었다. "우주는 어떻게 존재하게 되었는가? 인간은 어떻게 구성된 존재인가? 국가를 어떻게 통치해야 하는가?" 이를 '희랍적 사유'라고 한다.

이 '어떻게'라는 질문을 많이 던지면 자연과학이 발달한다. 그래서 그리스에서 자연과학이 생겨나, 피타고라스부터 시작해서 수학, 물리학 등이 그리스 철학자들을 통해서 인류의 자연과학 발달에 기여했다.

그런데, '왜'라는 질문을 자꾸 던지면 철학이 발달하게 되고, 영성 쪽으로 초점이 가게 된다. 이 의미를 찾는 물음은 신앙으로 가게 되어 있다. 곧 하느님으로 연결된다. 그래서 "고통이 어떻게 발생했느냐"는 물리적, 의학적 현상이지만, "고통이 왜 발생했느냐"는 삶의 문제고, 영성이고, 신앙이 된다.

성경은 유다인에 의해 쓰여졌으므로 이 '왜'라는 질문으로 주로 기술이 됐다. 그래서 창세기 1장도 '어떻게'라는 사실을 설명하는 것 같지만, 사실은 '왜'라는 걸 설명하고 있다. 그래서 우주의 기원이 하느님의 창조에 있다는 사실만 선언할 뿐 "어떻게 창조되었는가"라는 과학적 질문에는 관심이 없었다. 6일간의 창조에 대한 기록 역시 창조의 '과정'을 설명하고 있다고 보기보다는 창조의 '질서' 곧 왜 인간이 창조계의 절정에 놓여 있는가에 대한 설명이라고 보는 것이 합당할 것이다.

오늘 믿음_ 축복의 영성

결국 창세기는 '시작'에 대한 말씀이다. 시작이 왜 중요한가 하면, 이 시작이 중간을 결정하고, 중간이 마지막을 결정하기 때문이다. 첫 단추를 잘못 끼면 다 끝나지만, 첫 단추를 잘 끼면, 거기에서부터 모든 것이 잘되게 되어 있다.

나는 성경을 읽다가 놀라운 지혜를 발견한 적이 있다. 어떤 책이든 간에 저자가 결정적으로 하고 싶은 말을 숨겨둔 대목이 있기 마련이다. 나 역시도 나름의 패턴이 있다. 처음에 결정적인 화두를 던져서 독자가 지루하지 않게끔 해 주고, 중간쯤에 건더기 있는 말을 또 넣어주고, 마지막에 가장 강한 마무리 멘트로 끝내는 것이다. 그래야 독자가 책을 딱 덮을 때 여운이 남을 테니까.

그런데 꼭 이 공식을 지니고 있는 것이 성경이다. 창세기의 메시지는 1장 28절에 집약되어 있다.

"자식을 많이 낳고 번성하여 땅을 가득 채우고 지배하여라"(창세 1,28).

이 말씀은 하느님께서 모든 피조물에게 발(發)하신 태초의 축복이다. 그런데 이 중간에 벌써 창세기 2장, 3장… 넘어갈수록 이 축복이 왜곡되고, 훼손되고, 파괴되고, 롤러코스터를 타기 시작한다. 인간이 죄를 지으면서, 그 축복의 메시지를 놓치고 만 것이다. 하지만 놀랍게도 전능하신 하느님의 '고집'이 결국 창세기 마지막장에서까지 이어진다. 그리하여 창세기 50장에서, 요셉이 자신을 버린 형들에게 이렇게 말하도록 역사하신다.

"형님들은 나에게 악을 꾸몄지만, 하느님께서는 그것을 선으로 바꾸셨습니다"(창세 50,20).

결국 창세기의 대단원에 이르도록 하느님의 첫 축복 메시지는 숱한 질곡을 관통하여 면면이 이어온 것이다.

이후, 인간의 역사는 수많은 흥망성쇠를 거듭하다가, 예수님 시대를 지나 궁극적으로 바라본 미래는 역시 무지갯빛이었다.

"아멘. 오십시오, 주 예수님!"(묵시 22,20)

종말을 얘기한다면, 슬퍼야 하고 무서워야 하고 두려워야 하는 게 상식이다. 그런데 여기서 사도들의 이 필치는 말 그대로 들떠 있다. "승리자 예수님! 어서 오십시오!" 하고 주님을 초대하고 있으니 말이다. 왜인가? 태초의 축복이 역사를 관통하고 있기 때문이다. 어떤 박해가 있고, 어떤 우여곡절이 있어도, 끄트머리에 가서는 다시 완전히 새로운 차원의 창조로 하느님께서 모든 것을 마감하시는 것을 믿기 때문이다.

축복으로 시작해서, 축복으로 끝나는 것이 창조주 하느님의 역사다. 이 창조는 끝나지 않았다. 마지막 순간까지 간다. 우리는 이 창조의 협조자다. 우리는 함께 주님의 이 창조 사업에 심부름꾼으로 초대받은 것이다.

5. 그 외아들 우리 주 예수 그리스도님

우리들의 이야기 신앙 강의할 때마다 내가 신자들에게 꼭 물어 보는 물음이 있다.

"누가 여러분에게 '예수님은 어떤 분입니까? 한 마디로 말해 주세요'라고 물어 오면 어떻게 답하시겠습니까?"

그러면 신자들의 얼굴엔 당황한 기색이 역력하다. 예수님을 몰라서가 아니라, 예수님을 단 몇 마디로 설명하는 데 익숙하지 않아서일 게다. 나는 그들에게 이렇게 답해 보기를 권한다.

"예수님은 보이는 하느님이고, 들리는 하느님의 음성이고, 만져지는 하느님의 사랑입니다!"

그러면서 하나하나씩 풀어드린다. 이렇게 말이다.

인간은 3차원의 존재고, 하느님은 초월적인 존재시다. 3차원의 존재는 자꾸 눈으로 보고 싶어 하고, 귀로 듣고 싶어 하고, 가슴으로 느끼고 싶어 하고, 손으로 만지고 싶어 한다. 그래 하도 인간이 "만나고 싶습니다, 당신을 보여 주세요!"라고 하니까 하느님께서 눈높이를 낮추어 보내주신 분이 예수님이다. 이리하여 우리는 예수님을 통해서 하느님을 보게 되는 거고, 예수님의 말씀을 통해서 하느님의 메시지를 듣게 되는 거고, 예수님과의 포옹을 통해서 하느님의 사랑을 만지게 되는 것이다. 이것이 예수님이며, 예수님의 역할이다. 이를 테면 하느님은 예수님에게 구원전권을 주시어 우리에게로 보내주셨다.

"구원전권! 다 가지고 가서 세상을 구하라. 인감도장도, 인주도 다 가지고 가라. 땅에서 용서해 주면, 하늘에서도 용서해 줄 것이다. 땅에서 해방해 주면, 하늘에서도 '만세!' 하고 환호할 것이다."

예수님은 이러한 전권을 가지고 우리에게 온 분이시다.

원고백의 속뜻

예수 그리스도   '그 외아들 우리 주 예수 그리스도님', 우리가 이렇게 고백을 하지만, 라틴어 어순에서는 먼저 '예수 그리스도'(Et in Iesum Christum)를 고백하고, 이어서 동격으로 '그 외아들 우리 주'(Filium eius unicum Dominum nostrum)를 고백한다. 그래서 우리가 그

배열을 따라 먼저 '예수 그리스도'에 초점을 맞추는 것이 순서다.

세상 사람들은 흔히 예수 그리스도를 그냥 한 이름으로 알고 있다. 예수만 이름이고 그리스도는 '직함'이다. 이를 가장 잘 드러내고 있는 것이 다음의 성경 구절이다.

"하느님께서는 여러분이 십자가에 못 박은 이 예수님을 주님과 메시아로 삼으셨습니다"(사도 2,36).

여기서 '예수'와 '그리스도'(메시아)가 독립된 별개의 두 단어라는 것이 드러난다. 그러니까 '예수'는 역사상 실존했던 한 인물의 이름에 지나지 않으나, '그리스도'는 그 인물의 삶을 통해서 드러난 역할에 대한 평가를 반영하여 그 인물에게 붙여 준 직명이라고 할 수 있다.

이렇게 볼 때, '예수 그리스도'라는 두 단어로 된 칭호는 "예수님이 구세주시다"라는 신앙고백인 셈이다. 결국, 예수 그리스도는 복음서와 신약성경의 압축이라고 볼 수 있다. 그러므로 만일 비신앙인이 "야, 너네들 예수 그리스도말야" 하고 말하면, 그도 이미 예수님을 그리스도로 고백하는 셈이 된다.

그러면 이제 '예수'와 '그리스도'의 의미를 확실히 짚어 보기로 하자.

우선, 예수라는 이름은 당시 유다인에게 드물지 않게 불리는 이름이었다. 본래 '야훼'라는 하느님의 이름과 '구원하다'라는 두 말이 합성되어 "야훼께서 구원하시다"라는 의미의 히브리어 '여호수아'(Jehosua)를 그리스어로 표기하여 '예수'라 발음하였다.

이 예수라는 이름은 '하느님이 천사를 통하여 지어 준 이름'(마태 1,21 참조)이다. 한 아기의 운명에 "하느님은 구원이시다"라는 구원 섭리의 말씀이 새겨진 것이다. 그런데 사람들이 예수라는 이름 앞에 '나자렛'이라는 수식어를 붙여서 곧잘 '나자렛 예수'라고 불렀다. 예수라는 이름을 가진 다른 사람과 구별하기 위하여 출신 지명을 붙여 준 것이다.

다음으로, '그리스도'(Christos)는 '메시아'(messiah)라는 히브리어를 그리스어로 번역한 것이다. '메시아'는 '도유된 자' 곧 '기름 부음 받은 자'를 뜻한다. 구약에서 기름을 부어 사람을 세운다는 것은 '하느님의 영'으로 직책을 맡긴다는 것을 의미한다. 이렇게 기름 부어 세우는 직분은 세 가지로 '왕', '예언자', '사제'였다.

그런데 이 메시아라는 단어는 점점 이스라엘 백성이 현실의 고난을 해결해 줄 '미래의 인물'에 붙여 준 이름으로 정착되어 갔다. 즉 메시아는 '희망의 인물'이었다. 그래서 이스라엘인은 예수님을 '메시아'로 불렀고 그 밖의 이방인은 그리스 말로 '그리스도'라 부르게 된 것이다. 예수님이 살았던 시대는 로마가 전 유럽을 통치하던 시대였는데 그들이 당시 만국 공용어로 사용하던 말이 그리스어였기 때문에 그렇게 번역해야 했다.

그 외아들   이제 예수 그리스도에 이어 따라오는 '그 외아들'(Filium eius unicum)의 의미를 새겨보자.

여기서 '필리움'은 '아들'을, '에유스'는 '그의'를 뜻하고, '우니쿰'은 '오직' 또는 '하나'를 뜻한다. 합하여 '그 외아들'이 되는데,

이는 예수 그리스도에 대한 부연 설명으로 배치되었다. 따라서 이 고백은 "예수가 어째서 그리스도냐"를 설명하는 동시에 "예수가 그리스도라면 결과적으로 그것은 무엇을 말하는 것이냐"를 설명한다고 볼 수 있겠다.

'외아들'이란 말은 원래 그리스어 '모노게네스'(monogenes)의 번역인데 이는 여러 의미를 담고 있다.

여기서 '게네스'(genes)는 하느님이 '낳으신' 아들을 말한다. 낳으셨다는 말은 창조했다는 말과 전혀 다른 말이다. 사람은 하느님께서 창조하셨지만, 예수님은 하느님께서 낳으셨다. 그러기에 예수님과 하느님 사이에는 특별한 친밀성과 일치성이 있다.

'모노'(mono)는 오로지 하나를 뜻하기도 하지만 '독특한'(unique) 이라는 뜻이 더 강하다. 이런 의미에서 볼 때 모노게네스는 '하느님께서 독특하게 낳은 아들' 이란 뜻이다. 곧 하느님이 아들을 낳았는데 사람의 모습을 취해서 낳았다는 것을 말한다. 그래서 성경은 말한다. "하느님께서는 세상을 너무나 사랑하신 나머지 외아들을 내주시어, 그를 믿는 사람은 누구나 멸망하지 않고 영원한 생명을 얻게 하셨다"(요한 3,16).

결국, '외아들'의 의미는 구원전권의 필요충분한 상속자임을 가리킨다. 이는 우리가 앞서 '전능하신 천주 성부', '아빠 하느님'을 배웠지만, 이 하느님을 상대하지 않고 예수님을 상대해도 된다는 말이다.

그런데 예수님은 이 전권을 남용하지 않으신다. 전권을 이미 받으셨음에도 불구하고 예수님은 이 땅에 오시어 구원활동을 하실 때 매번 성부 하느님의 결재를 받으신다. 얼마나 아름다운가.

기억하는가? 성경을 읽으면서 우리는 항상 아버지께 감사드리시고, "아버지, 어떻게 할까요?" 하고 여쭈시고, 큰일 이루고 난 다음에는 제자들에게 "잠깐 다녀올게"라고 하시며 혼자 산에 올라가서 기도하고 계신 예수님을 만난다. 그것이 외아들 예수님과 아버지 하느님 사이의 특별한 친밀성이다. 요한 복음서에는 이 관계가 간결하게 선언되어 있다.

"나와 아버지는 하나입니다"(요한 10,30).

우리 주   이어 '외아들'의 동격으로 '우리 주'(Dominum nostrum)가 고백된다.

여기서 '도미눔'은 '주님'을 뜻하며 '노스트룸'은 '우리의'를 뜻한다.

주님을 뜻하는 '도미눔'은 그리스어 '퀴리오스'(kyrios)의 라틴어 번역이다. 이 용어의 신학적 계보는 히브리어 '아도나이'(adonay)로 거슬러 올라간다. 이스라엘 백성이 하느님 이름 '야훼'를 알았지만, 아무도 감히 야훼 또는 여호와라고 부르지 못하였다. 함부로 하느님 이름을 부를 수 없다는 생각에, 이름 대신 '아도나이'라고 불렀다. 이는 특별한 뜻 없이 하느님 이름의 모음에 다른 자음을 붙여 발음한 것이었다. 70인역 성경은 이 아도나이를 그리스어 '퀴리오스'로 번역한다. 그리스어에서 이 말은 본래 '왕'에게 사용되던 말로, 우리말로는 '주' 또는 '주님'으로 번역된다.

주님은 삼라만상을 다스리는 권한을 지니신 임금, 곧 주권자를 뜻한다. 따라서 예수님을 주님으로 고백하는 것은 바로 '역사의 흥망성쇠의 열쇠를 쥐고 계신 분', '나의 생사화복을 쥐고 계신 분', '최종 결정권을 갖고 계신 분'으로 고백하는 셈이다. 엄청난 고백이다.

종합해 보자. 결국 '그 외아들 우리 주 예수 그리스도님'이라는 고백은 각 단어에마다 천지를 진동할 기운이 서려 있다. 구원전권, 역사의 최종 결재권, 그리고 구원자! 이 단어들이 어디 예사로운 단어들인가. 이렇게 사도신경의 표현들은 저마다 강력한 파워를 지닌 기도 언어가 된다.

우리가 뭘 모르고 바치는 이 고백 속에 엄청난 에너지가 소용돌이치고 있는 것이다. 오히려 영적인 악의 세력들이 이런 기도 언어에 더 민감하다. 그러기에 우리가 사도신경을 바칠 때마다 악은 벌벌 떨고, 하느님의 강력한 임재는 우리를 휘감는다.

열린 믿음

예수만이 그리스도일까? 이 시대 우리가 자주 부딪히는 물음이 있다.

"이 다원종교의 시대에, 예수를 그리스도로 고백하는 것은 무슨 의미를 지닐까?"

이 물음은 예수와 다른 종교 창시자들과의 차이점을 묻는 물음이기도 하다. 여기서는 한스 큉의 견해를 따라 정리해 본다.[1]

우선, 셈족 계열에서 유다교를 창도한 모세와 이슬람교를 창도한 무하마드는 공히 예언자적 특성을 지니고 있다. '예언자적'이라는 말은 전적으로 하느님의 계시에 의존한다는 말이다. 그런데 예수는 계시받는 것을 전한 자가 아니라 당신 자신이 하느님의 '계시'였다.

신약성경, 복음서 전부다 계시 자체요, 계시의 절정이다. 가장 명료한 말씀이다. 생각해 보자. 한 1950년대에 출간된 소설을 읽는다 치면, 읽을 때 어떤 느낌이 들까? "야, 이런 때도 있었군. 표현 참 예스럽군" 하는 생각이 들지 않을까. 그런데 2천 년 전에 기록된 복음서를 들으면 어떤가? "야, 이런 때도 있었네" 하는가? 전혀 그렇지 않다.

희한하게 이 메시지는 시대를 초월하는 기운이 있다. 우리보다 더 첨단에, 더 미래에 가 있다. 종말까지 가 있으니 말이다. 그러기에 일 점 일 획도 우리가 무시할 수 있는 말이 없다. 아니 무릎을 치고 감탄하게 된다. 이렇게 계시의 위대함이 드러나는 것이다.

다음으로, 인도 계열에서 불교를 창도한 부처(붓다 고타마)는 신비가적 특성을 지니고 있다. 왜 신비가인가? 이는 오감을 닫고, 내면에 있는 자아를 보려고 한다는 말이다. 이에 비할 때, 예수는 내면을 들여다 보기보다는 하늘을 쳐다 본 이다. 그리스도교 신앙하고 불교 신앙의 차이는 이것이다. 우리는 눈을 뜨고 바라봄의 신앙을 가지고 있다. 나를 바라보는 게 아니라 십자가를 바라보고, 예수를 바라본다. 내재적인 진리, 주어진 것 안에서의 진리를 터득하려고 노력한 분이 부처라 한다면, 초월적인 진리에 귀를 기울인 분이 예수라고 말할 수 있다.

그리고, 극동 계열에서 유교를 창도한 공자와 도교를 창도한 노자는 현자적 특성을 지니고 있다. 현자적이라는 말은, "어떻게 살아야 옳으냐"와 같은 이 세상 사는 것에 대한 지혜를 이야기한다. '공자 왈, 맹자 왈' 하고 나오는 것들이 그 예다. 우리는 이 세상 지혜를 이분들에게 청한다. 이에 반해, 예수는 이 세상 지혜뿐 아니라 초월적인 진리까지도 다 장악하고 있다.

예수 그리스도의 고유성을 우리는 '예언자적', '신비가적', '현자적'이라는 표현과 대조하여 '자기비허적'(kenosis)이라고 조심스럽게 언표해 볼 수 있겠다. 예수의 강생과 십자가를 동시에 함축하는 말이 이 단어기 때문이다. '자기비허'는 이미 '하느님'이 아니었다면 전혀 의미를 지니지도 못하고 또 가능하지도 않았다는 심오한 의미를 지닌다. 즉, 끊임없이 내려오고 쉬지 않고 비워도 여전히 높으신 분이며 충만하신 분이 바로 예수 그리스도라는 것이다. 이것이 다른 점이다.

사도 베드로의 변증   아직도 "예수가 그리스도다"라고 할 때, "무슨 근거로?"라며 반문하는 이를 위하여 한 걸음 더 나아가 보자.

사도 베드로는 알다시피 어부였다. 이 어부가 예루살렘에서 3천 명 앞에 서서 첫 번째 설교를 했다. 이 자리가 어떤 자린가? 일개 어부 출신이 그 자리에 선다는 것 자체가 언감생심, 감히 욕심이나 낼 만한 일인가? 그럼에도 베드로는 요즘 얘기로 치자면 명문대 졸업자 등 지식인들이 다 모여 있는 자리에서 성령의 충동에 밀려 취한 듯이 설교를 한 것이었다.

"이스라엘인 여러분, 이 말을 들으십시오. 여러분도 알다시피, 나자렛 사람 예수님은 하느님께서 여러 기적과 이적과 표징으로 여러분에게 확인해 주신 분이십니다. 하느님께서 그분을 통하여 여러분 가운데에서 그것들을 일으키셨습니다. 〔…〕 그분을, 여러분은 무법자들의 손을 빌려 십자가에 못 박아 죽였습니다. 〔…〕 이 예수님을 하느님께서 다시 살리셨고 우리는 모두 그 증인입니다. 〔…〕 하느님께서는 여러분이 십자가에 못 박은 이 예수님을 주님과 메시아로 삼으셨습니다"(사도 2,22-23.32.36).

이 말씀을 가만히 보면 다른 이들에게 예수님을 소개하는 네 가지 정식이 들어가 있다.

첫째, 일단 나자렛 사람 예수라는 분이 있었는데, 이분이 하신 행적, 기적과 이적과 표징을 봤을 때, 이것을 보고 하느님이 한 것이라고 얘기하지 않을 사람은 없다는 것이다.

둘째, 그런데 "그분을 유다인들이 죽였다"는 것이다.

셋째, 그런데 "이 예수님을 하느님께서는 다시 살리셨다"는 것이다.

넷째, 모든 것을 종합할 때 "고로, 이분은 그리스도다"라는 것이다.

이 간단한 논리를 통해 3천 명이 넘는 사람들이 감동을 받았다. 그들의 마음이 콕 찔렸던 것이다.

이 중 첫 번째를 2천 년 세월을 넘어 공감해 보면 이렇게 되지 않을까.

볼지어다.
들을지어다.
보는 눈이 있는 자들은 보아라(마태 13,13 참조).
"귀 있는 사람은 들어라"(마태 13,9).
볼지어다.
들을지어다.
"여러 가지 기적과 놀라운 일과 표징을 나타낸"(사도 2,22 참조) 이 사람,
이 사람이 누구인가?

이 사람이 누구인가?
한센병 환자를 낫게 하고, 다리저는 이를 걷게 하고, 눈먼 이를 보게 하고, 악령을 쫓아낸 이 사람,
물 위를 걷고 풍랑을 잠재운 이 사람,
죄인과 창녀와 세리들에게 새 삶의 길을 열어준 이 사람,
물고기 두 마리 빵 다섯 개로 한꺼번에 5천 명을 먹인 이 사람,
죽은 사람을 살려낸 이 사람,
도대체 이 사람이 누구인가?

그가 묻는다.

대관절 이 사람이 누구인가?

사도 베드로의 물음이 쩌렁쩌렁하게 들리는 듯하다.

오늘 믿음_ 나자렛 예수

예수님은 나에게 누구인가? 이 물음을 구도 시인 구상 선생이 물었다. 다음에 소개하는 '나자렛 예수' 라는 시에는 복음서에 나타난 예수님의 일생을 사실대로 이해하기 위하여 온 몸으로 고뇌한 시인의 묵상이 깊이 배어 있다. 사실, 나는 이 시를 여러 곳에서 소개했다. 아무리 찾아봐도 예수님을 이 시보다 더 객관적으로 잘 묘사한 시를 찾을 수가 없기 까닭이다. 내가 천 번 성경을 읽고 요약을 한다 해도 이 시보다 아름답게 요약할 자신이 없다. 찬찬히 기도하는 마음으로 음미해 볼 것을 권한다.

> 나자렛 예수! / 당신은 과연 어떤 분인가? // 마구간 구유에서 태어나 / 강도들과 함께 십자가에 못박혀 죽은 / 기구망측한 운명의 소유자

태어날 때도 희한하게 태어나시더니 죽을 때도 강도들, 사이에서 그것도 십자가에 못 박혀 죽으셨으니. 이거야말로 기구망측한 운명

이란 얘기다.

> 집도 절도 없이 떠돌아다니며 / 상놈들과 창녀들과 부역자들과 / 원수로 여기는 딴 고장치들과 / 어울리며 먹고 마시기를 즐긴 당신,

여기서의 '상놈'은 성경에 나오는 '죄인'이다. 시인이 성경을 읽다가 보니 '죄인'이라는 말은 우리나라에서 안 쓰는 말이었다. 그래서 이 말을 도대체 뭐라고 쓰나 뒤져 보다 "옳거니! '상놈' 이구나" 하고 쓴 것이다. 같은 취지로 '부역자'는 '세리'다. 그리고 '원수로 여기는 딴 고장치'는 '사마리아 사람'을 뜻하는데, 이 얼마나 기발한 우리말 토착언어인가! 멋지다.

이 사람들하고 어울렸다는 것은 당시 금기를 깼다는 것, 그만큼 파격적이었다는 것을 의미한다.

> 가난한 사람들에게 / 굶주린 사람들에게 / 우는 사람들에게 / 의로운 일을 하다 미움을 사고 / 욕을 먹고, 쫓기고 / 누명을 쓰는 사람들에게 / '행복한 사람은 바로 당신들' 이라고 / '하느님 나라는 바로 당신들 차지' 라고 / 엄청난 소리를 한 당신.

이들은 전부다 불행한 사람 리스트다. 그런데 예수님은 그들한테 "당신들이 행복한 사람이요. 하느님 나라는 바로 당신들 차지요"라고, 되도 않은 천지개벽의 엄청난 소리를 해버리신 것이다. 그렇다면

예수님의 말씀은 거짓인가? 아니다. 오히려 뒤집기 진리다. 그래서 '엄청난' 소리라는 것이다.

> 소경을 보게 하고 / 귀머거리를 듣게 하고 / 앉은뱅이를 걷게 하고 / 문둥이를 말짱히 낫게 하고 / 죽은 사람을 살려내고도

이러면, 오늘날로 쳐서 국민헌장쯤은 받으셨어야 마땅하다.

> 스스로의 말대로 / 온 세상의 미움을 사고 / 욕을 먹고 쫓기다가 / 마침내 반역자란 누명을 쓰고 / 볼 꼴 없이 죽어간 철저한 실패자,

여기까지, 누구도 부정할 수 없는 철저한 실패자셨다.

> 내가 탯줄에서 떨어지자 맺어져 / 나의 삶의 바탕이 되고, 길이 되고

이 부분은 시인 자신의 이야기다. '내가 탯줄에서 떨어지자 맺어져'라는 말은 시인이 태어나 일주일도 안 되어 세례를 받았음을 가리킨다. 세상에 태어나자마자 예수님의 이름으로 그분하고 딱 관계를 맺은 것이다.

'나의 삶의 바탕이 되고, 길이 되고'는 그가 예수님의 일생을 동반한다는 뜻이다. 시인은 신학교에 입학하여 생활했다. 끝내 폐병에

걸려 신학교에서 나왔지만.

　　때로는 멀리하고 싶고 귀찮게 여겨지고, / 때로는 좌절과 절망까지를 안겨주고,

신학교까지 갔는데 폐병에 들게 하셨으니 시인은 때로 예수님을 멀리하고 싶고 귀찮게 여겨지기도 하고 하느님이 슬슬 원망스럽기도 했다. 시인뿐 아니다. 하느님 믿다가 좌절한 사람들이 많다. 수준 있게 믿고 싶은데, 마음대로 안 되는 것이다. 그래서 좌절한다.

　　때로는 너무나 익숙하면서도 / 생판 낯설어 보이는 당신, / 당신의 참모습은 과연 어떤 것인가? // 당신은 사상가가 아니었다. / 당신은 도덕가가 아니었다. / 당신은 현세의 경륜가가 아니었다. / 아니, 당신은 종교의 창시자도 아니었다. // 당신은 어떤 지식을 가르치지 않았다 / 당신은 어떤 규범을 가르치지 않았다 / 당신은 어떤 사회혁신운동을 일으키지 않았다 / 또한 당신은 어떤 해탈을 가르치지도 않았다

한마디로 비교종교학의 요약이다. 시인답게 깔끔하다.

　　한편 당신은 어느 누구의 / 과거 공적이 있고 없고를 따지지 않았고 / 당신은 어느 누구의 / 과거 죄악의 많고 적음을 따지지 않았고

중요한 문장이다. 지금까지 모든 종교는 과거의 공적이 있고 없고가 중요했다. 죄과가 있고 없고, 이것이 천당과 지옥을 가름하는 불변의 기준이었다. 하지만, '당신'은 이 기준을 내팽겨쳤다. 그 반전이 여기서 가파르게 고조하고 있다.

당신은 실로 이 세상 모든 사람의 / 생각과 말을 뒤엎고

예수님이 오시면서 확 뒤집혔다. 어떻게 뒤집혔냐? 이렇게.

'고생하고 무거운 짐을 지고 / 허덕이는 사람은 / 다 내게로 오라. / 내가 편히 쉬게 하리라'고 / 고통받는 인류의 해방을 선포하고

오히려 이 죄인들을 이 세상의 기준으로 "넌 죄인이구나, 감방에 가라" 하지 않으시고, "고생하고 무거운 짐 진 사람들, 다 나한테 와!" 하시며 오히려 고통 받는 이들에게 해방을 선포하셨다. "내가 다 내려줄게, 대신 져줄게" 하시며. 이리하여 죄인들에게 구원의 길이 열렸다는 '기쁜 소식'의 핵심에 이르렀다.

다만, 하느님이 우리의 아버지시요, / 그지없는 사랑 그 자체이시니 / 우리는 어린애처럼 그 품에 들어서 / 우리도 아버지가 하시듯 서로를 용서하며 / 우리도 아버지가 하시듯 다함 없이 사랑할 때

우리는 이미 앞의 '전능하신 천주 성부'에서 배웠다. 이해가 팍

온다. 여기서부터는 벌써 하느님 자녀가 누리는 특권으로 들어간다. 아빠 하느님을 부르며, 사랑하고 용서함의 특권말이다. 바로 천국 시민의 퀄리티다!

우리의 삶에 영원한 행복이 깃들이고 / 그것이 곧 '하느님의 나라'라고 가르치고 / 그 사랑의 진실을 목숨 바쳐 실천하고 / 그 사랑의 불멸을 부활로써 증거하였다.[2]

진짜 행복은 뭔가? 하느님 아빠 안에 같은 공동체를 이뤄서 사랑하고 오순도순 사는 것. 그것이 곧 하느님 나라다!

예수님은 "하느님 나라는 별개가 아니라 여기서부터 시작된다"라고 가르치시고 그 사랑의 진실을 십자가에서 목숨 바쳐 실천하셨다. 사랑의 진실을 입증하는 가장 큰 방법이 '목숨'이니. 그리고 부활을 통하여 이 사랑의 불멸이 입증되었다.

십자가와 부활에 대한 촌철살인의 해석이다.

6. 성령으로 인하여 동정 마리아께 잉태되어 나시고

우리들의 이야기　　프랑스 파리에서 태어난 작곡가 샤를 구노의 '아베마리아'는 슈베르트의 아베마리아와 카치니의 아베마리아와 더불어 세계 3대 아베마리아 시리즈 중 하나다.

　명곡 아베마리아를 작곡한 구노는 어려서 음악신동이라 불리며, 파리 외방 선교회에서 운영하는 학교에 다녔다. 같은 학급에는 구노가 따라잡을 수 없을 정도로 뛰어난 음악 천재가 있었다. 구노는 당연히 그 친구가 음악을 더 공부하리라고 생각했다. 하지만 친구는 신학교에 입학했고, 이후 둘은 헤어졌다. 신학교에 입학하여, 사제가 된 친구는 파리 외방 선교회에 들어가 '조선대목구주교'로 임명되어 조선으로 발령받았다.

이 소식을 들은 구노는 날마다 주님과 성모님께 기도했다. 친구가 무사히 돌아와 단 한 번만이라도 만날 수 있게 해 달라고. 하지만 구노는 친구의 슬픈 소식을 듣게 된다.

'앵베르 주교 조선에서 순교.'

구노는 비통에 잠기지만, 보고 싶은 친구를 위해 마지막으로 '아베마리아'라는 성모송을 만들어 바친다. 바로 그 노래가 우리가 잘 알고 있는 '구노의 아베마리아'다. 이 노래는 친구이자 조선의 주교이며 순교자고, 후일 영광스러운 성인의 관을 쓴 성 앵베르 주교를 기리며 만들어진 것이다. 앵베르 주교는 지금도 서울 명동성당 대성전 지하에 잠들어 계신다.

세계적으로 유명한 아베마리아 중에 하나가 우리나라와 연결되어 있다니. 뭔가 느낌이 새롭다. 이 감동을 갖고 사도신경 원고백의 속뜻으로 들어가 보자.

원고백의 속뜻

성령을 통한 잉태   '성령으로 인하여 동정 마리아께 잉태되어 나시고'는 원어에 충실하게 직역하면, '이는 성령으로 잉태되어 동정녀 마리아에게서 나시고'(qui conceptus est de Spiritu Sancto, natus ex Maria Virgine)가 된다. 잉태는 성령으로 인한 것이고(conceptus de

Spiritu Sancto) 출산은 마리아에게서(natus ex Maria Virgine) 이루어진 것임이 라틴어 원문에서 적시되어 있음에 반해, 번역문에서는 그것이 버무려진 느낌이다.

이 고백의 원전은 성경이다. 지어낸 교리가 아니라 성경에 있는 이야기를 압축해서 이렇게 고백한 것이다. 그렇다면 성경이 기록한 이야기로 돌아가 보자.

나자렛 사람 예수님은 헤로데 임금과 카이사르 아우구스투스 1세 황제 때에 베들레헴에서 이스라엘의 한 딸에게서 유다인으로 태어났으며, 직업은 목수였다. 그의 잉태는 성령을 '통한' 것이었다.

"하느님께서는 가브리엘 천사를 갈릴래아 지방 나자렛이라는 고을로 보내시어, 다윗 집안의 요셉이라는 사람과 약혼한 처녀를 찾아가게 하셨다. 그 처녀의 이름은 마리아였다. 천사가 […] 말하였다. '은총이 가득한 이여, 기뻐하여라. 주님께서 너와 함께 계시다'"(루카 1,26-28).

이 인사말에 몹시 당황해 하며 두려워한 마리아에게 천사는 메시아의 어머니가 될 것이라는 하느님의 전갈을 전해 준다. 그때 마리아는 딱 결혼 적령기, 열여섯이었다. 그런데 이미 요셉하고 약혼은 하고 있던 사이였다. 그래 놀란 마리아가 반문한다.

"저는 남자를 알지 못하는데 어떻게 그런 일이 나에게 있을 수 있겠습니까?"

이에 천사가 답한다.

"성령께서 너에게 내려오시고 지극히 높으신 분의 힘이 너를 덮을 것이다. 그러므로 태어날 아기는 거룩하신 분, 하느님의 아드님이라고 불릴 것이다"(루카 1,35).

이런 표현을 지금 우리는 이해하기 어렵지만 이스라엘인은 단박에 알아듣는다. 왜냐하면 구약에 하느님의 영광이 구름 형상으로 덮여서 이스라엘 백성을 따라온 이야기가 있기 때문이다(탈출 40,34-35 참조). 그들은 이런 이야기를 수도 없이 들었다. 그래서 '덮는다'는 말에 익숙하다. 이는 하느님의 '함께 하심'과 '돌보심'을 보증해 주는 약속의 말씀이었다. 구약의 마지막 시대를 산 마리아가 이 말씀의 의미를 확실히 알아들었을 것은 자명하다.

그렇다면 성령은 무엇하는 분인가? 바로 '생명의 영'이다. 태초에 하느님이 우주 만물을 창조하실 때 성령이 그 위를 운행하면서 작용하셨다. 지금 이 세상에 돌고 있는 생명은 사실 성령의 소관이다. 성령이 자연 안에도 서려 있고, 흐르고 있고, 작용하고 있다. 이 성령은 태초에 인간이 창조되는 순간에도 함께 했다. 말하자면 하느님이 흙으로 인간을 빚으시고 콧구멍에다가 숨을 불어넣으셨는데 그 숨이 바로 성령이다. 그러기에 마리아한테 성령이 덮치면 아이를 임신하는 것은 과히 어려운 일이 아니다.

동정녀 마리아에게서 나심   이제 '동정녀 마리아에게서 나시고'에 주목해 보자.

앞에서 보았듯이 라틴어 원문에는 '나투스 엑스 마리아 비르지네'

라고 되어 있다. 여기서 '나투스'는 '태어나다'라는 뜻이다. '엑스'는 '~로부터'로 해석되고, '마리아 비르지네'는 '동정녀 마리아'다. 놓치지 말아야 할 것은 이 고백이 '잉태'를 철저히 성령의 몫으로만 돌리고 있다는 사실이다. 마리아의 역할은 단지 잉태 이후 출산에만 국한된다.

이렇게 철저히 역할 구분을 하는 것은 초기 교회 시절부터 예수님의 출생을 둘러싸고 끊이지 않는 논쟁이 있었다는 것을 시사한다.

"예수님께서 '인간'이라면, 왜 인간처럼 정상적인 잉태를 취하지 않으셨는가?"

"예수님의 형제들이라는 말이 나오는데 어떻게 마리아를 동정녀라 부르는가?"

안티오키아의 성 이냐시오는 일찍이 이러한 물음들을 염두에 두고 이렇게 말했다.

"이 세상의 통치자는 마리아의 동정성과 출산을 몰랐으며, 주님의 죽음도 몰랐습니다. 이 세 가지 빛나는 신비는 하느님의 침묵 속에서 이루어졌습니다."[1]

이냐시오 성인의 말은 무척 심오하다. 이 세상의 통치자는 곧 '이 세상에서 가장 권력 있는 사람'이다. 쉬운 말로 현재 세계적으로 가장 정보력 있는 FBI 또는 KGB의 보고를 받는 대통령들조차도 마리아의 동정성과 출산을 몰랐으며 주님의 죽음도 몰랐다는 말이다. 결국, 이 세 가지 빛나는 신비는 철저하게 보안유지가 되어 하느님의 침묵 속에서 이루어졌다는 말이다. 하느님의 침묵은 하느님의 구원경륜이다.

우리가 여기서 한번쯤 묵상할 것이 우리 삶에 개입된 하느님의 지혜다. 기도하는데 응답이 없다. 하느님이 침묵하신다. 어떤 때는 역사에서 400년간 응답이 없으셨다. 바로 이스라엘 역사에서다. 우리 삶에서는 그 정도까지의 내공이 없으니까 하느님 침묵이 어떤 사람에게는 일주일 가고, 또 어떤 사람에게는 한 달이 간다. 이 하느님의 침묵이 길수록 내공이 있는 사람이다. 그걸 견디고 감당하고 이해하고 알아들을 수 있으니까. 그러기에 침묵하시지만 하느님의 지혜는 그 가운데 작용하고 계신다. 곧 때를 기다리신다. 이것이 바로 우리 교회 안에서 이루어지는 하느님의 섭리다.

이 신앙고백에서 '동정녀'는 궁극적으로 '평생 동정'을 가리킨다. 이는 마리아가 예수님을 동정녀로 잉태하신 후에도 평생 동정으로 사셨음을 의미한다. 요셉과 평생 동침하지 않았다는 것이다. 또한 평생 동정이란 말은 예수님의 잉태가 당신 모친의 동정을 손상하지 않았다는 뜻도 들어 있다. 이 교의는 4세기 이후 대중화 되어 전해 오다가 제2차 바티칸 공의회를 통해서 영원한 동정을 확인받기에 이른다.

그런데, 마리아의 평생 동정에 대하여 줄곧 반론들이 있어 왔다. 주로 성경에 나오는 예수님의 '형제들' 문제를 들고 나온다. 실제로 성경 곳곳에 예수님의 '어머니와 형제들'(마르 3,31-35; 요한 2,12; 7,3-9 참조) 얘기가 나온다. 아예 이름까지도 제시된다.

"저 사람은 목수로서 마리아의 아들이며, 야고보, 요세, 유다,

시몬과 형제 간이 아닌가? 그의 누이들도 우리와 함께 여기에 살고 있지 않는가?"(마르 6,3)

나는 다른 강의나 책에서 이들이 마리아의 친자식이 아님을 하나하나 근거를 대고 밝힌 바 있다.[2] 지면 관계상 여기서는 생략한다.

그렇다면, 왜 (사촌)형제들이 예수님을 따라다녔다고 복음서는 증언하는가? 그것은 요셉의 사망 이후 예수님과 어머니 마리아는 동네 친척집에 의지하면서 살았기 때문일 것으로 짐작된다.

탄생   탄생의 경위는 어떠했는가. 성경은 이렇게 기록한다.

"그 무렵 아우구스투스 황제에게서 칙령이 내려, 온 세상이 호적 등록을 하게 되었다. […] 그래서 모두 호적 등록을 하러 저마다 자기 본향으로 갔다. 요셉도 갈릴래아 지방 나자렛 고을을 떠나 유다 지방, 베들레헴이라고 불리는 다윗 고을로 올라갔다. 그가 다윗 집안의 자손이었기 때문이다. […] 그들이 거기에 머무르는 동안 마리아는 해산 날이 되어, 첫아들을 낳았다"(루카 2,1.3-4.6-7).

원래 이방인만 살던 갈릴래아는 하스몬 왕가 때(B.C 166~63)부터 유다인들이 이주하여 살았다. 요셉과 마리아의 조상들은 그때 갈릴래아에 이주한 것으로 추정된다.

그런데 당시에는 인구조사를 했다. 머릿수대로 세금을 거둬들이려던 목적에서다. 그래서 자기 고향에 가서 등록해야 했고, 다윗의 후손인 요셉도 본적 '베들레헴'으로 가야만 했다.

예수님께서 나신 이 베들레헴은 예루살렘에서 남방으로 6마일

(약 11km) 떨어진 아주 작은 마을이다. 그런데 본적지에 가 보니, 하도 사람이 많이 몰려들어 빈 여관방이 없었다. 그래서 할 수 없이 말구유에서 태어나셨다. 이 예수님의 탄생 소식을 첫 번째로 전해 들은 이들이 목동이었는데 그들이 예수님을 알아볼 수 있도록 천사가 알려준 표징은 이랬다.

"너희는 포대기에 싸여 구유에 누워 있는 아기를 보게 될 터인데, 그것이 너희를 위한 표징이다"(루카 2,12).

이것이 바로 예수님의 탄생 비밀이기도 하다. 구유에, 포대기에, 아주 어린 나약한 모습으로 이 땅에 오신 분이 하느님이시고 예수님이시다.

열린 믿음

끝나지 않은 강생   매년 12월 25일 성탄절이면 구유를 꾸며놓는다. 아름답고 낭만적이다. 그런데 진짜 말구유에 가 봐도 낭만적일까? 여물 더미에, 말똥 냄새에… 하여간 구유는 낮은 곳이다. 누추한 곳이다. 이 세상을 구원할 메시아가 가장 비참한 탄생을 하였다. 마구간에서 태어난 사람, 그 하나만 해도 서러운 이야기다.

그런데 그게 탄생만으로 끝난 것이 아니었다. 예수님은 당신 죽음까지 낮은 데만 찾아다니셨다. 사람을 만나도 높은 사람이 아닌 낮은 사람을 만나시고, 의인이 아닌 죄인을 만나시고, "여우도 굴이 있고 새도 자리가 있는데 나는 왜 집도 없냐"(마태 8,20 참조) 하시며 호텔이 아닌 길바닥에서 주무시고. 사실 그때 당시 이동 수단이 발달되어 있었겠는가. 변변한 텐트가 있었겠는가. 군중들에게 돈이 많았겠는가. 그 나라엔 물이 많기라도 한가. 우리나라 같으면 개천에서라도 세수하면 되지만, 예수님 일행은 세수나 제대로 했을까. 예수님 발에서는 발냄새 안 났겠는가. 완전 거지 떼가 돌아다니는 것과 무엇이 달랐겠는가. 그럼에도 자꾸 낮은 데로 가신 이유가 뭐냐 이 말이다.

이를 설명하는 개념이 바로 '강생' 또는 '육화'다. '강생'은 "(하늘에서) 내려와 (땅 위에) 태어나다"는 뜻이다. '육화'란 "말씀이 살(사람)이 되셨다"(요한 1,14 참조)는 뜻이다. 지존하신 하느님이 비천한 인간과 하나 되기 위해서 아래로 내려오셨다.

"그분께서는 하느님의 모습을 지니셨지만 하느님과 같음을 당연한 것으로 여기지 않으시고 오히려 당신 자신을 비우시어 종의 모습을 취하시고 사람들과 같이 되셨습니다"(필리 2,6-7).

그러면 왜? 사도 바오로는 그 이유를 이렇게 설명한다.

"그분께서는 부유하시면서도 여러분을 위하여 가난하게 되시어, 여러분이 그 가난으로 부유하게 되도록 하셨습니다"(2코린 8,9).

이렇듯 그분이 낮은 데로 오신 것은 우리를 높은 곳으로 데려가시기 위해서였으며, 가난하게 오신 것은 우리를 부유하게 만들기 위해서였다. 놀라운 교환이다.

나는 예수님의 이 강생을 "저인망 그물을 가지고 내려오셨다"라고 표현하곤 한다. '저인망 그물'이 뭔가? 바다 밑까지 쌍끌이로

끌고 다니는 것이다. 저인망으로 오셔서 우리네 가장 밑바닥 인생들을 긁고 다니신 것이다. 더 밑이 없을 정도로 맨 밑에만 긁고 다니신 것이다. 왜? 맨 밑바닥으로 가지 않으면 다 구원을 못하기 때문이다. 그러기에 예수님의 '저인망 영성'은 감동적이다. 오늘도 진행 중이다.

나자렛 사람　천사의 알림을 받고 나서 피난살이를 마치고 새로운 출애굽을 한 예수님 가족은 갈릴래아의 나자렛이라는 동네에 정착한다.

"그는 나자렛 사람이라고 불릴 것이다"(마태 2,23).

복음서는 훗날 이 이름이 그분을 따라다니게 될 것임을 이렇게 말했다. 나자렛은 갈릴래아에 위치한 작은 마을이다. 갈릴래아는 유다인의 눈에는 변방에 있는 천한 지역이었다. 구약성경이나 옛 유다인 전승에서 한 번도 등장하지 않는 촌구석이었다.

"나자렛에서 무슨 좋은 것이 나올 수 있겠소?"(요한 1,46)

이런 말이 나올 만도 한 동네였다. 나중에 예수님이 부활하신 다음 제자들도 나자렛 사람이라는 말을 들어야 했다. 그것은 촌놈이라는 뜻이다. 예수님 일행은 촌놈들이었다.

여기서 우리는 역설적인 사실을 하나 확인하게 된다. 그리스도는 당신의 영광스러운 '탄생지'로 '보잘것없는' 베들레헴을 선택하셨고, 맹자의 어머니도 자식의 교육을 위해 세 번이나 이사했다고 할 만큼 중요한 '유년기 교육'의 장소로는 '촌동네' 나자렛을 선택하셨으며, 불명예스러운 '죽음'을 맞이할 장소로는 '영광스러우며 세계적인' 예루살렘을 선택하셨다는 사실이다.

이는 당신의 수난과 죽음이 불명예 사건이 아니라 최고 영광의 사건이라는 역설을 말해 주고 있다. 이 역시, 우리의 묵상거리다.

예수와 어머니   원점으로 돌아 와서 마리아에게 집중 조명해 보자. 성경은 예수님과 마리아의 관계를 어떻게 그리고 있을까.

먼저, 예수님은 어머니를 '하느님 말씀을 듣고 지키는 이'의 전형으로 보았다.

어느 날 군중 속에서 한 여자가 큰소리로 "선생님을 배었던 모태와 선생님께 젖을 먹인 가슴은 행복합니다"(루카 11,27) 하고 외쳤을 때 예수님은 다음과 같이 대답하셨다. "하느님의 말씀을 듣고 지키는 이들이 오히려 행복하다"(루카 11,28).

이 말씀은 결코 성모 마리아를 홀대한 말이 아니다. 예수님은 그런 분이 아니시다. 그럴 이유도, 필요도 없었다. 여기의 메시지는 바로 이것이다.

"그냥 생리적으로, 생물학적으로 한 여인이 나를 낳아서 나에게 젖을 먹였다는 그 사실이 자랑스러운 게 아니다. 처녀 마리아가 열여섯 살 때 내 어머니로 선택된 것은 하느님의 말씀을 듣고 지키는 이들 가운데 으뜸이었기에 간택된 것이다. 이 세상 임금 부인될 사람도 전국에 방을 내려 간택하는데, 이 메시아를 낳은 어머니를 하늘에서 간택 안 하셨겠느냐."

간택 기준이 뭔가. 예수님 표현대로 '하느님의 말씀을 듣고 지키는 것'이다. 마리아가 바로 그 점에서 으뜸이기 때문에 간택되었으니, 그 점을 부러워해야 한다는 얘기다.

또한, 예수님은 어머니의 간섭을 수용하였다.
마리아와 예수님의 관계는 예수님의 공생활에서 첫 기적을 베푸신 '카나의 혼인 잔치' 사건에서 엿볼 수 있다. 잔치 도중 포도주가 다 떨어지자 예수님의 어머니는 예수님에게 포도주가 떨어졌다고 알리게 한다. 이에 예수님은 "여인이시여, 저에게 무엇을 바라십니까? 아직 저의 때가 오지 않았습니다"(요한 2,4) 하고 소극적인 태도를 보이신다. 마리아는 주저 없이 시중꾼들에게 이르신다.
"무엇이든지 그가 시키는 대로 하여라"(요한 2,5).
그리고 나서 뒷전으로 물러나 아들을 신뢰하며 채근하신다. 결국, 예수님은 마리아의 청에 못 이겨 물로 포도주를 만드는 기적을 행하신다.

다분히 상징적인 의미를 띠고 있는 이 기적은 구세사 안에서 마리아의 역할을 여실히 보여준다고 하겠다. "천주의 성모 마리아님, 이제와 저희 죽을 때에 저희 죄인을 위하여 빌으소서"라고 성모송을 바칠 수 있는 것도 궁극적으로는 이 기적에 근거한다고 볼 수 있겠다.

2천 년이 지난 오늘날에도 마리아는 우리의 필요를 먼저 들으시고 예수님께 우리의 애원을 전달해 주시는 '전구자'시다. 오늘도 이 어머니는 하늘에서 이 역할을 하고 계신다. 예수님이 기도 올라오는 것들 중에 "안돼, 너도 안돼, 개도 안돼, 쟤도 안돼" 하실 때 옆에서 성모님이 "아휴, 좀 봐 줘요, 봐 주세요오~" 하시는 것이다. 그래서 우리는 성모님을 '전구자, 옆에서 기도를 거들어 주시는 분'이라 고백한다.

오늘 믿음_ 여인 중에 복된 여인

십자가에 매달린 예수님은 자신의 어머니에게 그 곁에 서 있던 사랑하는 제자를 가리키며 유언하셨다.

"여인이시여, 이 사람이 어머니의 아들입니다"(요한 19,26).

인류 구원의 대업을 완수하는 절정의 순간, 절체절명의 찰나에 예수님은 사사로운 정에 이끌려 이 말씀을 하셨을까? 단지 제자 요한의 어머니가 되어달라고 사적인 부탁을 하신 것일까? 아니다. 요한이 상징하는 '제자단', 나아가 '교회'의 어머니가 되어줄 것을 당부하신 것이다. 자신을 사적인 아들로 묶어두지 않고 공인의 길을 가도록 묵묵히 뒷바라지하며 가장 필요한 순간에 늘 곁을 지켜주신 어머니에게 예수님은 교회를 맡기신 것이다.

사실, 성모 마리아는 예수님과 격이 다르다. 예수님은 메시아시다. 나는 여기서 우리 구원에 대해 자신 있게 선언할 수 있다. 말하자면, 예수님만 아는 사람들은 구원 받는다. 성모 마리아에 대해서 몰라도 구원 받는다. 그러나 예수님을 모르고 성모 마리아만 아는 사람은 구원을 못 받는다.

그러니까 구세사적으로 성모 마리아 없는 예수님은 어떻게 됐든 우리 안에서 의미가 있지만, 예수님 없는 성모 마리아는 의미가 없다는 말이다. 이는 성모님도 인정하시는 바다.

하지만, 우리가 훌륭한 신앙의 삶을 산 인물을 존경하는 것은 당연한 일이다. 엘리사벳은 성모 마리아를 '여인들 가운데에서 가장 복된'(루카 1,42 참조) 여인이라 칭송하였다. "그분께서 당신 종의 비천함을 굽어보셨기 때문입니다. 이제부터 과연 모든 세대가 나를 행복하다 하리니"(루카 1,48)라시던 말씀은 빈말이 아니었다.

알베르토 성인은 이렇게 말한다.

"성자께서는 당신의 어머니를 무한히 존귀한 존재로 만드셨다. 열매 속에 무한한 완전함이 존재한다는 사실은 그 열매를 맺게 한 나무에도 어느 정도 무한한 완전함이 존재함을 드러낸다."

시리아 사람 에프렘이 쓴 시는 마리아를 향한 우리의 시선에 깨달음을 준다.

> 오, 주님. 우리가 당신 어머님을 어떻게 불러 모셔야 할까요?
> '처녀'라고 부르면 한 아이가 일어나고
> '유부녀'라고 부르면 한 여인이 일어서는데
> 그런데 그분은 처녀면서 남편이 있으셨지요.

오, 주님. 당신에게 마리아는 누구십니까?
분명히 그분은, 그분만이, 당신의 어머님이십니다.
그런데 또한 그분은 당신의 누이요 친구시지요.
온 교회와 함께 그분은 당신의 연인이요
당신에게 모든 것입니다.

당신이 오시기 전에 그분은 당신과 약혼하셨고
성령이 당신을 데려왔을 때 당신을 잉태하셨습니다.
당신이 태어나실 때 그분은 당신 어머니가 되셨고
당신이 설교하실 때 첫 제자가 되셨습니다.

남자를 모르는 몸으로 그분은 당신을 가지셨고
당신에게 먹일 젖을 가슴에서 생산하셨습니다.
그분의 젖가슴은,
목마른 영혼들에게 영의 젖을 먹이는
당신의 자비를 그대로 보여주는 사인(sign)이지요.

당신은 그분 안에 들어가 종이 되셨습니다.
말씀으로 천지만물을 지으신 당신이
그분 자궁에서 깊은 침묵에 잠기셨지요.
그렇게 하여, 모든 사람이 당신 음성을 듣게 되었습니다.

왕들의 왕인 당신이 그분 안에서 비천한 몸이 되셨고

풍요의 샘인 당신이 그분 안에서 가난해지셨고
전사들의 전사인 당신이 그분 안에서 무력해지셨고
새들까지도 입히는 당신이 그분 안에서 벌거숭이가 되셨습니다.
그래서 당신은,
비천한 자를 들어 올릴 수 있고
굶주린 자들을 배불리 먹일 수 있고
힘없는 자들을 힘있게 할 수 있고
벗은 자를 입힐 수 있으십니다.[3]

이 시야말로 가장 객관적으로, 그리고 가장 감동적으로 예수님의 탄생과 성모 마리아의 관계를 읊고 있다. 처음 이 시를 접했을 때 내게 이런 감동이 밀려왔다.

"야~ 과학은 시간이 미래로 갈수록 발전하지만, 영성은 과거로 갈수록 발전해 있구나! 옛 사람들의 영적인 눈이 오늘 우리들이 보는 영적인 눈보다 훨씬 깊었구나. 영혼은 옛날 사람들이 훨씬 맑구나!"

7. 본시오 빌라도 통치 아래서

우리들의 이야기 모 신문사와의 특집 인터뷰 때 기자가 나에게 공격적으로 물었다.

"아니, 신부님이 성당 울타리에서 활동 안하시고 대중 앞으로 나오시는 이유는 뭡니까?"

내 대답은 이랬다.

"우리 왕초인 예수님께서는 고상한 사람들하고만 어울리면서 고담준론하시지 않았습니다. 아카데믹한 세상에 가서 학문을 논하시지도 않았습니다. 오히려 시장바닥 돌아다니시면서 장돌뱅이들하고 노시고, 세리, 죄인, 창녀와 같은 완전히 밑바닥 인생들하고 어울리셨습니다. 그러한데, 그 예수님을 따르겠다는 사람이 딴짓해서야 되겠습니까, 안 되겠습니까?"

이런 식의 대화는 반복 발생한다. 그 때마다 나는 사목의 본래 사명을 새삼스레 성찰한다.

원고백의 속뜻

본시오 빌라도 통치 아래서 '본시오 빌라도 통치 아래서'는 라틴어 본문에서 이렇게 표기된다. '수브 폰씨오 필라토'(sub Pontio Pilato). 여기서 '수브'는 '~아래서'라는 뜻이다. 내용적으로는 '통치 아래서'다. 이로써 예수님의 공생활로 들어간다. 3년간의 공생활은 본시오 빌라도가 총독으로 있던 때 시작되었다.

아우구스투스 황제 통치 30년 후, 세월이 바뀌어 티베리우스 황제가 등장했다. 당시 로마 제국은 황제가 직접 통치하는 지역(예를 들어, 시리아와 갈라티아)과 원로원의 통치를 받는 지역(아시아, 마케도니아, 아카이아)으로 나누어졌다. 이 지역들은 황제의 대리인이나 이들보다 낮은 계급의 총독을 통해 통치되었다. 총독은 세금을 징수하고 치안을 담당했다. '본시오 빌라도'는 티베리우스 황제의 임명을 받아 유다와 사마리아를 통치하고 있었다. 바로 그 시절 예수님이 고난을 받기 직전까지가 이 장의 내용이다.

여기서 잠깐 앞 장에서 언급된 '탄생' 이후의 이야기를 짚어 보자. 루카 복음서에는 예수님이 아기였을 때 상황이 묘사된다.

"아기는 자라면서 튼튼해지고 지혜가 충만해졌으며, 하느님의 총애를 받았다"(루카 2,40).

하느님께서 특별히 총애하시는 쪼끄만 아기의 모습이 상상되는가? 육신도 건강하고, 지혜도 충만하고, 하느님께 신심도 있고, 그런 아이로 예수님은 자랐다.

그런데 이 모두가 거저 된 것인가? 아니다. 성모님의 베갯머리 교육, 밥상머리 교육 두 가지를 다 받으며 이루어졌다. 베갯머리 교육은 잠들기 전 아이에게 하느님 이야기를 많이 들려주는 것이다. 유다인은 이 교육이 굉장히 강했다. 밥상머리 교육은 부모와 자식이 식탁에서 밥을 먹으면서 여러 가지 대화를 나누는 것이다. 이 역시 오늘날까지 이어져오는 유다인 교육이다. 가족이 함께 식사하기 어렵고, 부모와 자녀 간의 대화가 힘든 우리나라의 흔한 가정의 모습과는 사뭇 다르다. 유다인은 이 문화를 철석같이 지켰다. 그러기에 '가족이 함께 식사하기' 하나만 회복해도 우리네 가정이 되살아나지 않을까? 하여간 바로 그런 교육을 받고 예수님이 자라셨다.

이제 이야기는 한참을 건너뛰고 열두 살 때로 넘어간다. 소년 예수님은 과월절 예배 차 예루살렘 성전에 올라갔다가 내려오는 길에 무슨 경위에서인지 부모와 헤어지게 된다. 한참 찾아다니다가 마침내 요셉과 마리아는 성전 앞에서 율법 학자들과 토론을 벌이고 있는 아들을 발견하게 된다.

이 얘기는, 예수님이 드디어 성인식을 치렀다는 얘기다. 절대로 율법 학자나 바리사이하고 어린 아이가 토론을 할 수는 없다. 그런데 열두 살이 되면, 말하자면 율법을 토론할 수 있는 자격을 얻는다. 예수님은 바로 그것을 이용하신 거다. 기다리고 기다리다가 이제 율법 학자들하고 토론하는데 어떻게 됐는가? 그네들이 "아니, 쟤가 어디서 율법을 배웠기에 저렇게 신통 하냐?" 하고 놀랐다.

이때 성모님과 요셉 양부는 속 좀 썩으셨다. 얼마나 찾았는지 모른다며 꾸지람을 하자, 소년 예수님이 대답한다.

"왜 저를 찾으셨습니까? 저는 제 아버지의 집에 있어야 하는 줄을 모르셨습니까?"(루카 2,49)

사과는커녕 야단을 쳐 버리셨다. 예수님이 독립을 하기 시작하셨다. 사춘기 예수님이시다.

오늘 이 자리에서 이루어졌다   예수님은 드디어 공생활을 준비하시게 된다. 그런데 그 전에 30년간 무명의 시절을 보내신다. 언더그라운드 30년, 그리고 3년 동안 공생활. 딱 10대 1이다. 이를 우리 인생의 법칙으로 삼으면 어떨까. 30년 정도는 기다려야 그래도 기다렸다 말할 수 있는 영성!

하여간 앞서 언급한 대로 예수님은 공생활을 본시오 빌라도 통치 아래서, 빌라도의 시대에서 시작하신다.

세례자 요한으로부터 세례를 받은 예수님은 광야에 가서 40일간 유혹을 받으신다. 이후 다시 돌아온 예수님은 어느 날 동네 회당에서,

갑자기 "오늘은 내가 독서를 할게"라고 하시며 이사야서 두루마리를 펼쳐서 읽으신다. 바로 이 내용이다.

"주님께서 나에게 기름을 부어 주시니 주님의 영이 내 위에 내리셨다. 주님께서 나를 보내시어 가난한 이들에게 기쁜 소식을 전하고 잡혀간 이들에게 해방을 선포하며 눈먼 이들을 다시 보게 하고 억압받는 이들을 해방시켜 내보내며 주님의 은혜로운 해를 선포하게 하셨다"(루카 4,18-19).

뜻이 심오하다. 하나씩 풀어보자.

우선 '가난한 이들에게 기쁜 소식'인데, 이는 전체 제목인 셈이다. 그러니까 "예수님이 하신 일은 이와 같은 기쁜 소식이다"라고 할 수 있다. 그리고 그다음 세 가지가 그 내용이다.

먼저, '잡혀간 이들'에서 잡혀갔다는 말은 끌려갔다는 얘기다. 이는 외적인 환경에 의해서 생명이 왜곡되고 침탈된 사람들을 지칭한다.

다음으로, '눈먼 이들'이라는 말은 어떤 인습이나 나쁜 전통에 매여서 보지 못하거나, 다른 장애를 입은 이들을 두루 포함한다.

그리고, '억압받는 이들'은 내적인 억압으로 고통을 겪는 이들을 가리킨다. 그냥 다 놓으면 되는 것을 싸들고서 상처입고, 버리면 되는 걸 안 버리고 꼬깃꼬깃 쟁여놓고는 자승자박으로 고생하는 이들 말이다.

예수님은 그런 모든 이들에게 '주님의 은혜로운 해'를 선포하셨다. 바로 '희년' 선포다. '희년'의 근본정신은 회복, 원상복구다. 이는 태초에 아담과 하와가 누렸던 파라다이스, 곧 낙원을 회복하는 일이다. 그런데 이 낙원은 외부가 아닌, 내 안에 있다. 그러기에 궁극적으로 이 기쁜 소식은 인간 본성의 회복을 겨냥한다. 자기의 본 모습을 회복하는 것 말이다. 이는 나를 관통하는 하늘로부터 온 지혜. "이것을 깨달으면 너희 스스로 본 모습을 발견하여 행복할 수 있고, 절망하지 않을 수 있고, 왜곡된 삶을 살 필요가 없단다."

두루마리를 다 읽으시고는 회중들 앞에서 선포하셨다.
"오늘 이 성경 말씀이 너희가 듣는 가운데에서 이루어졌다"(루카 4,21).
이제 예수님은 자신이 선포한 것을 몸소 구현하는 구원 활동의 장정에 오르신다.

기적의 비밀   지금부터는 행동개시다. 어떻게? 이렇게.
"예수님께서는 모든 고을과 마을을 두루 다니시면서, 회당에서 가르치시고 하늘 나라의 복음을 선포하시며, 병자와 허약한 이들을 모두 고쳐 주셨다"(마태 9,35).
굉장히 입체적이다. 회당에 가면 가르치시고, 선포할 것은 선포하시고, 또 허약한 이들을 고쳐주기도 하셨다. 그때그때 그들이 필요한 여러 가지 현실적, 물질적 결핍을 채워주셨다는 얘기다. 예수님의 이 구원 활동은 단지 고상한 정신적인 활동에 머무신 것이 아니라 완전히 시장통 활동이셨다.
여기에 핵심 포인트가 있다. 예수님은 치유 기적, 구마 기적, 자연 기적, 음식 기적, 구원 기적 등을 다양하게 펼치셨다. 그런데 항상 엇박자로 이 기적들을 행하셨다. 무슨 말인가 하면, 이 기적을 구경나온 사람들이 없을 때만 행하셨다는 것이다. 이는 구경하고 싶은 이들의 목적을 충족시켜주기 위한 것이 아니라, 꼭 필요할 때만 현장 중심으로 행하셨다는 뜻이다.

예수님이 기적을 행하도록 움직인 것은 무엇보다도 그분의 '측은히 여기는 마음' 곧 '연민'(compassion)이었다. 예수님은 연민이 많은 분이셨다. '연민', '자비', '동정' 이런 말들은 실상 예수님을 움직이고 있던 감정들을 표현하기에는 너무나 약하다. 앞서 언급했듯, 이를 표현하는 히브리어의 단어 '라하밈'(rachamim)은 본래 애(창자, 내장, 심장) 또는 자궁을 뜻하는 '레헴'(rechem)의 복수형이다. 말하자면 오장육부가 꿈틀거리는 그 무엇이 예수님을 움직였다는 말이다.

열린 믿음

예수님의 권위   예수님의 행적에 대해 알아봤으니, 이제 가르침에 주목해 보자. 예수님의 가르침에는 사람을 사로잡는 '힘'이 있었다. 말씀의 위력은 참으로 대단한 것이었다.

예수님 말씀에는 단 한마디로 유혹과 악령을 물리치는 힘이 있었다. 광야에서 40일간의 단식 중에 다가온 사탄의 유혹을 말씀 몇 마디로 물리치셨다. 악령 들린 사람에게서 악령을 쫓아낼 때에도 예수님은 말씀으로 해결하셨다.

예수님의 말씀은 또한 사람을 움직이게 했고, 감히 거역할 수 없게 만들었다. 그래서 예수님의 가르침을 한번 접한 사람들은 놀라움을 금치 못했다. 성경은 그 이유를 이렇게 설명한다.

"예수님께서 이 말씀들을 마치시자 군중은 그분의 가르침에 몹시 놀랐다. 그분께서 자기들의 율법 학자들과는 달리 권위를 가지고 가르치셨기 때문이다"(마태 7,28-29).

어째서 권위를 지니는가? 예수님의 말씀은 하느님 말씀과 동격으로서 세상의 역사, 자연 운행 등 모든 것을 관통하는 진리며 원리기 때문이다. 그러기에 이 원리는 가공할 만한 힘이 있다. 핵폭탄을 한 번 떠올려 보자. 그 원리를 알면 어떻게 써먹느냐에 따라 생산력이 나올 수도, 파괴력이 나올 수도 있는 것이다. 이렇듯 사람을 살리고 죽이는 권능이 예수님 말씀에 있었다.

기쁜 소식   예수님이 첫 번째로 선포하신 것은 복음, 곧 '기쁜 소식'이었다.

"때가 차서 하느님의 나라가 가까이 왔다. 회개하고 복음을 믿어라"(마르 1,15).

복음을 올바로 이해하려면, 복음 이전의 상황을 정확히 알아야 한다. 한마디로, 인간이 낙원을 상실하고 신음하는 현실이 예수님 오시기 직전의 상황이었다. 이는 오늘날 예수님을 알지 못하는 이들의 상황이기도 하다.

구체적으로 낙원 상실의 상황이라는 건 무엇인가. 죄와 죽음의 결과에 의해서 신음하고 있는 인간 현실이다. 이 죄라는 것은 인간이 원래 가지고 있던 것을 왜곡하고, 남용하여 생기는 부작용들이다.

태초에 하느님께서 인간을 창조하셨을 때 뜻하신 바가 있었다.

그것을 사용설명서에 잘 적어 놓으셨는데, 인간이 그대로 따르지 못했다. 그래서 고장이 나고, 부작용도 생겨났다. 여기에는 고통과 좌절과 절망 등의 현실도 포함된다. 그분의 사용설명서와 어긋나니까 뜻대로 안 되는 것이다.

그러한 여러 가지 슬픈 현실이 지금 복음이 선포되는 배경인 것이다. 이를 단도직입적으로 표현하는 말이 '상선벌악의 현실'이다. 이 상선벌악은 우리에게 구원인가, 절망인가? 만약 "이 이치에 따라 천국 갈 자신 있는 사람 손드세요!" 하는 말을 듣는다면, 대부분 사색이 될 것이다. 다들 자신이 없다. 거의가 다 탈락자다.

그런데 바로 이런 사람들에게 "기쁜 소식이다!" 하고 말하면, 이는 무슨 뜻인가. "탈락자들도 구원받을 길이 열렸다. 때가 차서 하느님께서 용서하기로 하셨다"라는 의미인 것이다.

예수님 가르침은 주구장창 용서, 용서, 용서다. 얼마나 예수님께서 용서에 방점을 두셨는지, 부활하신 다음 첫 번째 말씀도 용서였다. 제자들에게 숨을 탁 불어넣어주시면서 "가라, 가서 용서해 줘라!"(요한 20,23 참조)라고 하지 않으셨는가.

그러기에 복음은 이 냉엄한 상선벌악을 능가하는 용서의 기쁜 소식인 것이다. 그러니 보통 기쁜 일이 아닐 수 없다. 예수님은 말씀하셨다.

"이제 의인이 아니라, 죄인을 부르러 왔어. 다들 와! 다들 내가 데리고 갈 테니까"(마태 9,13 참조).

이것이 복음의 핵심이다.

진리가 자유케 하리라　　예수님은 기쁜 소식 이외에도 당시 사람들의 관심사를 두루 아우르는 명쾌한 처방을 주셨다. 예수님 가르침의 스펙트럼은 무한대로 열려 있다. 하지만 그 가르침의 목적은 동일하다. 바로 '자유'다. 예수님은 말씀하셨다.

"진리가 너희를 자유롭게 할 것이다"(요한 8,32).

정말 그런가? 어떤 사람은 이 말씀에 이런 대꾸를 한다. "잘 알겠는데요, 실천이 안 되네요."

그럼 나는 그에게 이렇게 답해 준다. "제대로 알지 못해서 실천이 안 되는 겁니다."

제대로 알면 실천이 되게 되어 있다. 우리가 진리를 올바로 깨달으면, 우리는 정말로 모든 것에서 자유로울 수 있다. 그러기에 예수님의 저 말씀은, 우리의 특권이고 성경을 읽는 이들의 특권이다.

그렇다면 왜 진리는 자유를 주는가? 소크라테스는 자유를 이렇게 정의 내렸다.

"자유라는 것은 최선을 인식하고, 최선을 행하는 능력이다."

그의 말마따나 우선 자유로우려면, '최선'에 대한 지식이 필요하다. 우리가 아무리 자유로워도, 수박 고르는 데는 수박 장수보다 자유롭지 못하다. 그 분야에서 최고의 자유를 누리는 사람은 누구인가? 수박 장수다. 자기가 맛있는 수박을 고르고 싶으면, 가서 툭 쳐 보면 안다. 우리가 암만 자유를 가지고 가서 잘 고르고 싶어도 수박 장수만 못하다. 경험이 없고, 아는 게 없으니까. 고를 자유는 있지만, 결국 맛있는 걸 골라내서 먹는 자유까지는 못 누리는 것이다.

그것이 자유다.

우리 인생에서도 마찬가지다. 인생의 핵심 포인트를 알고 있으면 우리 인생이 저절로 행복해지고, 상처도 치유되고, 마음도 편안해지고… 등등. 좋은 일들이 일어나는 법이다.

그러기에 나는 많은 이들에게 "화낼 일을 만들지 마라"고 조언해 준다. 결국 화낼 일은 자기가 스스로 만들어 놓고 고생하는 꼴이다. 상처는 절대로 '받는 것'이 아니라 스스로 '만드는 것'이다. 아무도 나에게 상처를 줄 수 없다. 그것은 상처로 받아들이는 사람이 그렇게 받아들인 것뿐이다. 상대가 상처를 주려고 해도 내가 안 받아들이기로 작정을 하면 상처가 안 된다. 그런 경지를 누리는 사람이 위대한 인물이다. 내가 유독 존경하는 안창호 선생이 그랬다. 선생은 일제시대에 감옥 간수들이 막 고문하고 그래도 미워하질 않으셨다. "당신은 당신대로 열심히 애국하고 있구만. 나는 나대로 우리나라를 애국하느라고 참겠소!" 멋진 자유 아닌가.

그리스도인인 우리는 바로 예수님의 말씀을 통해서 자유를 얻을 수 있다. 그렇다면 예수님의 가르침 몇 가지만 함께 헤아려 보자.

우선, 예수님은 율법의 근본정신에 대해서 가르치셨다.

율법뿐 아니라 모든 예언서의 골자를 '하느님 사랑'과 '이웃 사랑'이라고 요약하신 분이 예수님이다(마태 22,36-40 참조). 여기서 우리는 예수님께서 이루신 율법 교육의 혁신을 보게 된다. 예수님이 딱 보니까 사람들이 율법에 대해 자꾸 헷갈리고 복잡해 하는 것이었다. 원래 주어진 건 10계명인데, 여기서 법률학이 발달하다 보니 새끼를 치고 또 새끼를 쳐서 613개가 되어 사람을 옭아맸다. 살다 보니 이 조항에 걸리고 저 조항에 걸려서 도저히 앞을 못 나간다.

이에, 예수님은 이 613개 조항을 10계명으로 딱 줄이시고, 이 10계명도 많다 하시어 그 계명 중에 제일 큰 계명 2개만 지키라 하셨다. 바로 '하느님 사랑하기'와, '이웃을 내 목숨처럼 사랑하기'다. 이 2가지를 지키면 10계명을 지킨 것과 똑같다는 것이 있다.

결국, 예수님은 이마저 1개로 줄여주셨다.

"하나만! 언제든지 '사랑'만 생각해! 누구를 대하든지. 그러면 되지 뭐!"

613-10-2-1! 이렇게 줄이고 줄이고 줄여서 하나가 되었다. 이것이 예수님이 우리에게 주신 자유다.

나아가, 예수님은 삶의 지혜 곧 처세 원리로 가르치셨다. 그 중 하나.

"누가 너에게 천 걸음을 가자고 강요하거든, 그와 함께 이천 걸음을 가 주어라"(마태 5,41).

이 말씀은 특히 나에게 행복을 가져다 준 성경 구절이다. 나는 이 말씀을 보고 깨달음을 많이 얻었다. 핵심은 이렇다. 천 걸음을 가자고 했을 때 내가 그냥 천 걸음까지 따라가 주면, 이건 끌려가는 인생이다. 그 과정에서 막 부글부글 끓고, 부정적인 호르몬만 분출되고, 스트레스만 쌓인다. 끌려갔다가 오는 것은 행복하지 않다.

그런데 발상을 바꿔 누가 내게 천 걸음 가자고 했을 때, 그 사람에게 다시 제안하는 것이다. 이렇게.

"천 걸음 가지고 되겠냐? 이천 걸음 가자!"

주도권을 쟁탈하는 것이다. 앞의 경우가 끌려 가는 인생이라면 뒤의 경우는 끌고 가는 인생이다. 끌고 가는 인생은 엔돌핀이 나오는 인생이다. 신나는 인생이 되는 것이다.

나는 이 깨달음으로 삶의 태도가 확 바뀌었다.

"기왕에 어떤 일을 하는 거, 신나게 하자. 좋아서 하자. 억지로 하지 말고!"

이렇게 말이다. 가정에서도, 직장에서도 '내가 좋아서' 하자. 그러면 다 잘 된다!

오늘 믿음_ 내가 너희를 택하였다

예수님의 제자가 된다는 것은 특별한 의미를 지닌다. 예수님이 '먼저' 부르시기 때문이다. 라삐들의 세계에서는 제자가 자신의 스승을 선택하여 그의 학교에 자발적으로 지원하면 된다. 그러나 예수님은 당신이 먼저 제자들을 부르셨다.

"나를 따르라"라는 말씀은 대단히 비싸고 전인적인 희생을 요구하는 부르심이었다. 이에 기꺼이 응한 이들만이 제자가 될 수 있었다. 어떤 이들은 "이렇게 말씀이 어려워서야 누가 알아들을 수 있겠는가?"(요한 6,60) 하고 예수님을 떠났다. 끝까지 당신 곁을 떠나지 않은 제자들에게 예수님은 격려의 말씀을 주신다.

"너희가 나를 뽑은 것이 아니라 내가 너희를 뽑아 세웠다"(요한

15,16).

이 말씀은 우리를 부담감에서 해방시켜주고, 편하게 해 준다. 우리와 예수님과의 관계가 잘못되거나 어그러졌을 때, 예수님께 따질 수 있는 근거가 되기 때문이다. 예수님은 이처럼 자신을 낮추셔서 우리에게 당신이 불리한 계약을 맺어주셨다.

"너희가 부담스럽거든, 내가 너희를 뽑았다는 사실을 기억해라."

이 말씀을 기억하면 우리 입에서 무슨 말이 나오는가?

"당신께서 먼저 뽑으셨으니, 책임지세요~."

"그래, 그래, 그랬지~."

예수님은 이렇게 멋지신 분이다.

예수님이 우리를 뽑으실 때 무엇을 보고 뽑았을까? 사도 바오로가 자랑거리를 늘어놓는다.

"형제 여러분, 여러분이 부르심을 받았을 때를 생각해 보십시오. 속된 기준으로 보아 지혜로운 이가 많지 않았고 유력한 이도 많지 않았으며 가문이 좋은 사람도 많지 않았습니다. 그런데 하느님께서는 지혜로운 자들을 부끄럽게 하시려고 이 세상의 어리석은 것을 선택하셨습니다. 그리고 하느님께서는 강한 것을 부끄럽게 하시려고 이 세상의 약한 것을 선택하셨습니다. 하느님께서는 있는 것을 무력하게 만드시려고, 이 세상의 비천한 것과 천대받는 것 곧 없는 것을 선택하셨습니다. 그리하여 어떠한 인간도 하느님 앞에서 자랑하지 못하게 하셨습니다"(1코린 1,26-29).

고맙고 감동스러운 얘기다. 눈물 찡.

8. 고난을 받으시고
십자가에 못 박혀
돌아가시고 묻히셨으며

우리들의 이야기   남아프리카공화국 출신의 유명한 영성가 앤드류 머레이에게 어려움에 처한 한 사람이 도움이 될 만한 조언을 부탁했다. 그때 머레이는 스스로를 위해 무언가를 적어놓은 종이쪽지를 내밀었다. 거기엔 이렇게 적혀 있었다.

"역경의 시간에 이렇게 말하라. '그분이 나를 여기로 데려오셨다. 내가 이곳에 있는 것은 그분의 뜻이다. 그러므로 나는 여기서 안식할 것이다.'

그 다음엔 이렇게 말하라. '그분이 시련을 축복으로 바꾸실 것이고, 내가 배워야 할 교훈을 가르치실 것이며, 이미 주시기로 작정한

은혜를 내려주실 것이다.'

마지막으로 이렇게 말하라. '나는 하느님의 약속을 따라, 하느님의 보호하심 가운데, 하느님의 때를 기다리며, 여기에 있다.'"[1]

머레이의 메모에서 시련을 축복과 은혜의 기회로 승화하는 지혜가 돋보이지 않는가. 이는 믿음 위에 뿌리내린 지혜다. 믿음이 있었기에 이런 지혜가 자라난 것이다. 물론 그 지혜로 인해 믿음도 성장한다. 복된 선순환이다.

원고백의 속뜻

(본시오 빌라도 통치 아래서) 고난을 받으시고 이제 본격적으로 '본시오 빌라도 통치 아래서 고난을 받으시고 십자가에 못 박혀 돌아가시고 묻히셨으며'라는 고백의 의미를 헤아려 볼 차례다. 라틴어로는 이렇게 되어 있다. '파수스 수브 폰씨오 필라토 크루치픽수스 모르투우스 에트 세풀투스'(passus sub Pontio Pilato, crucifixus, mortuus, et sepultus).

여기서 '파수스'는 '수난당함'을 뜻하고, '크루치픽수스'는 '십자가에 못 박힘'을, '모르투우스'는 '죽으심'을 그리고 '세풀투스'는 '묻히심'을 의미한다. 이 단어들은 특별한 개념을 내포하기보다는 성경에 기록된 예수님의 수난 이야기를 간결하게 요약해 주고 있다는 데 더 큰 의의를 지닌다.

그런데, 예수님이 수난을 당하신 이유는 무엇인가. 한마디로 당시 기득권세력의 비위를 건드려 반발을 샀기 때문이다.

기쁜 소식을 선포하니까 세리, 죄인, 창녀와 같은 밑바닥 인생들, 군중들은 좋아했지만, 예수님을 싫어하는 사람들도 점점 나타나기 시작했다.

바로 율법 학자와 바리사이들이었다. 자기들이 선생이고 교수인데, 인기 강사는 예수님이다. 뒷조사를 해 보니 학벌도 초라한데 말이다. 그래서 율법 학자들은 잔뜩 심통이 났다. 바리사이도 마찬가지였다. '분리된 자'라는 뜻의 바리사이파는 율법과 전통에 충실하지 못한 모든 사람들과 자신들을 '분리하여' 자신들만의 폐쇄 집단을 이루었다. 이들은 자기들이 더 경건하게 살고 있는데, 엉터리 같은 예수님이 얘기하는 영성이 군중에게 더 먹혀들어가니 화가 날 수밖에 없었다. 더군다나 그들의 엄격한 눈에 예수님은 영락없는 풍기문란범이었다. 기성 질서를 깨는 위험인물이었다. 소위 경건하다는 이들의 위선을 지적하고, 안식일에도 병자를 고쳐주는 일을 마다하지 않고, 성전에서 도발적인 발언을 서슴지 않는 그분의 행동은 마침내 그들의 눈에 신성모독죄로만 보였다.

여기에 또 사두가이들이 있었다. 그들은 예루살렘 성전에서 녹을 먹고 있던, 일종의 종교 공무원이다. 사제의 직분을 맡고 있는 사두가이는 매우 보수적이었으며, 죽은 이들의 부활을 전통에 없는 새로운 요소로 여겨 배격했으며, 상벌은 현세에서 주어진다고 생각했다. 그들은 로마에 협력하면서 현상 유지에 애쓰는 우익이었다. 그들은 처음에는 예수님 사건에 연루되지 않았었다. 그런데 슬슬 비위가 상하기 시작했다. 감히 어느 안전이라고 예수님이 예루살렘 성전에서도 난 체를 했기 때문이다. 그들의 입장에서 볼 때, 예수님이 성전에서 잡상인들을 몰아낸 것은 엄연히 영역침범이었다. 그곳에서는 사두가이가 관할권을 가지고 있는데, 예수님이 떡하니 나서서 성전 잡상인들을 내쫓고 상 뒤엎고 하는 꼴이란 실로 피가 거꾸로 솟을 일이었다. 그리하여 그들은 마침내 분개한 나머지 다른 기득권층과 연합하여 예수님을 제거하는 수순을 밟게 되었다.

이것이 예수님이 수난을 받게 된 결정적 원인이었다.

거침없는 예수　　예수님은 자유로우신 분이었다. 시쳇말로 거침이 없으셨다. 어디에도 얽매이지 않는 그분의 처신은 늘 자유롭기만 하였다. 가난하고 평범한 무학자들을 제자들로 부르고 함께 지냈으며 세리와 창녀, 죄인들과 어울렸다. 그분은 죄인들을 더 좋아하시고 더 가까이하셨다(마태 9,9-13 참조). 사람들은 그런 예수님을 이렇게 비난하였다.

"보라, 저자는 먹보요 술꾼이며 세리와 죄인들의 친구다"(마태 11,19).

왜 '먹보'인가? 걸핏하면 "우리 같이 먹자" 하시며 함께 회식을 해대고 먹어댔으니 그렇다. 예수님이 먹는 문제를 굉장히 챙겨주신 것이다. 이것 역시 감동이다. 예수님은 우리 먹거리 문화를 우습게 보지 않으셨다. 생필품, 생계유지. 이런 것들을 굉장히 중요하게 여기신 분이다. 요즘으로 치자면 예수님이 경제에 관심 많으시고, 밝으시고 했다는 얘기다. 왜? 당신 자식들을 먹여 살려야 하니까.

'술꾼'은 또 무슨 말인가? 예수님도 기분을 낼 줄 아셨다. 여기서 얘기하는 술꾼은 반주 문화 속에서의 술꾼이다. 음료수 대신 포도주를 곁들이셨다는 얘기다. 그러니 너무 술을 혐오하는 것도 제대로 된 영성은 아니다. 물론 너무 술을 탐닉하는 것도 문제고. 하여간 예수님은 그들과 '어울리기' 위하여 술을 즐기셨다.

그다음에, 세리와 죄인들의 친구다라는 말씀. 여기서 얘기하는 '세리'는 우리로 치면 일제시대 일본 앞잡이들이다. 세리는 말하자면 매국노들이다. 예수님이 세리들하고 어울렸다는 것은 대단히 용기 있는 처신을 하셨음을 뜻한다. 이처럼 예수님은 사람들에게 손가락질 받고 돌멩이 맞는 집단의 친구셨다. 그들 역시 구원의 대상이었기 때문이다. '죄인들'은 앞서 구상 선생 시에서 시인이 '상놈'이라고 번역한 사람들이다. 유다인들은 종교적인 백성이어서 사회문화적인 용어로 '죄인'이라는 말을 쓰는데, 천륜과 인륜을 거슬렀기 때문에 붙여진 이름인 것은 사실이다. 이렇듯이 예수님은 과격할 정도로 밑바닥 인생들하고 사이좋게 지내셨다. 이러니까 윗선으로부터 미움을 사게 된 것이었다.

예수님에 대한 기득권층의 분노는 '저자'라는 단어에서 극명하게 노출된다. 거의 '저놈', '저자식'의 수위에 해당하는 뉘앙스를 풍기기 때문이다. 그만큼 사람들의 적개심은 차오르고 있었다.

십자가에 못 박혀 돌아가시고 묻히셨으며   이로써 '십자가에 못 박혀 돌아가시고 묻히셨으며'를 집중 조명할 준비가 된 셈이다.

예수님의 전 생애와 활동은 결정적인 '때'에 맞추어져 있었다.

이 '때'는 철저하고 완전한 실패의 시간이다. 이 '때'는 죄로 가득 차고 하느님을 거역하는 세상을 위해 고난을 받으실 시간이었다. 예수님은 이를 예감하고 있었다.

"이제는 너희 때요 어둠이 권세를 떨칠 때다"(루카 22,53).

'어둠이 권세를 떨칠 때', 이 '때'는 성부께서도 아드님을 버리셨던 '때'였다.

"하느님께서는 죄를 모르시는 그리스도를 우리를 위하여 죄로 만드시어, 우리가 그리스도 안에서 하느님의 의로움이 되게 하셨습니다"(2코린 5,21).

이제 그 수난의 과정을 뒤따라가 보자.

우선 율법 학자들과 바리사이들은 예수님을 고발할 구실을 찾기 위해 질문의 덫을 놓았다. 그들은 예수님에게 빼도 박도 못할 고약한 질문을 들이밀었다.

"선생님, 우리들은 로마에 세금을 갖다 바쳐야 합니다. 이 문제에 대해 당신은 어떻게 생각하십니까?"(마태 22,15-22 참조)

"선생님, 안식일에는 일을 하지 못하도록 금하고 있는데 만약 당신의 제자들이 안식일에 밀을 추수한다면 어떻게 하겠습니까?"(마태 12,1-8 참조)

"선생님, 간음하다 들킨 여인을 붙잡아 왔습니다. 우리의 모세 율법은 이러한 여인은 돌로 쳐 죽이라고 했습니다. 선생님 생각은 어떻습니까?"(요한 8,1-11 참조)

예수님을 궁지에 몰아넣으려는 이러한 질문은 오히려 예수님에게 저들의 문제를 확연하게 드러내줄 수 있는 좋은 기회가 되었다. 당하는 것은 번번이 시비를 걸어오는 쪽이었다.

그러니 이렇게 당하기만 하던 저들의 심사가 고울 리 없었다. 그래서 "수석 사제들과 율법 학자들과 백성의 지도자들은 예수님을 없앨"(루카 19,47) 기회만 엿보고 있었다.

결국 우리로 치자면 국회가 소집되었다. 이를 '산헤드린'이라 부른다. 산헤드린은 '수석 사제들', '율법 학자들', '백성의 지도자들'로 구성된다. 이들이 공적으로 소집되어 예수 사건을 의결하는 것이다.

"저 사람이 저렇게 많은 표징을 일으키고 있으니, 우리가 어떻게 하면 좋겠소? 저자를 그대로 내버려 두면 모두 그를 믿을 것이고, 또 로마인들이 와서 우리의 이 거룩한 곳과 우리 민족을 짓밟고 말 것이오"(요한 11,47-48).

이를 풀어 말하면 이렇게 될 것이다.

"지금 하여간 해괴망측한 일이 밖에서 진행 중에 있소. 이를 어떻게 할까요? 율법을 막 파괴하고, 엉뚱한 가르침을 전하고, 청중들은 몰려다니고…. 우리가 지금 총독의 치하에 있는데, 로마 정부가 잘못 알면 쿠데타로 알 텐데, 이거 잠자코 있다간 우리까지 피해를 입지 않겠소? 조치를 취해야 합니다."

이에 그 해의 대사제인 카야파가 그 자리에 와 있다가 최후의 해결책을 제시했다.

"여러분은 아무것도 모르는군요. 온 민족이 멸망하는 것보다 한 사람이 백성을 위하여 죽는 것이 여러분에게 더 낫다는 사실을 여러분은 헤아리지 못하고 있소"(요한 11,49-50).

이 말은 카야파가 자기 생각으로 말한 것이 아니라 그 해의 대사제로서 예언을 한 셈이었다.

결국 이 사람 말이 먹혀 들어갔다. 그런데 당시에 유다인이 국회를 소집해서 의결을 해도 이들에게는 행정권이 없었다. 그걸 누가 가지고 있는가? 빌라도나. 그래서 이들이 예수님을 정치범으로 몰아 빌라도에게 고발했다.

이 모든 것을 안 예수님은 이제 마음의 준비를 하신다. 사랑하는 제자들과 만찬을 나누며 그들의 발을 씻겨주고 그들에게 당신의 살과 피를 나누어 주는 예식을 거행한다. 이제 때가 되었다.

자기들의 권세를 지키기 위해 예수님을 잡아 죽이려 한 지도층의 간교한 계략에 넘어간 제자의 배신으로 결국 예수님은 붙잡혀 재판정에 서게 된다. 따르던 제자들은 목숨을 잃을까 봐 도망가서 뿔뿔이 흩어지고, 변호인 하나 없이 홀로 법정에 서게 된다. 고발장에는 이렇게 적혀 있었다.

성명: 예수

출신: 나자렛

죄명: 유다인의 왕 – 백성들을 선동한 정치범

구형: 사형(=십자가형)

고발사유:
- 조상 대대로 이어져 온 신앙 전통에 대한 과격한 비판
- 성전 영역 침해 및 난동

• 풍기문란 및 민중선동

로마 총독과 이스라엘 왕은 책임을 면하려고 판결을 서로에게 미루었다. 그러나 끝까지 예수님을 고발하는 종교 지도자들의 속셈에는 빌라도도 어쩔 수 없었다. 게다가 자신들을 해방시켜줄 메시아로 기대하다가 실망해버린 군중들은 "죽이시오" 하고 외쳐댔다. 결국 지배국 로마 총독 빌라도는 사형 선고를 내린다. 예수님은 정치범이나 살인죄를 저지른 극악무도한 강도들에게 주어지는 십자가형에 처해진다.

"예수님께서는 몸소 십자가를 지시고 '해골 터'라는 곳으로 나가셨다. 그곳은 히브리 말로 골고타라고 한다. 거기에서 그들은 예수님을 십자가에 못 박았다. 그리고 다른 두 사람도 예수님을 가운데로 하여 이쪽 저쪽에 하나씩 못박았다. 빌라도는 명패를 써서 십자가 위에 달게 하였는데, 거기에는 '유다인들의 임금 나자렛 사람 예수'라고 쓰여 있었다"(요한 19,17-19).

숨을 거둔 예수님에게는 세상에 올 때처럼 세상을 떠날 때도 머리 두실 곳이 없었다.

다행히 의회 의원이었던 아리마태아 출신 요셉이 예수님의 시체를 거두었다.

"요셉은 아마포를 사 가지고 와서, 그분의 시신을 내려 아마포로 싼 다음 바위를 깎아 만든 무덤에 모시고, 무덤 입구에 돌을 굴려 막아 놓았다"(마르 15,46).

우리는 사도신경을 바치면서 이 전 과정을 '십자가에 못 박혀 돌아가시고 묻히셨으며'로 요약하여 고백할 때마다, 예수님의 이 골고타 수난 여정에 담긴 엄청난 슬픔의 무게를 내려놓지 못한다. 그 슬픔에 비례하는 예수님 사랑 역시 사도신경의 한 자 한 자에 선연하게 배어 있다.

열린 믿음

잊혀지지 않는 말씀 한 인물을 기억할 때 그가 마지막 남긴 말을 기억하게 된다. 예수님은 십자가 위에서 일곱 마디 말씀을 남기셨다. 이름하여 가상칠언(架上七言)이다. 이는 십자가의 엑기스다. 왜 십자가를 지셨는가, 십자가란 도대체 무엇인가? 이런 것을 우리에게 설명해 주는 결정적인 문장들이다. 하나씩 그 핵심을 헤아려 보자.[2]

1. "아버지, 저들을 용서해 주십시오. 저들은 자기들이 무슨 일을 하는지 모릅니다"(루카 23,34).

십자가에서 못 박고 있는 병사들을 향한 기도다. 그 병사들이야 무슨 잘못이 있는가. 결정은 위에서 한 것인데. 그래서 저 말씀을 하신 것이다. 예수님은 궁극적으로 모든 미움을 척결하고 결국에는 용서를 완성하신 분이다.

죽어가는 사람은 자신의 결백을 주장하거나 사형 선고를 내린 재판관을 비난하거나 하느님께 죄의 용서를 구한다. 그러나 완벽한 결백이신 그분은 용서를 청하시지 않고 하느님과 인간의 중재자로서 용서의 기도를 바치셨다.

2. "너는 오늘 나와 함께 낙원에 있을 것이다"(루카 23,43).

죽어가는 사람이 죽어가는 사람에게 영생(永生)을 부탁한다. 가진 것이 없는 사람이 가난한 사람에게 왕국을 부탁한다. 그는 말한다. "이 다음에 왕이 되어 다시 오실 때, 저를 기억하여 주세요. 당신은 메시아십니다. 제 얼굴을 똑바로 봐주세요. 그래도 인연이 있다면 당신하고 난 십자가 동기 아닙니까? 나중에 저를 꼭 좀 아는 체 해 주세요."

이것이 그 도둑의 마지막 기도이자 첫 기도였을 것이다. 그는 단 한 번 문을 두드렸고 단 한 번 찾았고 단 한 번 부탁했다. 그는 감히 '모든 것'을 요구했다가 모든 것을 얻었다.

예수님은 저 말씀으로 이 세상 마지막 날 착한 사람과 악한 사람을 가려내게 될 최후의 임무를 앞당겨 실행하신 것이다. 이는 우리를 위한 최고의 복음이다. "이 세상 누구에게도 더 늦은 시간은 없다"는 최종선언이기 때문이다.

3. "여인이시여, 이 사람이 어머니의 아들입니다. […] 이분이 네 어머니시다"(요한 19,26-27).

마리아는 자신의 아들을 잃는 고통을 겪으며 우리의 어머니가 되신다. 처음 천사의 수태고지에 "피앗"(Fiat: 그대로 내게 이루어지소서)

이라 말하며 하느님의 어머니가 된 그녀는 이제 또 다른 절체절명의 순간에 피앗이 되어 그리스도인의 어머니가 되신다. 그때 예수님은 '다른 제자'의 이름을 부르지 않으셨다. 그것은 그에게 인류의 대표성을 부여하기 위함이었다. 곧 그 제자는 다름 아닌 '인류'를 대표하여 '어머니'를 선물로 받았던 것이다.

4. "저의 하느님, 저의 하느님, 어찌하여 저를 버리셨습니까?"(마태 27,46)

나는 예수님의 이 절망이 있기 때문에 우리에게 희망이 있다고 생각한다. 이 절망은 하느님으로부터 버림받은 자의 절망이다. 나는 확신한다. 적어도 이 고백의 순간만큼은 성부 하느님하고 예수님하고 짜고 치는 고스톱이 아니었음을. 나머지 경우 조금은 짜고 치는 고스톱이 있다. 성부 하느님이 아들 예수님을 보내시며 "네가 가서 고생 좀 해라. 내가 다 도와줄게. 성령으로 도와줄게. 죄 있는 사람 용서해 주고, 땅에서 풀면 하늘에서도 푼 거고 그렇단다!" 등등. 성부 하느님의 계획이 있고 소통이 있고 다 그렇게 했던 것이다.

그런데 이 순간만은 성부 하느님이 성자 예수님에게 아무 귀띔도 주시지 않은 순간이었다. 예수님의 저 말씀은 왜 나왔는가. 여태까지 동행하던 성령이 안 보이고, 여태까지 내려다 보시던 하느님의 눈이 안 보이고, 하늘을 딱 보니 어둠뿐이다. 그 순간 예수님이 느낀 것은 하느님의 부재와 단절이었다. 당신편이 하나도 없는 것이다. 그리하여 십자가 위에서 예수님은 순간적으로 절망에 빠지신 것이다. "이게 어떻게 된 거야? 나와 함께 하던 성부 하느님 어디

가시고, 연락이 끊기고! 저의 하느님, 저의 하느님, 어찌하여 저를 버리시나이까. 세상은 나를 버려도 당신은 나를 안 버리실 것이라는 확신으로 제가 여기까지 왔는데 말입니다."

이 절망은 세상에서 어느 누구의 절망보다도 깊은 절망이다. 예상하지 못한 절망이다. 그래서 이 절망은 오늘 이 시대 절망한 자를 위한 절망이다. 그러기에 이 예수님을 만나면, "내가 더 이상 살지 말아야겠다"와 같은 헛된 결심을 할 수가 없는 것이다. 이 말씀으로 힘을 얻는 것이다.

5. "목마르다"(요한 19,28).

영혼의 고통에 대한 부르짖음에 이어 이번에는 육체의 고통을 표현하신다. 채찍질과 고문을 통해 이미 쇠진하신 몸으로 마지막 피 한 방울까지 흘리신다. 그 극심한 고통 속에서 영원히 목마르지 않을 물을 주시는 그분께서 "목마르다"고 말씀하신다. 인간에 대한 하느님 사랑의 비극은, 어쩌면 신체적 갈증이 아니라 영혼의 갈증이었을지도 모를 주님의 이 말씀에, 사람들이 주님께 식초와 쓸개를 드렸다는 것이다.

그렇다. 육체적으로도 목이 마르지만 그 정도를 가지고 예수님이 이 이야기를 하신 것은 아닐 터다. 이는 영적인 목마름이다. 주님은 목마르시다. 무엇에? 우리의 사랑에 목마르시다. 하느님이 태초에 사랑을 나누려고 인간을 만드셨는데, 이 사랑이 때로 일방적 사랑이 된다. 가면 안 오는 사랑이고 하는. 속고 속아도 계속 일방적인, 일방향 사랑이니까 하느님이 지금 많이 외로우시다. 그래 "목마르다,

나는 사랑에 목마르다" 하시는 것이다. 우리가 이 주님을 위로해 드리자. "내가 있잖아요!" 하고.

6. "다 이루어졌다"(요한 19,30).

주님은 역사를 통해 세 번 이와 같은 말씀을 하셨다. 첫 번째는 '창조의 완성'에서 두 번째는 묵시록에서 '새 하늘 새 땅이 창조될 때'를 나타내면서 사용하셨다. 시작과 끝날의 완성, 이 두 극단 사이에서 지금 이 말씀이 그 둘을 연결해 주고 있다. 치욕의 극치 속에서 모든 '예언'이 성취되었으며 인간의 구원을 위해 '모든 것'들이 이루어졌다고 주님은 탄성을 지르신 것이다. 주님은 많은 사람의 죗값으로 당신 목숨을 바치기 위해 이 세상에 오신 분이기에 십자가 죽음에서 당신 일이 완성되었다고 말씀하시는 것이다.

7. "아버지, '제 영을 아버지 손에 맡깁니다'"(루카 23,46).

죽음을 인생에 있어서 가장 두려운 순간으로 생각하는 사람이, 죽어가는 그리스도께서 이런 말을 하게 된 '기쁨'을 이해하기란 정말 어려운 일이다. 주님의 죽음은 인간에 대한 봉사요, 아버지의 뜻을 완수하는 것이었다. 육화 한 말씀은 지상 사명을 완수하셨기 때문에 파견하신 천상 아버지께 다시 돌아가신다. 가장 완전한 기도, 당신의 목숨을 바치며 드리는 순간에 올리는 이 기도야말로 '가장 완전한 기도'일 것이다. 이제 예수님은 고개를 떨구시고 기꺼이 돌아가셨다.

예수님이 십자가에서 말씀하신 '가상칠언'은 입에서 나온 말씀이 아니었다. 입술을 통하여 나왔지만, 가슴에서, 심장에서, 저 영혼 깊은 곳에서 올라온 그분의 속내였다. 거기에는 그분의 존재가 송두리째 실려 있었다.

오늘 믿음_ 십자가 영성

모세도 석가도 공자도 무하마드도 모두 장수를 누렸다. 온갖 환멸을 겪기도 했지만 큰 성공을 거두고 제자와 지지자들에 둘러싸인 가운데 평화롭게 죽었다.

반면에 여기 이 사람, 활약 기간이래야 길게 잡아 3년, 겨우 30대의 사나이, 이 사람은 사회의 배척, 제자와 지지자들의 배신, 적수들의 조롱을 받고 사람들과 하느님의 버림을 받은 채 잔인하게도 십자가의 제물이 되었다.

이로써 예수님은 당신이 진즉 설파했던 역설적 진리를 몸소 행하셨다.

"자기 목숨을 사랑하는 사람은 목숨을 잃을 것이고, 이 세상에서 자기 목숨을 미워하는 사람은 영원한 생명에 이르도록 목숨을 간직할 것이다"(요한 12,25).

이리하여 십자가 영성이 절정을 이뤘다. 고난과 십자가는 강생의 절정이다. 이제 십자가는 용서의 제사요 구원의 문이 되었다. 하지만 이는 여전히 신앙의 눈으로만 보이는 신비다.

"그리스도는 유다인들에게는 걸림돌이고 다른 민족에게는 어리석음입니다. 〔…〕 하느님의 어리석음이 사람보다 더 지혜롭고 하느님의 약함이 사람보다 더 강하기 때문입니다"(1코린 1,23.25).

모르는 이에게 십자가는 어리석고 무력해 보이지만, 신앙인의 눈에는 최상의 지혜와 최강의 힘을 내새하고 있다.

복음성가 가수 빌 만이 공연을 마친 뒤, 분장실로 들어왔을 때 한 여인이 그를 기다리고 있었다. 그녀는 듣지도 말하지도 못했으며, 전혀 볼 수조차 없었다.

빌 만은 공연으로 지쳐 있었지만, 노래 한 곡 불러달라는 그녀의 부탁을 거절하지 않았다. 그는 우렁찬 목소리로 흑인영가 '거기 너 있었는가'를 불렀다. 성가책 489장 '보았나 십자가의 주님을'이라는 제목으로 되어 있는 성가다.

"거기 너 있었는가 그 때에, 주님 그 십자가에 달릴 때. 오, 때로 그 일로 나는 떨려, 떨려, 떨려, 거기 너 있었는가 그 때에…."

빌 만의 목에 손을 대고 손끝 감각으로 노래를 느끼던 그녀는 눈물을 펑펑 쏟았다. 그녀는 수화를 통해 이렇게 말했다.

"네, 그렇습니다. 저도 그 자리에 있었습니다. 그래서 그 광경을 믿음으로 보았습니다. 주님께서 죽으실 때 그리고 살아나실 때…. 한때는 스스로 목숨을 끊으려고 했지만 이제 나는 성령의 소원을 따라 살 수 있습니다. 그렇습니다. 내가 살아 숨 쉬는 동안 나는 이 거룩한 욕심을 따라서 살 것입니다."

그 여인이 바로 헬렌 켈러다. 얼마나 큰 감동인가! 헬렌 켈러는 손으로 빌 만의 목을 만져 성가 가사를 적확하게 들었다. 듣지 못하고, 말하지 못하고, 보지 못하는 삼중고의 아픔을 지닌 그녀였지만, 그 모든 장애를 딛고 일어나 주님 안에서 성령의 뜻을 이루기 위해 평생을 장엄하게 싸워, 결국 사람들에게 희망을 주는 사람이 되었다. 이것이 바로 십자가의 기적이다.

예수님의 십자가는 오늘도 기적이다.

예수님의 십자가는 우리에게 가장 큰 위로다. 그리하여 십자가는 더 이상 슬프지 않다.

영국의 시인 로버트 브라우닝은 빈민굴에 살면서도 항상 희망 찬 얼굴로 흥얼거리며 일터로 향하는 한 소녀를 보고 노래를 지었다. 브라우닝의 이 시는 소녀의 흥얼거림을 고스란히 담아 언어화 한 것일 터다. 그 전문은 이렇다.

> The year's at the spring, (계절은 봄이고)
>
> And day's at the morn; (하루 중 아침)
>
> Morning's at seven; (아침 일곱 시)
>
> The hill-side's dew-pearl'd; (진주 같은 이슬 언덕 따라 맺히고)
>
> The lark's on the wing; (종달새는 창공을 난다)
>
> The snail's on the thorn; (달팽이는 가시나무 위에)
>
> God's in His heaven, (하느님께서는 하늘에)
>
> All's right with the world. (이 세상 모든 것이 평화롭다)

언덕 위의 하얀 집이 아닌 빈민굴에 살아도, 십자가 덕에 이런 세상이 가능하다. 그러기에 이 노래는 오늘 극심한 고통 중에 가장 긴 어둠의 터널을 지나고 있는 '내'가 부를 노래인 것이다.

9. 저승에 가시어
사흗날에
죽은 이들 가운데서 부활하시고

우리들의 이야기 '스탠버그의 십자가'라는 그림에 얽힌 일화다. 성 베드로 성당 신부의 요청으로 화가 스탠버그가 십자가에 달리신 예수님을 그리게 되었다. 얼마간 작업을 열심히 했지만, 스탠버그는 갑자기 그림을 중단했다. 그림 값을 적게 줄 거라는 얘기를 들었던 것이다.

그 와중에 스탠버그는 페피타라는 집시를 모델로 한 그림을 그리고 있었다. 하루는 작업을 하다 쉬는 시간에 페피타가 한쪽에 팽개쳐져 있는 십자가 그림을 보고 물었다.

"저건 무슨 그림이죠?"

"예수님에 관한 그림이오."

"바로 저 모습이 십자가에 못 박혀 돌아가시는 모습이군요? 그런데 그분은 왜 죽었나요?"

집시여인의 질문이 귀찮았지만 스탠버그는 간단하게 이야기해 주었다. 예수님이 수많은 병자를 고쳐주셨고 착한 일을 많이 하셨지만 우리를 위해 십자가에 못 박혀 돌아가셨다고. 그런데 그 이야기를 듣던 여인이 눈물을 흘리며 슬퍼하는 것이 아닌가. 당황한 스탠버그는 이렇게 말하며 여인을 달랬다.

"울지 말아요. 예수님은 죽음으로 끝나지 않으셨어요. 3일 만에 다시 부활하셨어요. 우리 그리스도인은 그분의 부활을 믿으며 희망하지요. 그러니 울지 마세요."

집시여인은 곧 눈을 번쩍 뜨며 금세 얼굴이 환해졌다. 이 모습을 보고 스탠버그는 마음속으로 큰 충격을 받았다.

'예수님께서 우리를 위해 죽으셨지만 다시 부활하셨다는 이 한마디에 저토록 밝은 생명력을 얻다니. 나는 어떠한가? 정말 예수님의 부활을 믿고 있는 것인가?'

이 성찰을 계기로 스탠버그는 부활에 대한 희망과 신앙을 회복했고, 자신을 위해 십자가에 달리신 예수님을 그리면서 돈이 적다고 불평하며 그림 그리기를 내팽개친 자신을 반성했다. 그리고 회개하는 마음으로 기쁘게 그림을 완성했다고 한다.[1]

'스탠버그의 십자가'에 함축된 부활 신앙은 한 집시여인의 슬픔을 기쁨으로 바꾸었다. 더불어 스탠버그 자신에게는 부활에 대한 희망을 회복시켜주었다.

이렇듯 부활은 이미 지금 우리들에게 기쁨과 희망을 준다.

원고백의 속뜻

저승에 가시어 앞 장에서 '묻히셨으며'까지 살펴봤다. 이어지는 고백은 '저승에 가시어'다. 라틴어로 '데센디트 아드 인페로스'(descendit ad inferos)다. 여기서 '데센디트'는 '내려갔다'는 뜻이고, '아드'는 영어로 'to'의 의미를, '인페로스'는 '저승'을 뜻한다.

그럼 저승은 뭔가?

'저승'으로 번역된 단어는 본래 구약의 히브리어 '셰올'(sheol)에서 기원한 것으로, 그리스어로는 '하데스'(hades: 명부[冥府])로 표기되어 있다. 셰올은 '돌아오지 못하는 곳'(욥 10,21), '깊은 어둠'(욥 10,21 이하 참조)과 '침묵이 지배하는 곳'(시편 94,17), 요컨대 '죽은 이들이 영원한 안식을 누리는 곳'(욥 3,17-19; 집회 30,17 참조)을 지칭한다. 그러니까 '저승', '죽음의 세계'를 뜻한다. 이곳은 선한 사람이든 악한 사람이든 모든 죽은 이가 가는 장소다.

당시는 지구를 '둥글다'라고 보는 대신에 끝이 있는 평면으로 보았다. 지상에 사람이 살고 있고, 위로 천국이 있고, 아래로 지하계가 있어서, 죽은 이들이 천국으로 올라가기 전에 때를 기다리는 것이라고 보았다. 언젠가 올려줄 때를 기다리는 곳, 거기가 바로 저승이요 죽음의 세계였다. 이곳엔 아직 심판받지 않은 사람들이 있다. 거기에 예수님이 가셨다. 이를 베드로 1서는 이렇게 요약하고 있다.

"그리스도께서도 (…) 육으로는 살해되셨지만 영으로는 다시 생명을 받으셨습니다. 그리하여 감옥에 있는 영들에게도 가시어 말씀을 선포하셨습니다"(1베드 3,18-19).

하늘의 아래층에 있는 '감옥에 갇혀 있는 사람들'에게 가서 결정적인 기쁜 소식을 선포했다는 것이다. 이 부분은 매우 민감한 사안이므로 교회 전통을 따라 이해할 수밖에 없다.

"예수 그리스도께서 저승에 가 구해 내신 것은 아브라함의 품에서 자신들의 해방자를 기다리던 거룩한 영혼들이었다."[2]

예수님은 지옥에 떨어진 이들을 구하거나[3] 저주받은 지옥을 파괴하기 위해서가 아니라[4], 당신보다 먼저 간 의인들을 해방시키고자 저승에 가신 것이다[5].

결국 저승은 뭔가? 앞 장에서 나는 예수님이 "주여! 왜 저를 버리시나이까!" 하심으로, 마침내 하느님의 부재, 단절의 자리까지 가신 것이라고 언급했다. 저승은 거기서 조금 더 내려가신 자리다. 곧 인간이 가는 가장 어두운 곳이다. 가장 밑바닥이다. 거기까지 가셔서 복음을 선포하시고 구제할 수 있는 영혼들을 구제하신 것이다.

예수님의 강생이 어디까지 내려왔는가? 죽은 자들의 세상까지 내려갔다. 기가 막히지 않은가? 예수님의 강생이 여기서 완성되는 것이다.

예수님께서 죽으신 다음에 이루어진 일에 대한 가장 오래된 기록은 코린토 1서 15장 3-5절이다. 물론 복음서에서 이미 부활 증언이 등장하지만, 사실은 이 서간문들이 먼저 써졌고, 복음서는 나중에 기록된 것이다. 그럼 본문을 보자.

"나도 전해 받았고 여러분에게 무엇보다 먼저 전해 준 복음은 이렇습니다. 곧 그리스도께서는 성경 말씀대로 우리의 죄 때문에 돌아가시고 묻히셨으며, 성경 말씀대로 사흘날에 되살아나시어, 케파에게, 또 이어서 열두 사도에게 나타나셨습니다"(1코린 15,3-5).

리듬이 꼭 지금 우리가 고백하는 '사도신경'과 비슷하다. 주목할 것은 여기서 '사흘날에'가 언급되었다는 사실이다.

사흘날에 '사흘날에'는 라틴어로 '테르씨아 디에'(tertia die)로 되어 있다. 직역하면 '사흘째 날에'다.

사흘은 성경적인 의미로 '최소한의 시간, 그러나 충분한 시간'을 뜻한다. 성경에서 사흘 동안 이스라엘 백성은 사막에서 물 없이 헤맸는데(탈출 15,22 참조) 이는 죽을 고비를 넘겼다는 말이고, 엘리사의 만류에도 예리코에서 온 예언자의 무리가 사흘 동안 모든 것을 동원하여 엘리야를 헛되이 찾았는데(2열왕 2,17 참조) 이는 찾을 만큼 찾았다는 말이고, 사흘 동안 유다인이 하느님께 탄원한 적이 있었는데(2마카 13,12 참조) 이는 하느님께 지를 수 있는 소리는 다 질렀다는 말이고, 사흘 동안 열두 살 예수가 성전에 머물렀는데(루카 2,46 참조) 이는 있을 만큼 있었다는 말이고, 사흘 동안 라자로가 무덤에 누워 있었다는 이야기도(요한 11,39 참조) 시체가 썩을 만큼 완전한 죽음이었다는 말이다. 이들의 용례가 보여주듯이 '사흘날'은 '충분히' 시간이 흘렀음을 말해 준다.

또한 숫자 3의 경우, 십자가형이 '3시경'(마르 15,34)에 행해진 것은 시간의 절정에 예수님이 돌아가셨다는 뜻이고, 골고타에서 3명의 사형수가 처형(마르 15,27 참조)된 것은 예수님이 모든 사형수들을 대표했다는 말이 되고, 3명의 여인이 빈 무덤에 간 것(마르 16,1-8 참조)은 여인들이 다 갔다는 뜻이 포함된다. 3은 그런 '절정' 또는 '충만'을 암시하고 있다.

나도 3을 굉장히 좋아한다. 책을 쓸 때도 꼭 한 챕터에서 세 단계로 얘기해야 직성이 풀린다. 넷째까지 가면 하나를 버린다. 바로 여기서 배운 것이다.

죽은 이들 가운데서 부활하시고 '죽은 이들 가운데서 부활하시고'는 라틴어로 '레수렉시트 아 모르투이스'(resurrexit a mortuis)다. 여기서 '레수렉시트'는 '다시 일어나다'를 뜻하는 '레수르고'(resurgo)의 변화형이다. 여기에 해당되는 성경 본문의 그리스어는 '에게이레인'(egeirein)인데, 이는 '일어나다' 또는 '깨어나다'의 의미를 가지고 있다. 이와 교차적으로 사용되는 또 다른 단어 '아나스타시스'(anastasis)는 부활되심의 측면을 부각시킬 때 주로 사용된다. 다시 생명 활동을 영위하게 된 결과를 의미하는 부활(復活)이란 한자어는 한글을 주로 사용하는 사람들에게 이해되기 쉽지 않은 단어임이 분명하다.

그러면 이 부활의 의미는 무엇일까? 성경의 진술들은 이렇게 답한다.

첫째, 부활은 죽음을 쳐 이긴 사건이다.

"승리가 죽음을 삼켜 버렸다. 죽음아, 너의 승리가 어디 있느냐? 죽음아, 너의 독침이 어디 있느냐?"(1코린 15,54-55)

이 말씀은 죽음을 무력화시켰다는 얘기다. "죽음을 없앴다"고 기록하고 있지 않다. 죽음은 있다. 아직도 죽음은 우리에게 운명으로 남아 있다. 그런데 죽음을 무력화시켰다. 죽음이 얼마나 강한가? 죽음은 가장 강한 부정이다. 그런데 그 부정을 무력화시켰다. 긍정으로 바뀌었다는 말이다.

이것은 영성이고 철학이며 위로다. "부활이 죽음을 무력화시켰다. 절망을 무력화시켰다. 이 세상에서 상처를 무력화시켰다. 모든 것을 이긴 것이 예수님의 부활이다!" 이 힘으로 우리는 살고 있다.

둘째, 부활은 예수님이 하느님의 아들이요 주님이심을 확증하는 사건이다.

우리가 예수님에 대해서 "당신은 하느님의 아들이십니다"라고 고백을 하긴 하는데, 이 고백은 아직 80%의 고백이다. 예수님의 부활로 인하여 우리는 비로소 100%의 고백을 하게 되었다.

이를 단적으로 드러내는 것이 다음의 성구다.

"거룩한 영으로는 죽은 이들 가운데에서 부활하시어, 힘을 지니신 하느님의 아드님으로 확인되신 우리 주 예수 그리스도이십니다"(로마 1,4).

요지는 성부 하느님께서 예수님을 부활시켜주심으로써 예수님이 하느님의 아들이심을 확증해 주셨다는 것이다.

우리가 표현하는 '부활'이라는 말은 사실 부족한 언어다. 부활은 곧 '스스로 살아나는 것'을 의미한다. 그런데 이 부활을 뜻하는 원어인 그리스어 '아나스타시스'의 의미에서 더 많이 강조되는 것이 하느님께서 예수님을 '살려내셨다'는 사실이다. 이는 예수님이 십자가에서 드렸던 그 용서의 제사를 하느님께서 기쁘게 받아주시고 인준하시는 의미로 예수님을 '부활시켜주셨다'는 의미를 내포한다.

그러기에 부활은 성부와 성령께서 함께 이루신 업적이다. 예수님은 지상에서 쌓으신 공로로써 '되살리심'을 누리실 자격이 있으셨던 것이다.

셋째, "우리가 그 덕에 부활하게 됐다"는 것이다.

그리스도께서 아버지의 영광을 통하여 죽은 이들 가운데서 되살아나신 것처럼, 우리도 새로운 삶으로 살아나게 되었다. 예수님은 '죽은 이들 가운데에서 맏이'(콜로 1,18)로 부활하셨다. 바로 이 점이 우리가 예수님의 부활 안에서 우리 자신도 부활할 것이라는 희망을 갖는 이유다. 사도 바오로는 이를 굳게 믿고 있었다.

"그리스도께서 아버지의 영광을 통하여 죽은 이들 가운데에서 되살아나신 것처럼, 우리도 새로운 삶을 살아가게 되었습니다"(로마 6,4).

열린 믿음

최초의 목격자 마리아　　영화 「베르나데트의 노래」에서, 베르나데트의 환시와 그에 따른 루르드의 기적을 증명할 필요성이 제기되었을 때, 한 등장인물이 말한다.

"믿음을 가진 사람에게는 아무런 설명이 필요치 않지만, 믿음이 없는 사람에게는 아무리 설명해도 부족하다."

예수님 부활도 똑같다. 지금부터 내가 아무리 증언해도 이미 믿음을 가진 사람이라면, "그 얘기는 다 알고 믿어요. 이제 필요 없어요" 이렇게 되지만, 믿음을 안 가진 사람이라면, "그게 뭐? 그래서 어쨌다구?" 계속 이렇게 수긍하지 않게 되는 것이다.

이를 전제로 부활 증언을 더듬어 보자.

"그분은 살아 있다!"

이런 말을 하고 다니는 사람이 하나둘 늘기 시작하였다. 전대미문의 해괴한 소문을 퍼뜨리는 사람들이 여기저기 나타나기 시작했다.

소문의 원출처는 마리아 막달레나였다(마태 28,1-8 참조).

나는 이 마리아 막달레나가 왜 첫 번째 부활 목격증인이 되었는가에 대해 『맥으로 읽는 성경』 등에서 시로 풀이한 적이 있다. 여기서는 핵심만 언급하려 한다.

성경을 따라 가다 보면, 예수님이 계신 곳에는 반드시 열두 제자가 있었다. 이 열두 제자가 있는 곳에는 반드시 여인들이 있었다. 여인들은 열세 번째 제자였다. 그 여인들의 대표가 마리아 막달레나였다. 항상 이 공식이 성립했는데 후에 예수님이 수난을 받으실 때 이 공식이 허물어졌다. 예수님이 계신 곳에 제자들은 없는데 마리아 막달레나 일행이 꼭 함께 하는 것이다.

결국 의리를 더 많이 지켰던 이들은 누군가? 여인들이다.

게다가 안식일 다음날 이른 새벽에, 마리아 막달레나 일행은 예수님의 무덤으로 향한다. 갑자기 시체를 수습하는 바람에 향유를 발라드리지 못했던 것이다. 모두 이 사실을 잊어버리고 잠을 자고 있던 그 꼭두새벽에 세 여인은 예수님께로 간다. 여인 일행은 사실 예수님의 부활을 기대한 것이 아니라 장례식을 제대로 치러드리려고 간 것이었다. 그런 마리아 막달레나가 예수님께 잘 보일 욕심이 있었겠는가, 없었겠는가? 하나도 없었다. 마지막까지 자기의 충실을 보여주고 있는 것일 뿐.

그렇다면 왜 마리아 막달레나는 예수님께 충실했을까. 이유가 있다. 그녀는 옛날에 일곱 마귀에 걸려 사람들한테 손가락질 받은 여자였다. 그런 중에 예수님이 치유를 해 주신 것이다. 그러기에 "저 분이 나의 은인이다. 끝까지 충성을 다하겠다!"는 비상한 의리가 발동했던 것이다.

하여간 여인 일행이 그 새벽에 당신을 찾아갔는데 예수님이 열두 제자 챙기느라고 베드로한테 제일 먼저 딱 나타나시면 되겠는가? 안 된다. 주님에게도 도리가 필요하신 것이다. 그래서 제일 먼저 마리아 막달레나에게 나타나 주셨다.

이는 우리에게 매우 힘이 되는 사실이다. 특권보다도 정성이 먼저다. 우리가 마리아 막달레나처럼 정말 예수님께 눈먼 사랑을 보여드리면, 교황님보다 더 먼저 예수님을 만날 수도 있다. 아멘!

열한 제자의 증언　　부활하신 예수님을 목격한 마리아 막달레나가 제자들에게 와서 사실을 알리자, 베드로 사도와 요한 사도는 곧장 무덤으로 달려간다. 베드로 사도는 무덤 안에 들어가서 그 안에 시체가 없고 거기 예수님을 덮고 있던 것들이 한쪽에 잘 개켜져 있는 것을 보고서 그냥 나왔는데, 요한 제자는 같은 것을 보고서 예수님 부활을 직감했다.

"그제야 무덤에 먼저 다다른 다른 제자도 들어갔다. 그리고 보고 믿었다"(요한 20,8).

베드로 사도보다 요한 사도가 예수님의 부활을 먼저 확신했다. 부활하셨구나!

그리고서 바로 그날 저녁. 그 저녁에 제자들은 유다인이 두려워 어떤 집에 모여 문을 닫아걸고 있었다. 혹시나 유다인들이 예수님의 추종자였던 자신들을 '시체도난범'으로 추적하지나 않을까 해서. 그런데 문을 단단히 잠가 두었음에도 불구하고, 예수님께서 나타나셨다. 제자들은 죽음을 이기신 장엄한 승리를 함께 나누기 위해 오신 모습에 말문이 막혔다. "제자들은 주님을 뵙고 기뻐하였다"(요한 20,20).

엠마오로 가던 두 제자도 상기된 채 부활의 증거자로 나섰다.

예루살렘에서 30리쯤 떨어진 엠마오라는 마을로 가고 있던 두 제자에게 부활하신 예수님이 나타나셨다. 그토록 희망을 걸었던 예수님이 무력하게 십자가 처형을 당한 후, 그들이 택한 길은 일단 엠마오로 내려가는 것이었다. 그들이 지난 며칠 동안의 엄청난 사건에 대해 슬픔과 걱정에 찬 마음으로 대화를 하고 있을 때 어떤 낯선 사람이 다가왔는데, 나중에 알고 보니 그분이 바로 부활하신 구세주였다. 하지만 그분은 이내 그들에게서 사라지셨고 흥분을 가누지 못한 두 제자는 서로 어리둥절해 하며 얼굴만 쳐다보았다.

"길에서 우리에게 말씀하실 때나 성경을 풀이해 주실 때 속에서 우리 마음이 타오르지 않았던가!"(루카 24,32)

사도 바오로의 증언 시간이 흐르고 난 뒤, 바오로 사도는 목격담들을 수집하여 이렇게 증언한다.

"그리스도께서는 (…) 케파에게, 또 이어서 열두 사도에게 나타나셨습니다. 그다음에는 한 번에 오백 명이 넘는 형제들에게 나타나셨는데, 그 가운데 더러는 이미 세상을 떠났지만 대부분은 아직도 살아 있습니다. 그다음에는 야고보에게, 또 이어서 다른 모든 사도에게 나타나셨습니다. 맨 마지막으로는 칠삭둥이 같은 나에게도 나타나셨습니다"(1코린 15,3.5-8).

그리스도의 부활 소문을 퍼트리며 혹세무민하는 그리스도인을 소탕하기 위해서 다마스쿠스로 향하던 중 바오로는 극적으로 부활하신 주님을 만났다. 하늘로부터 비춰오는 강렬한 빛에 눈을 못 뜨고 땅에 엎드리자 음성이 들렸다(사도 9,3-5 참조).

"사울아, 사울아, 네가 왜 나를 박해하느냐?"

이에 "당신은 누구십니까?" 하고 물으니, "나는 네가 박해하는 예수다" 하는 음성이 들리고, 우여곡절 끝에 박해자 사울은 부활의 증인 바오로로 바뀌었다.

여담이지만, 그가 처음 예수님을 만났을 때 "갑자기 하늘에서 빛이 번쩍이며 그의 둘레를 비추었다"(사도 9,3)고 되어 있다. 이 말씀은 표현이 좋아서 그렇지 결국 벼락 맞았다는 얘기다. 바오로는 벼락 맞고 살아난 사나이다. 그랬기에 그의 부활 증언은 역동적이고 극적이다.

바오로 사도는 오늘의 우리를 부활 증인으로 초대한다.

시카고에서 있었던 일이다. 한 부인이 한적한 거리를 느긋하게 걷고 있을 때, 어떤 집의 열린 창문으로 십자가에 달리신 예수님의 그림이 보였다. 순간 부인은 이상한 힘에 끌려 오랫동안 그 앞을 떠나지 못했다. 문득 옆에 누군가 있는 것을 느껴 돌아보니 한 소년이 그 그림을 뚫어져라 바라보고 있었다. 부인은 대견한 생각이 들어 물었다.

"애야, 네가 보고 있는 그 그림이 무엇인지 아니?"

"그럼요, 저기 십자가에 못 박히신 분은 예수님이에요. 그 옆에 있는 사람은 로마 군인이고, 울고 있는 저 여인은 예수님의 어머니에요. 저 병사들이 예수님을 죽였어요."

잠시 후 부인은 발길을 돌려 다시 가던 길을 갔다. 그런데 어느 정도 갔을 때, 소년이 숨을 헐떡이며 달려 와서 이렇게 말하는 것이 아닌가.

"아까 제가 가장 먼저 '예수님이 부활하셨다'는 것을 말했어야 하는데 잊어버렸어요. 그래서 그 사실을 알려 드리려고 이렇게 달려왔어요."[6]

어느 시인의 말처럼 아이가 어른의 아버지다.

오늘 믿음_ 예수님이 백번 부활해도

부활이 없는 그리스도교는 생각할 수 없다. 부활이 없다면, 모든 것이 헛되다.

"그리스도께서 되살아나지 않으셨다면, 우리의 복음 선포도 헛되고 여러분의 믿음도 헛됩니다"(1코린 15,14).

예수님의 부활은 우리 부활의 신호탄이다.

"그러나 이제 그리스도께서는 죽은 이들 가운데에서 되살아나셨습니다. 죽은 이들의 맏물이 되셨습니다"(1코린 15,20).

독일의 속담은 단언한다.

"그리스도가 백번을 부활해도 내가 부활하지 않으면 소용이 없다."

정곡을 찌르는 말이다. 나의 부활이 없이는 그리스도의 부활도 헛된 것이다. 그리스도의 부활이 나의 부활을 가져다주지 못한다면, 경탄할 필요도 찬미할 필요도 없다. 내가 부활해야 한다. 오늘 이 세상의 삶에서 여러 형태의 죽음으로부터 소생해야 한다. 내가 변화된 삶의 모습으로 새롭게 태어나야 한다.

예수님은 우리를 위해서 부활하셨다. 이것을 가장 잘 표현한 말이

"Jesus is alive"다. 예수님은 '과거에 살아나신 것'이 아니라 살아나셔서 "지금 살아 계신다". 우리를 위해서 지금 살아 계신다.

이런 예수님의 부활에 힘입어 우리가 부활할 차례다. 그렇다면 우리가 부활한다는 것은 무슨 의미인가?

우선, 이 세상의 죽음, 절망 등에 너무 시달리지 말라는 뜻이다. 예수님은 부활로 죽음, 절망 등을 무력화시키셨다. 살면서 실패할 수 있다. 그러나 예수님의 부활은 실패보다도 강한 것을 주셨다. 영원한 생명을 담보로 주신 것이다. 그러니 희망이 절망을 이긴다.

1975년 베트남이 공산화 된 후, 구엔 반 투안 추기경은 공산 정부의 집요한 회유를 거부하다 13년을 감옥에서 보냈으며 그 중 9년을 독방에서 생활했다. 부활 신앙을 고백하며 쓴 반 투안 추기경의 다음 글은 1976년 10월 7일 묵주기도의 축일에 베트남 중부 푸칸의 감옥 독방에서 쓰여진 것으로, 지금 누리는 부활 신앙의 정수를 유감없이 드러낸다.

사랑하올 예수님,
오늘 저녁 불빛도 창문도 없고, 찜통같이 더운 저의 감방 뒤편에서 저는 가슴 북받치는 감상에 젖어 저의 사목생활을 회고합니다.
저의 감방에서 2킬로미터밖에 떨어져 있지 않은 주교관에서 주교로서 보낸 8년간, 그러나 이제 같은 거리, 같은 해안에서 저는 태평양의 파도소리와 주교좌 성당의 종소리를 듣습니다.

한때 저는 금으로 된 성반과 성작으로 미사를 봉헌하였으나, 이제 당신의 성혈은 제 손바닥에 놓여 있습니다.

한때 저는 대회와 회의를 위해 세계 각지를 여행하곤 했으나 이제 저는 창문도 없는 좁은 감방에 갇혀 있습니다.

한때 저는 감실에 모신 당신을 조배하곤 했습니다만 이제 저는 당신을 제 호주머니 속에 밤낮으로 지니고 다닙니다.

한때 저는 수천 명의 신자들 앞에서 미사를 봉헌하곤 했습니다만 이제 밤의 암흑 속에서 모기장 밑으로 성체를 전하고 있습니다. […]

매트 위에서 흰 버섯이 자라는 이 감방, 여기에서 저는 행복합니다.

왜냐면 당신께서 저와 함께 계시고 당신께서는 제가 이곳에서 당신과 함께 생활하기를 원하시기 때문입니다. […]

저는 저의 십자가를 받아들여 제 두 손으로 가슴속에 묻습니다.

만약 당신이 제게 선택을 허락하신다 해도 저는 바꾸지 않을 것입니다.

왜냐하면 당신께서는 저와 함께 계시기 때문입니다.

저는 더 이상 두려워하지 않습니다. 저는 깨달았습니다.

저는 당신의 수난과 부활 속에서 당신을 따르고 있습니다.[7]

주님의 부활을 믿는 사람에게는 이 세상에서 일어나는 어떤 형태의 죽음도 위협이 되지 않고 고통이 되지 않고 원망거리가 되지 않는다. 이것이 바로 부활 신앙의 핵심이다.

10. 하늘에 올라
전능하신 천주 성부 오른편에 앉으시며
그리로부터 산 이와 죽은 이를 심판하러
오시리라

우리들의 이야기　　루카 형제는 얼굴이 볼품없는 반면, 아내 한나는 매우 미인이다. 하루는 저녁기도를 마치고 루카 형제가 아내에게 말했다.

"여보, 우리 둘 다 천국에 들 수 있으면 좋겠다."

그러자 아내는 확신에 찬 얼굴로 말했다.

"갈 수 있고 말고요. 당신은 나 같이 예쁜 여자를 아내로 삼아서 하느님께 감사하고 살고, 나는 당신 같은 남편을 참고 살아 왔잖아요. 감사하는 자와 참는 자는 모두 하늘 나라에 갈 수 있다잖아요?"

떠도는 신앙유머지만 메시지가 있다. 감사와 인내야말로 영성의 핵심 키워드니 말이다.

원고백의 속뜻

하늘에 올라 이어지는 신앙고백은 '하늘에 올라 전능하신 천주 성부 오른편에 앉으시며 그리로부터 산 이와 죽은 이를 심판하러 오시리라 믿나이다'라는 부분이다.

여기서 '하늘에 올라'는 라틴어로 '아센디트 아드 챌로스'(ascendit ad caelos)다. '아센디트'는 '오르다'라는 뜻이고, '아드'는 앞서 보았듯이 '~로', '~향하여'라는 뜻이며, '챌로스'는 '하늘'을 뜻한다.

'하늘에 올라'라는 고백은 성경의 생생한 묘사를 축약한 것이다. 이에 대한 성경의 진술들은 서로 보완해 준다.

마르코 복음서에는 짧게 기록되어 있다.

"주 예수님께서는 제자들에게 말씀하신 다음 승천하시어 하느님 오른쪽에 앉으셨다"(마르 16,19).

여기서는 예수님이 "하느님 오른편에 앉으셨다"는 사실이 강조되어 있다.

루카 복음서는 이를 약간의 감동을 실어 묘사하였다.

"예수님께서는 그들을 베타니아 근처까지 데리고 나가신 다음, 손을 드시어 그들에게 강복하셨다. 이렇게 강복하시며 그들을 떠나 하늘로 올라가셨다"(루카 24,50-51).

성지순례를 가 보면, 베타니아에 부활 바위라는 것이 있다. 그 바위에 발자국이 나 있다. 이 성경 말씀에 대한 믿음은 있는데, "과연 예수님이 발자국을 내시고 가셨을까"는 내게 미궁이다. 본질적인 주제가 아님으로 언급만 해 둔다.

사도행전은 더 장엄하게 묘사한다.

"예수님께서는 이렇게 이르신 다음 그들이 보는 앞에서 하늘로 오르셨는데, 구름에 감싸여 그들의 시야에서 사라지셨다"(사도 1,9).

무지무지 장엄한 그림이 그려진다.

그렇다면, 이 하늘에 오르신 사건이 우리에게 무슨 의미가 있는가.

우선, 예수님이 부활하시고 나서 그야말로 영광 속으로 들어올리셨음을 뜻한다. '하늘', '구름'은 다 영광을 상징한다. 이 영광은 하느님의 '아우라' 곧 하느님의 현존을 가리킨다. 하여간 예수님은 그 영광 속으로 올라가셨다. 당연하다. 나는 이를 원대복귀라고 생각한다. 원래 영광 속에 계시던 분이 내려오셔서, 임무를 완수하시고, 당신이 계셔야 하는 곳으로 다시 가신 것이니 말이다.

다음으로, 하늘에 오르심은 우리가 하늘로 오르는 길을 열어주셨다는 의미도 지닌다. "나는 땅에서 들어 올려지면 모든 사람을 나에게 이끌어 들일 것이다"(요한 12,32). 결국에는 모든 인간을 데리고 올라가시는데, 뭐에다 담아서 올라가시는가? 앞서 언급했듯이 그 이상한 그물이 하나 있다. 저인망 그물. 그 그물로 깡그리 바닥부터 긁어 우리를 들어 올리신다.

이 승천을 묵상했던 아우구스티노 성인이 성령에 취해서 쏟아낸 영성적 권고가 있다. 바로 "마음을 위로 향해라"(Sursum corda)다. 나는 이분의 영성을 접할 때마다 대단히 놀라곤 한다. 영성이 얼마나 뜨거운지 글만 읽어도 내 손이 막 데이는 느낌이다. 성인의 이 메시지는 사도 바오로의 콜로새서 말씀과도 상통한다.

"그러므로 여러분은 그리스도와 함께 다시 살아났으니, 저 위에 있는 것을 추구하십시오. 거기에는 그리스도께서 하느님의 오른쪽에 앉아 계십니다. 위에 있는 것을 생각하고 땅에 있는 것은 생각하지 마십시오. 여러분은 이미 죽었고, 여러분의 생명은 그리스도와 함께 하느님 안에 숨겨져 있기 때문입니다. 여러분의 생명이신 그리스도께서 나타나실 때, 여러분도 그분과 함께 영광 속에 나타날 것입니다"(콜로 3,1-4).

토를 달 필요가 없는 권고다. 그런데 "위엣것을 생각하고, 땅엣것을 생각지 말라"에서부터 좀 부담스러울 수 있겠다. 우리는 늘 땅의 것을 생각할 게 많다. 매일 뭐 먹을까. 어디 맛있는 데 없나. 어디 구경할 데 좋은 데 없을까. 나이들수록 그런 것만 자꾸 찾게 된다. 땅의 백성으로만 사는 것이다. 그렇지만 이 세상을 살면서, 땅의 백성으로만 사는 것은 너무 억울하다. 안타까운 것이다. 성인은 "하늘의 것을 구하라" 하고 말씀하신다. 하늘을 바라보고 거기에 맞들이면 이 세상 땅의 것이 재미없어진다. 그러므로 "고상한 사람으로 살아라"는 말이다. 이는 종교적인 데에 국한되는 것이 아니다. 종교가 없어도 고상하게 사는 사람은 많다.

전능하신 천주 성부 오른편에 앉으시며   다음으로, '전능하신 천주 성부 오른편에 앉으시며'는 라틴어 원문으로 '세데트 아드 덱스테람 데이 파트리스 옴니포텐티스'(sedet ad dexteram Dei Patris omnipotentis)다.

앞서 본 대로 '데이 파트리스 옴니포텐티스'는 우리말 번역 차례로, '하느님'(천주), '아버지'(성부), '전능하신'이고, '세데트'는 '앉다'라는 뜻이며, '덱스테람'은 '오른편'이라는 뜻이다.

예수님은 '성부 오른편'에 앉으셨다. 우선 이 모습을 제일 먼저 목격한 사람이 순교자 스테파노다.

스테파노는 죽어가면서 '사람의 아들이 하느님 오른편에 서 계신' 것을 보았다(사도 7,55 참조). 그분께서 돌에 맞아 순교한 이를 당신 곁으로 받아들이시기 위해 친히 오신 것이다.

그런데, '오른편'이라는 표현은 상징적인 언어다. 하느님과 예수님 사이에 오른편, 왼편이 실제적으로 존재할까? 그곳은 여기와는 전혀 다른 공간개념이 있을 것이다. 우리는 단지 그렇게 상상하는 것일 뿐. 오른편이라는 말은 '그분의 오른팔'이라는 뜻이다. 2인자로, 전권을 위임받은 자로, 성부의 권한을 다 받았다는 의미다.

그리고 '앉는다'는 말은 권좌, 곧 가르침, 재판, 통치의 자리에 오르셨다는 것을 말한다. 그러니까 이는 성부의 전권을 대신 행사하는 권좌에 오르셨음을 고백하는 것이다.

나는 TV강의 때 앉아서 진행했던 적이 있다. 그랬더니 강의는 잘 되었는데 그렇게들 안부 전화를 많이 주셨다. "신부님, 어디 아프신가요?" 하는. 그래서 오해 없도록 다시 서서 하는 강의로 바꾸었다. 그렇다. 사실 예수님만이 '앉으실 수 있는' 것이다.

하여간 이 모두는 우리에게 희소식이다.

승천하시어 성부 오른편에 앉으신 주님은 이제 인간과 똑같은 인성을 지니고 하늘에서 아버지께 탄원을 드릴 수 있게 되었다. 영광의 상처를 고스란히 간직하시고 성부 오른편에 앉으신 그리스도는 인간을 위해 강력하게 변호하고 중재하실 수 있는 권한을 행사하고 계신 것이다.

"우리에게는 하늘 위로 올라가신 위대한 대사제가 계십니다. 하느님의 아들 예수님이십니다. 그러니 우리가 고백하는 신앙을 굳게 지켜 나아갑시다"(히브 4,14).

지상에서 대사제로서 우리를 위하여 가장 위대하고 힘 있는 십자가 제사를 드리셨던 예수님은 지금 이 순간 하느님 '오른편'에서 인간의 구원을 위한 대사제의 직분, 곧 중재의 직분을 수행하고 계신다.

그러기에 우리는 기도할 때 "예수님의 이름으로 기도합니다"라고 말한다. 예수님의 이름으로 빌면 예수님이 대사제의 역할을 해 주신다는 믿음의 발로다. 절망스러울 때, 기도의 응답이 없을 때, 이 예수님을 붙잡고 그분의 강력한 중재를 청해 보자.

그리로부터 산 이와 죽은 이를 심판하러 오시리라 다음으로, '그리로부터 산 이와 죽은 이를 심판하러 오시리라'인데 이는 '인데 벤투루스 에스트 유디카레 비보스 에트 모르투오스'(inde venturus est iudicare vivos et mortuos)다.

'인데'는 '그리로부터', '벤투루스'는 '오다'라는 뜻이고, '에스트'는 '~하기 위해' 정도로 보면 되며, '유디카레'는 '심판하다'라는 뜻이다. 이어서 '비보스'는 '살아 있는 이'를, '모르투오스'는 '죽은 이'를 뜻한다.

여기서 '그리로부터'는 공간을 이야기하지 않는다. '거기서부터'가 아니다. '아버지에게서부터', 곧 '파견받았다'는 뜻이다. 그래서 "그분의 전권을 가지고 온다" 이런 이야기다.

성경에는 "너희가 보는 앞에서 하늘로 올라가신 모습 그대로 오신다"(사도 1,11 참조)라고 분명히 되어 있다. 이는 곧 재림에 대한 얘기다.

이 대목에서 사실 사이비 종교가 많이 출현한다. 이 재림에 대한 믿음을 잘 포장하여 팔면 자신이 교주가 될 수 있기 때문이다. 흔히 사람들은 '재림' 하면 지레 겁을 먹는다. "곧 올 것이다, 조만간 들이닥칠 것이다" 이렇게 홀려놓으면 겁을 먹고, 집 팔아서 돈 내고, 복종하는 모습이 연출되는 것이다.

성경은 "그때에 '사람의 아들이' 큰 권능과 영광을 떨치며 '구름을 타고 오는 것을' 사람들이 볼 것이다"(마르 13,26)라고 선포하고 있다.

예수님의 초림이 강생이라면, 이 재림은 바로 저 말씀처럼 장엄하게 마지막 날에 오시는 것을 말한다.

그다음, '산 이와 죽은 이들의 심판자'에 관한 부분인데, 이에 대한 대표 성구는 마태오 복음서에 있다.

"사람의 아들이 영광에 싸여 모든 천사와 함께 오면, 자기의 영광스러운 옥좌에 앉을 것이다. 그리고 모든 민족들이 사람의 아들 앞으로 모일 터인데, 그는 목자가 양과 염소를 가르듯이 그들을 가를 것이다. 그렇게 하여 양들은 자기 오른쪽에, 염소들은 왼쪽에 세울 것이다"(마태 25,31-33).

염소는 무슨 죄가 있다고 왼쪽으로 가는가? 여담이지만 이건 키워본 사람만 안다고 한다. 한마디로 염소는 말을 지지리도 안 듣는다고 한다. 양들은 모는 대로 잘 가는데, 염소는 그렇게도 고집을 부린다는 것이다.

하여간 그렇다면 기준이 뭘까? 그날 무엇이 심판의 기준이 될 것인지도 분명히 말씀하셨다.

"너희는 내가 굶주렸을 때에 먹을 것을 주었고, 내가 목말랐을 때에 마실 것을 주었으며, 내가 나그네였을 때에 따뜻이 맞아들였다. 또 내가 헐벗었을 때에 입을 것을 주었고, 내가 병들었을 때에 돌보아 주었으며, 내가 감옥에 있을 때에 찾아 주었다"(마태 25,35-36).

이 말씀을 잘못 알아들으면, 그저 "착하게 살면 되겠군"에서 그치고 만다. 그런데 맨 마지막 문장에 뭐라 말씀하셨나.

"너희가 내 형제들인 이 가장 작은 이들 가운데 한 사람에게 해 준 것이 바로 나에게 해 준 것이다"(마태 25,40).

여기서 "나에게 해 준 것이다"라는 말은, 만약 어떤 사람이 그저 착하게 사는 데에만 관심 있다면, '나'라고 말씀하시는 예수님에 대해서 "당신은 누군데요?" 하고 물을 수밖에 없다. 결국 여기서의 전제는 '경천애인!' 곧 두 가지가 다 있다. '하느님에 대한 신앙'이 있으면서 '인간 사랑하기'를 요구한다는 말이다. 따라서 저 말씀은

"네가 하느님에 대한 신앙을 가졌다고 말하면서 이웃을 사랑하지 않으면, 그건 나를 사랑하지 않은 거랑 똑같은 거다"라는 말씀을 전제하고 있는 셈이다.

이 말씀을 법으로 치자면, 심판의 일반법인데, 예수님은 다른 기회에 심판의 특별법도 말씀하셨다. 바로 '믿음'의 법 말이다. 이에 대해서는 뒤에 종말의 심판을 이야기할 때 다시 살펴보기로 한다.

예수님 부활과 재림에 대한 묵상의 백미는 미국의 신학자 안토니 후크마의 메시지다.

"마치 그리스도께서 어제 죽으셨고 오늘 아침 일어나셨으며 내일 다시 오실 것처럼 살자."

그러니까 어제 돌아가신 예수님! 그 느낌을 우리가 갖고 살자는 말이다. 그 슬픔을, 그 절박함을, 어찌 보면 절망까지도. 어제 돌아가셨던 그 초상 분위기를 느끼라는 말이다.

그리고 오늘 부활한 예수님! 그 감동을 가지고 있으라는 말이다.

그 예수님이 하늘로 가신 다음에 언제 오신다고 하셨는가? 내일이다!

이렇게 살면 하루하루가 여운이요, 감동이며, 설렘 아니겠는가.

열린 믿음

우리를 위한 이별   오늘날과 같은 우주여행의 시대에 예수님의 승천을 공간적인 의미로 생각하는 것은 적절치 않다. 예수님이 올라가신 그 하늘은 저 구름 위 하늘 어디쯤이 아니다. 하늘에 오르셨다는 것은 아니 계신 곳이 없으신 하느님의 초월적인 임재에 동참하심을 의미한다.

그러니까 '이스라엘'이라는 지역과 1세기라는 시대를 떠나 모든 장소, 모든 시간을 넘나들 수 있는 '경지'로 들어가셨다는 것이다. 즉, 예수님께서 하늘에 오르셨다는 것은 그분이 우리를 떠나셨음을 의미하는 것이 아니라 그분이 머나먼 타역을 떠나 아득한 과거를 떠나 우리가 사는 세상 깊은 곳으로 찾아와 우리와 더욱 하나가 되셨다는 것을 의미한다. 예수님은 우리의 아픔과 괴로워 울부짖는 소리를 들으시는 하느님이 계신 곳, 그 옛날 모세에게 "나는 이집트에 있는 내 백성이 겪는 고난을 똑똑히 보았고, 작업 감독들 때문에 울부짖는 그들의 소리를 들었다"(탈출 3,7)라고 말씀하신 하느님이 계신 곳, 그 하늘로 오르신 것이다.

그리스도께서 이 세상에 그대로 남아 계셨더라면 육안이 영안을 대신했을지도 모른다. 시선이 신앙을 대신했을지도 모른다. 만약 승천하지 않고 지상에서 대관식을 가지셨더라면, 사람들은 주님을 이 지상에 국한해서 생각하려 했을 것이다. 그러나 승천으로 인하여 인간의 정신과 마음이 이 세상 너머로 비약할 수 있게 되었다.

그리스도 왕 전례력으로 우리는 대림절이 시작되기 전에 그리스도 왕 대축일을 지낸다. 역사의 마지막 곧 종말을 기념하는 것이다. 그날의 독서 말씀에는 이런 말씀이 나온다.

"그에게 통치권과 영광과 나라가 주어져 모든 민족들과 나라들, 언어가 다른 모든 사람들이 그를 섬기게 되었다. 그의 통치는 영원한 통치로서 사라지지 않고 그의 나라는 멸망하지 않는다"(다니 7,14).

예언자 다니엘이 본 환시다. 이 모든 걸 다 가지고 계신 분, 이분을 믿는 우리의 신앙은 두려울 것이 없다. 우리는 이 세상에서 떵떵거리는 신앙인이 되어야 한다. 이 세상의 제아무리 높다 하는 권력자, 내가 다니는 회사의 사장, 한 나라의 대통령 등, 그 권한이 전부 다 이분 아래에 있다. 그러기에 직장 상사하고 친해지려 하지 말고, 이분하고만 친하면 된다. 하느님을 잡아라. 그러면 다 된다.

나에게 무척 감동을 준 이야기가 하나 있다.

'철의 여인'의 원조이자, 이스라엘의 최초 여성 총리로 당선되었던 골다 메이어. 그녀는 총리에 취임한 뒤 외교수단을 통한 중동문제의 평화적 해결을 강조했을 뿐 아니라, 정치계를 은퇴한 후에도 그 영향력을 잃지 않았다. 누구보다 열정적으로 노력한 정치가였다.

그런 메이어에게 한 가지 유명한 비화가 있다. 살아생전 그녀는 12년 동안 백혈병을 앓았던 것이다. 그녀가 세상을 뜬 후에 밝혀진 이 사실에 사람들은 모두 경악했다.

"그렇게 많은 활동을 하던 그녀가 아픈 사람이었다니!"

그녀의 에너지는 도대체 어디서 비롯된 것이었을까? 메이어가 남긴 자서전에서 그녀는 이렇게 말하고 있다.

"내 얼굴이 못난 것이 다행이었다.

내가 못났기에 나는 열심히 기도했고 공부했다.

내가 부족했기에 언제나 그분께 지혜를 청했다.

그렇게 나의 약함은 이 나라에 도움이 되었다."

누가 주님의 백성이 된다는 말인가? 잘난 사람, 힘센 사람이 주님의 백성이 된다는 것일까? 구약의 신명기 7장 7절은 결코 그렇지 않음을 말하고 있다.

"주님께서 너희에게 마음을 주시고 너희를 선택하신 것은, 너희가 어느 민족보다 수가 많아서가 아니다. 사실 너희는 모든 민족들 가운데에서 수가 가장 적다"(신명 7,7).

이 말씀을 잘 알아들어야 한다. 이 말씀은 양적인 것을 넘어 질적인 것을 말해 주고 있다. 이런 말씀인 셈이다.

"이스라엘아! 내가 너를 뽑은 것이 너희가 힘이 강해서인 줄 아느냐? 아니다. 강자라서가 아니라 약자이기에 뽑은 거야. 잘나서 뽑은 게 아니야, 못나서 뽑은 거야. 왜냐? 그래야 너희가 나에게 의지할 수밖에 없기 때문에! 내가 전능자이니 너희가 강자일 필요가 없지. 너희는 그저 스스로 내 백성임을 고백하고 내게 의탁하면 되는 거야."

이는 오늘 우리에게도 꼭 같다. 우리 가운데서도 가장 못난 사람, 약한 사람이 그분의 백성 된 삶을 누릴 수 있는 것이다.

진짜 이 세상의 인재는 하느님의 일을 하기 어려운 것도 사실이다. IQ가 너무 높은 사람 데려다 일하려면 하느님도 그의 의도하지 않은(?) 잘난 척에 골치가 아프시다. 또 스스로 매우 강하고, 건강하면, 그 사람 데리고도 당신의 능력을 드러내기가 어렵다. 그 사람은 자기 힘만으로 충분하다 생각하고, 뭐든지 자기 마음대로 다 하려고 하기 쉬우니까.

그러기에 진짜 하느님의 능력이 드러나려면, 우리 스스로 약한 자가 되어야 하고, 스스로 모자라는 자가 되어야 한다. 그래야 우리의 하느님, 그리스도 왕께서 당신의 왕국을 우리 가운데 세우실 수가 있다. 이는 내 개인적인 신앙이기도 하다. 그래야 전능자, 전지자 하느님이 내 안에서 당신의 풍요로움을 드러내실 수가 있다!

이미 심판받았다　　주님의 재림과 마찬가지로 심판은 먼 장래에 국한된 일이 아니라 '지금 이 순간에' 진행되고 있는 일이다. 지금 행하고 있는 모든 일이 주님의 심판 아래에 있다.

그런 주님은 우리에게 이런 말씀을 남기셨다.

"하느님께서 아들을 세상에 보내신 것은, 세상을 심판하시려는 것이 아니라 세상이 아들을 통하여 구원을 받게 하시려는 것이다. 아들을 믿는 사람은 심판을 받지 않는다. 그러나 믿지 않는 자는 이미 심판을 받았다"(요한 3,17-18).

"내 말을 듣고 나를 보내신 분을 믿는 이는 영생을 얻고 심판을 받지 않는다. 그는 이미 죽음에서 생명으로 건너갔다. 〔…〕 죽은 이들이 하느님 아들의 목소리를 듣고 또 그렇게 들은 이들이 살아날 때가 온다. 지금이 바로 그때다"(요한 5,24-25).

이는 무슨 말인가. 예수님의 말씀과 하느님을 믿는 사람은 그 풍요를, 그 용서를, 그 자비를, 그 지혜를 누리지만, 그래서 이 세상마저도 신나게 살아가지만, 그것을 거부하고, 부정하고, 안 믿는 사람은 그냥 그대로, 옛날 그대로 산다. 옛날 그대로 사는 자체가 뭔가?

하느님의 부재다. 이 하느님의 부재를 사는 자체가 심판이다. 이 좋은 삶을 누리지 못하니 그 자체가 심판이라는 말이다. 그러니까 이미 우리는 심판을 받았다. 누리는 것도 심판이며, 누리지 못하는 것도 심판이다.

나는 이를 우리의 현실 속에서 본다. 가끔 방송이나 인터넷을 보면, 뭐가 그렇게 원망이 많고 원한이 많은지 분노를 화두로 삼아 메시지를 전하려는 사람들이 있다. 그들은 예수님을 받아들이지 못한 사람들이다. 사회 정의를 외치면서 욕설과 폭력이 난무하는 정의가 진짜 정의일까? 그 욕설을 통해서 또 다른 불의가 자행되지 않는가.

하느님의 용서와, 하느님의 사랑과, 하느님의 자비와, 하느님의 평화를 받아들인 사람은 이미 그것을 누리고 있다. 이를 받아들이지 않은 사람은 아직도 지옥을 살고 있다. 이것이 이미 심판받은 우리의 현실이다.

오늘 믿음_ 오는 희망

예수님은 부활하시고 제자들에게 마지막으로 나타나셔서 베타니아로 데려가셨다. 그리고 그곳에서 승천하셨다.

예수님은 승천하실 때 예고하지 않으셨다. 그러니 제자들 입장에서는 시쳇말로 속은 것이었다. 왜냐? 제자들은 도시락 싸가지고 소풍가는 걸로 알고 있었던 것이다. 스승님이 하늘로 오르시는 것은 꿈에도 생각 못했다. 그들은 단지 부활하신 예수님이 자신들과 늘 함께 계시리란 생각에 부풀어 있었다.

예수님이 돌아가신 직후, 제자들은 의기소침해 있었다. 자신들이 예수님 돌아가실 때 배반하고 도망 다닌 사실이 떠올라 겸연쩍고 부끄러웠던 것이다. 특히 세 번이나 배반한 베드로는 부활하신 예수님을 뵙고, 혹여 자신에게 말 시키실까 봐 전전긍긍했다.

하지만 부활하시어 함께 한 40일 동안 제자들은 예수님으로 인해 의욕이 되살아났다. 그래 소풍 간 그날, 예수님이 떠나시리란 걸 전혀 생각지 못하고 이렇게 물었던 것이다.

"주님, 지금이 주님께서 이스라엘에 다시 나라를 일으키실 때입니까?"(사도 1,6)

이는 제자들 안에서 아직도 인간적인 희망이 싹트고 있는 물음이었다.

"이제 주님이 드디어 왕좌에 앉으십니까? 죽었다가 살아나신 분이라면 이 세상 어떤 군대가 두렵겠습니까?"

이에 예수님은 대답하신다.

"그때는 아버지만이 아신다"(사도 1,7).

그러시곤 갑자기 예고에 없던 강복을 주시고, 홀연히 하늘로 올라가셨다. 그러니 제자들이 얼마나 황당했겠는가. 그런 시선으로 바라보고 있는데 천사들이 나타나서 꾸짖었다.

"갈릴래아 사람들아, 왜 하늘을 쳐다보며 서 있느냐?"(사도 1,11)

상실감에 빠져 있던 제자들을 향한 일침이었다.

이제 상실의 시선을 희망의 시선으로 바꿔야 한다. 똑같은 하늘을 쳐다봐도 상실의 시선이 아니라 희망의 시선으로 바라봐야 한다.

스페인 빌라오 출생의 전 예수회 총장을 지냈으며, 제2의 이냐시오라 불리는 페드로 아루페 신부는 말한다.

"나를 낙관론자로 불러 주는 것은 대단히 기쁘지만, 나의 낙관론은 유토피아의 변형이 아니다. 이것은 희망에 토대를 두고 있다. 낙관론자란 무엇인가? 나는 나름대로 아주 간단하게 답할 수 있다. 그(또는 그녀)는 하느님이 인간에게 가장 좋은 것이 무엇인지 알고, 해 줄 수 있고 또 해 줄 분이라는 확신을 가진 사람이다."[1]

낙관론자가 되어야 한다. 하느님은 지금 '나'에게 가장 좋은 게 무엇인지 아신다. 그리고 그것을 해 주실 수 있으며, 해 주실 계획을 갖고 계신다. 이것을 확신하는 것이 낙관론이다.

우리의 희망은 오는 희망이다. 하느님에게서 이 희망이 온다는 뜻이다. 이런 의미에서 희망은 하느님에게서 오는 선물이다.

그러기에 사도신경은 가장 짧고 강력한 희망교본이다.

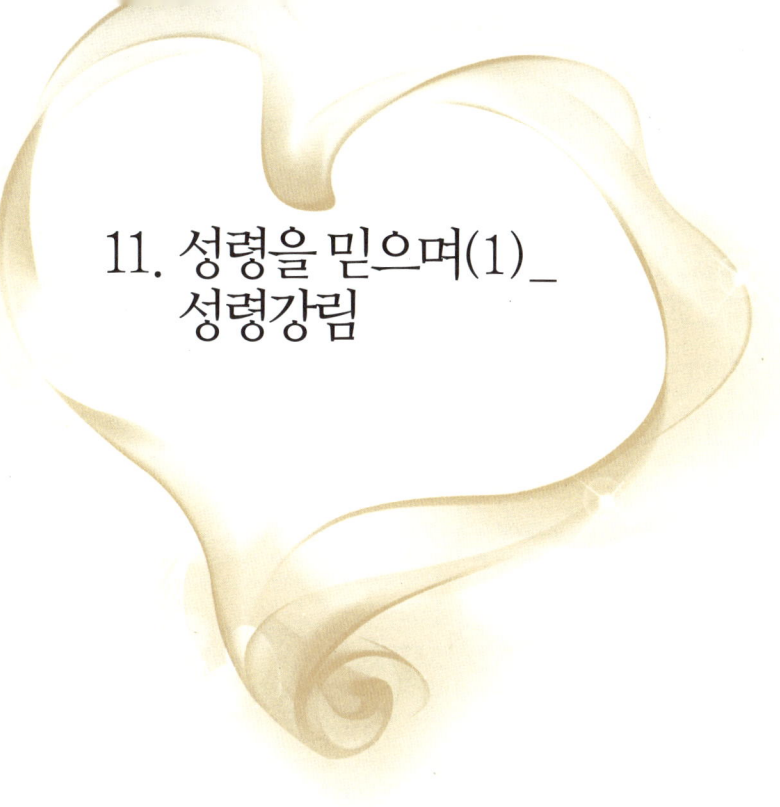

11. 성령을 믿으며(1) _ 성령강림

우리들의 이야기   제2차 바티칸 공의회를 개최한 교황 요한 23세의 일화다.

하루는 요한 23세 교황이 말했다. "답답하다. 교회의 창문을 열자."

이에 비서진이 이렇게 답했다. "저 베드로 성당 창문은 높고 고정되어 있어서 열 수 없습니다."

교황이 말했다. "그 창문 말고!"

요한 23세는 그리스도인이 변화하는 시대에 맞추어 새로운 방식으로 신앙생활을 할 수 있도록 세상에 교회를 개방하고자 하는 의지가 강하였다. 그의 말은 바로 그러한 취지에서였다.

제2차 바티칸 공의회 소집 계획을 발표한 날, 교황은 잠을 이루지 못했다. 고령에 주변 반대를 무릅쓰고 개최를 강행하니 영성이 대단하긴 했어도 중압감이 밀려왔던 것이다. 그래서 그날 밤 이렇게 혼잣말을 했다고 한다.

"왜 잠을 이루지 못하는 거냐? 교회를 이끄는 이가 교황이냐, 아니면 성령이시냐? 성령이 맞지 않느냐? 그러니 어서 자거라."[1]

교황 요한 23세는 잠이 왔을까? 틀림없이 잘 잤을 것이다. 성령께 맡겼기 때문이다.

나 역시 모든 일에 '성령'께서 중심으로 와 계시기를 청한다.

나지안주스의 그레고리우스는 이런 기록을 남겼다.

"그리스도의 포로가 되었음을 느꼈다. 쇠사슬에 포박당한 것이 아니라 성령의 강력한 사슬에 결박당하여."[2]

성령께 결박당하면 어떻게 되는가? 성령께 끌려 다니며 미친 듯이 성당에 간다. 미친 듯이 복음을 전한다.

나는 가끔 신학교 들어갈 때의 상황을 시쳇말로 이렇게 표현하곤 한다.

"성령께서 내 모가지를 끌고 가셔서, 기분 좋게 따라갔다."

이것이 성령이다.

구약성경에서는 성령이 특별한 사람에게만 임했다. 그들은 하느님의 일꾼으로 뽑힌 이들이었다. 그런데 드디어 구약과 신약의 분수령을 이루는 예언이 내려졌다.

"그런 다음에 나는 모든 사람에게 내 영을 부어 주리라. 그리하여 너희 아들딸들은 예언을 하고 노인들은 꿈을 꾸며 젊은이들은 환시를 보리라. 그날에 남종들과 여종들에게도 내 영을 부어 주리라"(요엘 3,1-2).

이 말씀은 장차 누구든지 성령을 받게 될 것이라는 약속이었다. 노인들이 꿈을 꾸고 젊은이들이 환시를 본다는 것은 바꿔 말하면 '비전'이다. 그러기에 성령은 우리에게 꿈과 희망을 주는 영이시다.

원고백의 속뜻

성령을 믿으며   사도신경의 '성령을 믿으며'에 해당하는 라틴어는 '크레도 인 스피리툼 상툼'(Credo in Spiritum Sanctum)이다.

'인'(in)이 들어간 신앙고백은 여기서 끝난다. 앞에서 언급했다시피 '인'에는 "나는 당신에게 모든 것을 건다"라는 '올인'의 의미가 들어 있다고 했다. 성부 하느님, 성자 예수님, 그리고 여기 성령까지, 이렇게 삼위일체에는 '인'이 들어간 신앙고백을 하고, 그다음 이어지는 '~교회를 믿으며', '~통공을 믿으며'에서처럼 이어지는 '~을 믿으며'에는 '크레도'(Credo)만이 나온다.

'스피리툼 상툼', 이 성령은 무엇인가.
구체적이지만 포착할 수 없고, 볼 수 없으나 강력하며, 인간이 호흡하는 공기처럼 생명에 필수적이고, 바람이나 폭풍처럼 역동적인…, 이것이 성령이다. 히브리어로 '루아흐'(ruach), 그리스어로 '프네우마'(pneuma), 그리고 라틴어로 '스피리투스'(spiritus)다. 이 세 단어 모두 성령이 지니고 있는 생동력을 표현해 준다.

'스피리투스'라는 이 단어에는 '정신'이라는 뜻도 있지만, '알코올 (음료)'과 '휘발유'라는 뜻이 있다. 정제해서 엑기스를 빼내면 알코올 음료가 되고, 또 그중의 일부는 연료가 되는 것이다.

성령은 마치 술 같다. 술처럼 성령에 취하는 것이다. 취하면 어떻게 되나? 기분이 좋다! 업(up) 된다. 성령은 또 주유소의 기름 같은 것이다. 성령으로 딱 채우면, 충전이 되고 기운이 생긴다. 그래서 우리가 성령 충만하면 없던 기운도 생기는 것이다.

살면서 만나는 여러 가지 우울증, 예를 들면 갱년기 우울증, 인간 상처로 인한 우울증, 퇴직 우울증 등에서 우리가 사는 길은 무엇인가. 바로 성령이 충만해지는 것이다. 그러면 다시 치유된다. 왜? 기운을 주시고, 생에 의욕을 주시니까.

삼위일체   그렇다면 성부, 성자, 성령. 이 세 관계는 어떻게 되는가. 지난 날, 우리 교회는 삼위일체를 '신비'라 결론지었다. 신비라는 말은, 우리가 설명으로 다 이해할 수 없고, 알아들을 수 없다는 것이다. 어차피 모르는 부분이 있다는 말이다. 삼위일체는 바로 이것을 전제로 한다.

초기 교회 300여 년간 삼위일체나 '성령 하느님'에 대한 언급 없이 성령은 하느님의 영 또는 예수님의 영 정도로 취급되었다. 그러다가 358년 소아시아 칼체돈 공의회에서 '성령'은 비로소 하느님의 한 '위격'(person), 그러니까 성부 및 성자와 구별되는 분으로 고백되기 시작하였다. 그리고 381년 니체아 콘스탄티노플 신경에서 삼위일체라는 표현이 비로소 명시적으로 등장하게 되었다.

여기서 이 '위'라는 말은 라틴어로 '페르소나'(persona), 영어로 '퍼슨'(person)에 해당한다. 그러니까 이 '위'는 사람을 세는 단위다. 보통 우리가 세는 단위는 그 대상에 따라 달라진다. '개'는 물건에, '마리'는 동물에게 해당된다. 그리고 사람을 셀 때는 '명'을 쓴다. 그런데 한국에서는 용어가 발달되어 있어서 죽은 영혼을 셀 때는 '위'를 쓴다. 사람 '인'(人) 자에 설 '입'(立)자를 쓴 '위'(位).

따라서 한자어 삼위일체(三位一體)는 서양식으로 얘기하면 **'세명일체'**, 순수 한국말로 **'세명한몸'**, 곧 "하느님이 세 명인데 한 몸이다"가 되는 것이다.

그런데 여기도 짚고 넘어가지 않을 수 없는 영성이 숨어 있다. 앞서 서양식의 세는 단위에서 '위격'이나 '인격'은 모두 '퍼슨'(person)이라 이야기했다. 이 인격 개념을 성경적으로 알아들으면, 인권 의식과 생명 존중이 생길 수밖에 없다. 곧 하느님 한 분, 두 분, 세 분, 이렇게 하느님을 세는 단위 퍼슨이 결국 우리 인간을 세는 단위와도 같다는 것은 심오한 복음이다. 얼마나 큰 영광인가. 동물을 세는 단위와 인간을 세는 단위는 달라도, 인간을 세는 단위와 하느님을 세는 단위가 같다니 말이다.

다시 상기해 보자. 우리 인간은 하느님의 모상을 가지고 태어났다. 우리 안에 하느님의 성품이 들어와 있기 때문에, 인간을 셀 때 감히 하느님을 세는 단위로 센다! 이는 위대한 사상이다. 또한 우리 앞에 있는 형제자매들을 업수이 여기면 안 되는 아주 중요한 이유가 된다. 진정한 생명 존중과 인권 의식은 이 신앙에서 나오는 것이다. 얼마나 감사한가.

그런데, 20세기 중반까지, 성령과 삼위일체 논의는 불행하게도 '사변적'으로 흘렀다. "어디에 성령이 작용하고 나는 어떻게 성령을 경험할 수 있는가?"의 문제가 아니고 "성령은 어떤 분이고 성령과 성부, 성령과 성자의 관계는 어떻게 설명할 수 있을까?" 하는 문제에 골몰하였다. 이를 소위 내재적(內在的) 삼위일체론이라 한다.

그분들 사이의 문제는 이쯤에서 접어두고 우리는 물음을 다시 물어야 한다. 좀 더 이기적이고 실용적으로 물을 필요가 있다. "대관절 이 삼위일체가 나의 삶, 나의 구원과 무슨 상관인가?" 이렇게 물으면 우리는 삼위일체 하느님이 얼마나 좋은 분이신지를 알게 된다. 이 물음에 우리는 간단하게 다음과 같이 대답할 수 있다.

먼저, 성부는 '우리 앞에 계시는 하느님'이시다. '앞에 계시다'는 얘기는 '먼저, 시간적으로 앞에'라는 의미다. 성부 하느님은 근원이시고 목표, 시작이요 마침이시다. 생명을 주시고, 생명의 근거 되시고, 생명의 마감을 정하시는 분이다.

다음으로, 성자는 '우리와 함께 우리를 위해 계시는 하느님'이시다. 성자는 강생하시어 우리와 함께 계시고, 십자가에서 돌아가시어 우리를 위해 계시는 분이다. 이 '임마누엘' 주님이 죄인의 대변자, 억압받고 소외받는 자의 변호인, 찾는 이와 묻는 이의 스승, 고통받고 절망한 자의 목소리가 되신다.

그리고, 성령은 '우리 안에 계시는 하느님'이시다. 성령은 우리 안에서 능력을 주시고 우리를 대신해서 탄식해 주시는 분이다. 그리하여 새로움, 평화, 쇄신을 가져다주시는 분이다.

성령강림　　성경은 성령의 파견에 대해 두 가지 전승을 전해 준다. 요한은 성령을 부활하신 주님의 선물로 묘사하며 루카는 성령이 교회의 창립 주역임을 강조한다.

먼저, 요한 복음서는 예수님이 부활 당일에 성령을 보내신 것으로 기술하고 있다. 예수님은 부활하시고 제자들이 숨어 있던 다락방에 나타나셨다. 그 다락방에서 "성령을 받아라"(요한 20,22) 하고 제자들에게 숨을 불어넣으셨다. 그러면서 제자들에게 용서해 줄 것을 명하셨다. 그때 바로 성령이 임했다. 이처럼 제자들에게 우선적으로 맛보기격으로 성령이 주어진 것이다.

이와는 대조적으로 루카 복음사가는 부활 후 50일째(오순절) 성령이 강림하신 것으로 보도한다. 성령강림으로 드디어 교회가 그 모습을 세상에 드러냈다. 성령강림일은 교회 창립일이다. 예수님이 생전에 메시아의 공동체를 설립하고 제자들을 교육시키고 그 조직의 뼈대를 형성해 주셨는데, 십자가 사건으로 와해되었던 공동체가 부활후 성령이 오심으로써 마침내 신앙 공동체 곧 교회가 태어났다.

사도행전은 성령이 교회의 탄생과 성장의 주역임을 기술한 성경이다. '행전'은 말 그대로 사도들의 활약상을 가리키는데, 이 성경은 성령께서 사도들을 감독하고 움직이게 하시어 그들의 말과 행동 그리고 삶을 주도해나가시는 모습을 그리고 있다.

"성령께서 너희에게 내리시면 너희는 힘을 받아 땅 끝에 이르기까지 나의 증인이 될 것이다"(사도1,8).

성령은 특히 선교하는 교회의 원동력이시다.³

무엇이 맞는 것인가? 이 두 기록은 서로 보완적이다. 제자들에게 임한 성령은 권한위임의 근거가 되셨고, 신자공동체에 임한 성령은 교회의 생명력이 되셨다고 볼 수 있다.

열린 믿음

파라클리토   예수님은 성령께 별명을 붙여주셨다. 바로 파라클리토 성령이다. 이를 라틴어로는 '파라클리투스'(paraclitus)라 하고, 그리스어로는 '파라클레토스'(parakletos)라 한다. 여기서 '파라'는 '~옆에'라는 뜻이다. '클레토스'는 '불러서 세우신 분'이다. 합쳐서 '내 옆에 서 계신 분'이 된다.

이는 구약으로 치면, 모세의 지팡이를 연상케 한다. 모세는 주님의 증표인 지팡이를 항상 들고 다녔다. 모세 때만 해도 구약의 백성이어서 여러 가지 추상적인 것을 잘 알지 못했다. 요렇게 지팡이처럼 뭔가 시각적인 것을 좋아한다. 뭔가 번개 같은 걸 동원해서 오시는 하느님을 좋아한다는 말이다. 그러니 주님께서 모세와 백성들의 눈높이에 맞춰주신 것이다. 그래 모세한테 "성령이 임했다"고 말로만 하면 확신이 덜하니까 주님께서 모세한테 큰 지팡이 하나를 주신 것이다.

"너 이거 들고 다니면서 딱 뻗치면 내 권능이 드러나리라. 이것으로 바위를 치면 어떻게 돼? 물이 터지리라"(탈출 4,1-9 참조).

우리에게도 주님은 말씀하신다. "다들 지팡이 하나씩 줄게, 지팡이."

성령은 결국 지팡이다.

이 파라클리토 성령이 신약에서는 더욱 확연히 드러난다.

작별의 때가 가까워 오자 예수님은 제자들에게 마음의 준비를 단단히 시키신다. 그러나 제자들은 슬픔에 잠긴다. 이때 예수님은 파라클리토 성령을 약속하신다.

"내가 아버지에게서 너희에게로 보낼 보호자(파라클리토), 곧 아버지에게서 나오시는 진리의 영이 오시면, 그분께서 나를 증언하실 것이다. 그리고 너희도 처음부터 나와 함께 있었으므로 나를 증언할 것이다"(요한 15,26-27).

이는 예수님 자신이 얼마 후 제자들의 곁을 떠나게 되겠지만 대신에 그들을 도울 보호자이신 성령이 그들과 함께 하실 것을 확신시켜주시기 위한 말씀이었다. 그런데 실상 제자들은 이 말씀이 무엇을 뜻하는지 알아듣지 못했다. 제자들이 "그래서 그러셨구나" 하며 무릎을 친 것은 나중에 실제로 성령의 강림을 체험하고 난 다음이었다.

파라클리토는 이처럼 대변인, 보호자, 위로자라는 뜻 외에도 '깊은 한숨', 곧 탄식의 의미도 있다. 말 그대로 성령은 '말할 수 없는 탄식'을 하며 우리를 위해 중재하신다. 로마서 8장은 이런 파라클리토 성령을 필요로 하는 인류 전체, 더 나아가 이 지구의 상태를 잘 요약해 준다. "우리는 모든 피조물이 지금까지 다 함께 탄식하며 진통을 겪고 있음을 알고 있습니다. 그러나 피조물만이 아니라 성령을 첫 선물로 받은 우리 자신도 하느님의 자녀가 되기를, 우리의 몸이 속량되기를 기다리며 속으로 탄식하고 있습니다"(로마 8,22-23).

성령은 탄식하시며 우리를 위해 대신 기도해 주시기까지 한다. "성령께서도 나약한 우리를 도와주십니다. 우리는 올바른 방식으로 기도할 줄 모르지만, 성령께서 몸소 말로 다할 수 없이 탄식하시며 우리를 대신하여 간구해 주십니다"(로마 8,26).

탄식이 뭔가. 한숨, 신음…. 내가 병석에서 끙~ 하고 내는 소리는 누구 소리인가? 성령의 소리다. 성령의 신음소리다. 그러기에 그저 벽만 바라보고 끙~ 그러면 내 작은 신음소리지만, 하늘을 바라보면 기도가 되는 것이다. 이 한숨기도, 신음기도를 잘 바치자.

예수님은 성령을 파라클리토라 소개하심으로써 성령께 대한 신뢰의 마음을 불러일으키셨다. 그분이 '나'와 함께 계신다. 그분은 내 편이다. 내게 힘을 주신다. 성령을 등에 업으면 '나'는 '나' 자신이 미덥고 자유롭다.

성령이 임할 때 그런데 이 성령이 임할 때 그것이 성령이라는 것을 느끼게 하는 표식이 있다.

첫째, 성령은 불꽃 모양의 혀처럼 임한다(사도 2,3 참조). '불타는 떨기나무'(탈출 3,2 참조), '불기둥'(탈출 13,21), '강력한 권능의 불길'(1열왕 18,37-38 참조) 등은 성령이 임하는 모습을 잘 표현해 준다.

불길처럼 오시는 성령은 정말 뜨겁고 한번 타면 꺼지지 않는다. 신앙생활을 하다가 가슴이 한 번도 뜨거워진 적이 없는 이라면 이 성령을 한번 청해 보자. 나는 청년 때부터 그 증상을 늘 느꼈다. 기도하다가 좀 있으면 뜨거워지는데 이는 사랑의 뜨거움이다. 뭐가 그냥 속에서 불타면서 좋아서 주체할 수가 없다. 딴 게 보이지 않는다. 아마도 신학교에 간 사람 치고 이렇게 홀리지 않고 가는 이가 있을까?

'불'로 표상되는 이러한 성령의 특성을 교회는 빨간색으로 상징화 했다. 그래서 성령강림 축일에 입는 붉은 제의에는 서로에게 내면의 불꽃을 상기시키려는 뜻이 담겨 있다.

둘째, 성령은 바람처럼 임한다. 어디서 와서 어디로 갈지 예측을 불허하며(요한 3,8-9 참조), 세찬 바람처럼 강력한 힘을 지닌다(사도 2,2-3 참조).

성령은 여린 바람결로 날 부드럽게 쓰다듬는가 하면, 세찬 바람으로 내게 휘몰아쳐 내 안의 모든 진부한 것들을 쓸어내기도 하신다. 혹은 나를 움직여 거스를 수 없는 힘으로 밀어붙이신다. 성령은 정말 자유롭게 오고가고 하신다. "나 지금 간다~" 하고 신고 안 하고 가시고 "나 지금 온다~" 하고 오지 않으신다. 어느새 슬그머니

오시고 어느새 슬그머니 가시고. 이런 성령은 어떤 때는 위로의 바람을 가지고 와서 우리에게 위로를 주셨다가, 어떤 때는 강풍을 몰고 와서 시련을 몰고 오기도 하신다.

바람처럼 임하는 성령은 숨 쉴 때도 느껴진다. 앞서 확인했듯, 성령을 뜻하는 히브리어 '루아흐'는 실제로 숨을 쉴 때의 숨결, 바람결이라는 의미다. 그러므로 우리가 숨을 쉴 때 공기뿐 아니라 하느님의 거룩한 치유의 영도 들이마시는 것이라고 말할 수 있다. 그 영을 통해 나는 내 안에 스미는 그분의 사랑을 마시는 것이다.

셋째, 성령은 물처럼 샘솟는다. 예수님은 자주 성령을 '물'로 표현하셨다. "'나를 믿는 사람은 성경 말씀대로 '그 속에서부터 생수의 강들이 흘러나올 것이다.' 이는 당신을 믿는 이들이 받게 될 성령을 가리켜 하신 말씀이었다"(요한 7,38-39). 산 속 깊은 곳의 옹달샘 물을 마셔본 사람은 성령이 어떻게 임하는지 짐작할 수 있다. 성령은 근원을 알 수 없는 곳에서 솟아올라 온다. 샘솟는 생수처럼, 산속 옹달샘처럼, 사막 오아시스처럼. 이는 그냥 생명의 물이 아니다. 우리 안에서 기쁨이, 생의 의욕이, 평화가 솟구치는 물이다. 갑자기 솟구치는 이 성령을 이따금 우리도 체험한다. 언제? 일례로, 집에서 설거지하는데 뜬금없이 성가가 튀어 나올 때 그것이 성령이다. 내 안에 생동하는 성령이 신이 나서 성가를 부르는 것이다. 마치 샘솟는 물처럼.

넷째, 성령은 비둘기처럼 임한다. 세례자 요한이 예수님께 비둘기처럼 임하는 성령을 보았다. "나는 성령께서 비둘기처럼 하늘에서 내려오시어 저분 위에 머무르시는 것을 보았다"(요한 1,32). 평화와 온유, 순결을 상징하는 비둘기처럼 성령은 부드럽고 온화하게 임한다. 설령 불 같은 성령이 임할 때도 성령은 동시에 비둘기와 같이 온화하기에 요란스럽지 않다. 그래서 비둘기처럼 성령이 임하면 사람이 온유해진다. 이 성령이 악령인지 진짜 성령인지 구분하는 방법은 간단하다. 성령 기도모임에 많은 이들이 기도하러 오고 은사도 발휘하고 하는데 가끔가다 보면 은사 싸움을 한다. 누구 것이 더 센지 말이다. 그런데 그때 누구 은사가 진짜 은사냐 하면, 온유한 영이 진짜고 우악스러운 영은 가짜다.

제자들을 변화시킨 성령 구약의 예언 말씀과 예수님의 약속은 오순절 성령강림을 통해 현실로 나타났다. 이후 성령은 언제나 국면을 극적으로 전환 또는 반전시켜주었다. 이 '성령'이 예수님의 십자가 길에서 뿔뿔이 도망쳤던 겁쟁이 제자들을 당당한 '선포자'로 변화시켰다(사도 2,1-11 참조). 이 '성령'이 죽음이 두려워 문을 꽁꽁 걸어 잠그고 다락방에 숨어 있던 제자들을 '증거자'로 변화시켜 마침내 하나같이 그리스도를 뒤따라 담대하게 '순교'하게 하였다.

한마디로 성령은 예수님이 하신 일을 제자들이 이어서 할 수 있는 능력을 주셨다. 바로 이 성령으로 인해서 두려움 때문에 아무것도 할 수 없었던 제자들이 송두리째 바뀌어 예수님이 행하신 일을 이어서 행할 수 있게 되었다.

베드로와 바오로는 어떠했나. 성령의 능력으로 절름발이를 낫게 했고(사도 3,1-10; 14,8-10 참조), 죽은 이를 살려냈고(사도 9,36-41; 20,7-12 참조), 악령을 몰아냈고(사도 16,16-18 참조), 열정적으로 설교했다(사도 2,14-36; 17,22-31 참조).

이처럼 성령의 능력으로 새로워진 그들은 힘차게 복음을 전하고 예수님의 이름으로 세례를 베풀었을 뿐 아니라(사도 2,41 참조), 사람들이 하느님의 성령을 받도록 이끌어주기도 했다(사도 8,16 참조).

성령께서 이루신 중요한 역할 가운데 하나가 그리스도인 공동체를 하나로 묶는 것이었다. 성령으로 인해 공동체는 '한 마음 한 뜻(영)'이 될 수 있었다(사도 4,32 참조). 성령은 모든 장벽을 허물어뜨렸다. 소유와 인종과 성별이 성령의 역사로 인하여 의미를 잃게 되었다(갈라 3,28 참조).

이렇게 성령이 만민 위에 내려옴으로 인해서 지난날 '이스라엘의 아버지'(이사 64,7 참조)에 지나지 않았던 하느님은 마침내 '만물의 아버지'(에페 4,6)가 되셨다.

오늘 믿음_ 성령에 사로잡히면

우리는 세례성사 때 성령을 받는다. 그리고 견진성사 때 굳히기를 한다. 받은 성령을 내 것으로 다지는 것이다. 이 견진성사는 성인식이라고 보면 된다.

이러한 성령은 우리 안에서 활동한다. 사도 바오로는 이렇게 말했다.

"성령의 불을 끄지 마십시오"(1테살 5,19).

간혹 신앙생활하다가 계속 타고 있는 성령의 불을 끌 때가 있다. 신앙을 머리로만 이성적으로만 생각하다 보니까 가슴으로 하는 신앙을 우습게 아는 것이다.

유다인은 '마음'을 다하고 '목숨'을 다하고 '힘'을 다하는 신앙을 대물림하며 향유했다. 그러기에 그들에게 신앙은 지성과 감성과 의지를 총동원한 전인적인 것이었다. 이는 우리에게도 필요한 태도다. 우리에게 주류를 이뤘던 '이성' 신앙 곧 '머리' 신앙이 '감성' 신앙 곧 '가슴' 신앙으로 보완될 필요가 있다는 말이다. 지금 이 시대는 감성이 발달된 이들이 시대의 주류를 이룬다. 성령은 이 감성 즉, 상상력과 창의력의 샘이다. 성령이 충만하면 영감이 계속 온다. 이는 성경의 증언이며 내 체험이기도 하다.

한 인터뷰에서 나는 이런 질문을 받았다.

"어떤 소설가는 소설을 쓸 때, 한편으론 괴롭지만 한편으론 설레고 즐겁다고 합니다. 자신이 쓰는 소설의 주인공들이 빨리 자기 얘기를 해 달라고 아우성치기 때문이랍니다. 신부님은 글을 쓰실 때, 어떤 심정으로 쓰십니까?"

나는 이렇게 말했다.

"나는 글을 쓸 때, 뭔가 흐르는 느낌이 듭니다. 흐름이 강하게 오면 쓰고, 흐름이 멈추면 안 씁니다."

성령이 내 안에서 불타고 있으면서 영감을 주시기 때문에 글이 흐르는 것이다. 이 흐르는 글은 성령의 충동과 감동이 있기에 엄청난 다이내믹이 있다. 역동적이다. 폭포가 됐다가 강이 됐다가 시냇가가 됐다가 변화무쌍하다. 고요하게만 흐르는 게 아니라, 어떤 때는 거칠고 거세게 흐르고, 어떤 때는 부드럽게 흐른다.

이냐시오 드 라타꾸이 대주교는 이 성령의 역할을 다음과 같이 노래하였다.
"성령이 아니 계시면 하느님은 멀리 계시고,
그리스도는 과거의 인물에 불과하고,
복음은 죽은 문자에 불과하고,
교회는 한낱 조직에 불과하고 …
전례는 한낱 과거의 회상일 뿐이고
그리스도교인의 행위는 노예들의 윤리에 불과하다."
그의 영감어린 선언처럼, 성령이 중재하시기에 우리는 하느님과 그리스도를 더 잘 느끼고, 성령이 감도하시기에 복음을 생생하게 알아듣고, 전례를 역동적으로 체험하며, 신바람이 나서 자발적으로 그리스도인의 삶을 살 수 있는 것이다.

12. 성령을 믿으며(2)_ 은사계발

우리들의 이야기   지난 2012년 2월 23일, 우리는 대한민국을 빛낸 큰 인물 한 사람을 떠나보냈다. 바로 시각장애인 최초 미국 박사학위, 미국 백악관 종교·사회·봉사 부문 자문위원과 국가장애위원회 정책차관보, 루스벨트 재단 선정 127인의 공로자…. 봉사와 나눔으로 사회적 삶을 살아오며 많은 사람들에게 희망을 심어줬던 강영우 박사다.

『무지개 원리』 속에 강 박사님 이야기를 실은 계기로 그와 나는 인연을 맺었다. 강 박사는 "참 괜찮은 책에 박사님 이야기가 실려 있다"는 지인의 권고로 이 책을 읽고 나를 만나기를 희망했고, 그가 강의 차 한국에 들렀을 때 우리의 한 차례 만남 이후, 한국에 올 때마다 안부 전화를 주셨다. 심지어는 미국에서도 전화를 주셨다. 몇 차례 더 식사 자리에도 초대하고, 미국에도 초대하고 함께 개신교와 가톨릭 연합 강연회도 기획했지만, 이제 그것은 추억으로만 남았다.

내가 강 박사를 그리고 강 박사가 나를 좋아했던 이유는 '꿈'과 '희망'에 대한 똑같은 신념 때문이었다. 우리는 그것을 주님께서 주신 거룩한 사명으로 공감하였다.

그의 마지막 고백이라 할 수 있는 편지에서 그가 지닌 위대한 신앙을 엿본다.

"두 눈도, 부모도, 누나도 잃은 고아가 지금 이 자리에 서 있을 수 있는 것은 하느님의 인도하심 덕분입니다. 실명으로 인하여 당시 중학생이라면 꿈도 못 꿨을 예쁜 누나의 팔짱을 끼고 걸을 수 있었고, 실명으로 인하여 열심히 공부해서 하느님의 도구로 살아보겠다는 생각도 하게 됐습니다. 실명으로 인하여 책도 쓸 수 있었고, 세상 방방곡곡을 다니며 세계 정상 22분을 만나고 수많은 아름다운 인연도 만들었습니다. 받은 게 너무 많아 봉사를 결심할 수 있었고, 이를 통해 많은 사람들에게 감동을 전하는 강연도 하게 되었습니다. 큰아들은 저렇게 세계적으로 존경받고 사랑받는 안과의사가 됐고 둘째 아들은 대통령 법률 고문으로 일할 수 있게 됐죠. 그러니까 실명은 하느님의 큰 축복의 도구였습니다."[1]

어떤가. 성령은 강 박사를 통해서도 은사 발휘를 하도록 도와주셨음을 느낄 수 있다. 그는 우리에게 환경을 탓하고, 무능력을 원망하지 말 것을 가르쳐 주는 은사계발의 멘토다.

원고백의 속뜻

카리스마　　성령을 믿는 것 곧 '크레도 인 스피리툼 상툼'(Credo in Spiritum Sanctum)은 성령의 은사를 믿고 발휘하는 것을 포함한다.

　성령의 은사를 '카리스마'(charisma)라고 한다. 복수형은 '카리스마타'(charismata)다. 이는 하느님께서 거저 주신 선물이다.
　보통 세속적으로 쓰는 '카리스마'라는 단어가 여기서 왔다. 딴 말이 아니다. "그 사람 참 카리스마가 있네!" 카리스마가 있다? 어떤 느낌이 드는가? 뭔가 범상치 않은, 땅에서 생긴 것이 아닌 것 같고, 천부적으로 위에서 뭔가 부어주신 것 같은 아우라. 그걸 카리스마라 칭한다.
　사도 바오로는 이 카리스마가 모두에게 부어졌음을 강조한다.
　"하느님께서 각 사람에게 공동선을 위하여 성령을 드러내 보여 주십니다. 〔…〕 이 모든 것을 한 분이신 같은 성령께서 일으키십니다. 그분께서는 당신이 원하시는 대로 각자에게 그것들을 따로따로 나누어 주십니다"(1코린 12,7.11).
　성령은 믿는 이들 각자에게 다양한 은사를 주셨다. 신자들은 그 은사에 근거하여 다양한 임무와 직책을 위임 받았다.

그렇다면, 각자 자신이 받은 카리스마를 확인하고 발굴하는 것이 중요하다. 이것이 이 장의 취지다.

성령의 아홉 가지 은사   전통적으로 이사야서 11장 2-3절에 나오는 슬기, 통달, 의견, 지식, 굳셈, 효경, 두려워함을 '성령 칠은'이라 하지만, 이들은 실제로 내용에 있어서 코린토 1서에 제시된 아홉 가지 은사와 크게 다를 바 없다. 이를 테면 '버전 업!' 나아가 '업데이트!'인 셈이다.

코린토 1서는 공동체의 건설에 유익을 끼치는 아홉 가지 성령의 은사를 열거한다. 이 은사들을 우리는 선교 은사, 표적 은사 그리고 계시 은사로 나눌 수 있다. 하나씩 점검하면서 자신의 은사를 성찰해 보자.

먼저, 선교의 은사가 있다.
지혜의 말씀의 은사: 이 은사는 상황 속에서 하느님 뜻을 잘 알아듣게 한다. 특히 위기 때 최선의 판단을 하게 한다. 솔로몬의 재판(1열왕 3,16-28 참조), 세금 문제에 관한 예수님의 답변(마태 22,21 참조) 등에서처럼 개인 혹은 단체의 어려움이나 문제점에 대해서 실천적인 해결점을 제시해 주는 은사다.

한마디로 지혜의 말씀의 은사는 그때그때 우선순위를 아는 은사다. 이 세상에서 우선순위만 알아도 끝난다. 회사에서도 능력자가 되고, 집에서도 가정이 화목하고, 하느님과도 돈독해진다. 그러기에 여러 가지 판단, 또는 정보를 종합적으로 모아서 그때그때 위기를 극복하게 하는 것이 바로 이 은사다.

케네디 대통령 취임식 때, 프랑스의 드골 대통령은 다음과 같은 축하인사를 건넸다고 한다.

"당신은 세계에서 가장 큰 권세를 쥐고 있소. 당신 손에 있는 권세로 세계의 역사와 운명이 좌우될 것이오. 당신은 노련한 전문가인 수많은 보좌관을 데리고 있소. 만일 문제가 생기면 그 많은 보좌관이 제각기 자기의 전문적인 지식을 당신에게 말할 것이고, 당신은 이 사람 저 사람의 말에 다 귀를 기울이면 쉽게 결정을 내릴 수 없게 될 것이오. 당신은 당신을 보좌하고 있는 사람들의 말을 모두 다 경청해야 하오. 그러나 판단을 내려야 할 때에는 아무도 없는 곳에서 혼자 하느님 앞에 묵상하고 가슴 속에서 울려나오는 음성을 들으시오."

멋진 조언 아닌가? 이것이 지혜다. 그러니 우리도 지혜를 구하자. 우리 자녀들에게 지혜를 달라고 청하자.

지식의 말씀의 은사: 이 은사는 신앙의 진리를 가르치거나 설명할 때 영감을 받아 명확하고 설득력 있게 말하게 한다(사도 2-3장 참조). 듣는 이의 수준을 고려하여 설득력 있는 말씀을 전하게 하고, 성경을 잘 알아듣게 하고 진리를 깨닫게 한다.

한마디로 정보처리능력을 말한다. 그런데 요 신앙정보처리를 잘하다 보면 학교에서도, 사회에서도 똑똑한 지식인이 된다. 이는 IQ와도 무관하다. 선물이니까. 간혹 가다 신앙학교 다니는 어르신 중에 이런 생각이 드는 이가 있을지 모른다. "내가 옛날에 이렇게 공부했으면 서울대학교도 갔겠는데 말야, 진작 좀 깨달아야 했는데…."

성경 읽을 때도 이 은사를 가진 이들은 쏙쏙 이해가 된다. "왜 나는 성경만 읽으면 졸릴까?" 하는 이가 있다면 성호 다시 긋고 이 은사를 청해 보자.

다음으로, 표적(表蹟)의 은사가 있다.

믿음의 은사: 이 은사는 어떤 일이나 기도가 꼭 이루어질 것이라는 내적 확신(탈출 14,21-22 참조)을 말한다. 특히 전혀 희망이 없을 때 그 가치와 능력을 드러낸다. 우리가 확신을 갖고 기도와 행동을 하도록 해 주며 중재기도, 치유기도, 기적 등의 밑거름이 되게 해 준다.

믿음은 한마디로 '절대적인 신뢰'다. 그러기에 이 은사는 '쥐뿔도 없는 것이 큰소리치는 은사'다. 사람이 뭔가 가지고 있을 때는 큰소리를 치기 마련이다. 은행 통장에 잔고 좀 있을 때, 자기가 잘 아는 분야일 때 등등. 그런데 그건 믿음이 아니다. 왜냐, 있는 거 가지고 큰소리치는 거니까. 진짜 믿음은 쥐뿔도 없는데 큰소리를 치는 것이다. 그걸 내 안에서 이루시는 분을 믿기에.

그러므로 앞서 얘기했듯이, 믿음이 있는 사람은 뻥을 칠 줄 알아야 된다. 물론 책임감 없이 뻥치는 사람은 진짜 뻥쟁이다. 그런데 책임감이 강하면서 뻥을 치는 사람은 반드시 이룬다. 집에서도, 직장에서도, 사람들 사이에서도, 뭐든지 어떤 일이 생기면 "할 수 있다" 하고 뻥을 치자. 그런 다음 뻥친 것을 꼭 책임지려고 노력하자. 반드시 된다!

치유의 은사: 이 은사는 이웃의 질병이나 심리적·영성적인 문제를

치유하는 능력, 인간에게 영향을 미치는 마귀를 쫓아낼 수 있는 능력(사도 3,6-7; 9,34 참조)을 말한다. 영적 문제를 치유하는 고해성사와 영적 치유기도, 마음의 상처나 기억의 상처를 치유하는 상담과 내적 치유기도, 그리고 병을 치유하는 외적 치유기도, 또한 마귀를 쫓아내는 구마기도를 통해 이 은사를 발휘할 수 있다.

믿음이 있으면 이 은사가 따라오기 마련이다. 그래서 나는 수업 때 신학생들에게도, "나중에 본당 신부 되어서, 신자가 정말로 급한 일로 안수를 청하러 올 때 꼭 해 드려라" 하고 얘기해 준다. 갓 신부가 되면 아직 확신이 잘 안 설 수 있다. "난 치유의 은사가 없는데. 해 본 적이 없는데…" 하고 말이다. 그래서 나는 "사제품을 받을 때 하느님으로부터 받은 이 신품성사의 능력 안에 다 들어가 있으니까 그거 믿고 무조건 해 줘라!"라고 말한다. 그러면 좋은 일이 실제로 많이 일어난다.

기적의 은사: 이 은사는 하느님의 영광과 인간의 유익을 위해 하느님의 뜻에 따라 기적을 행하게 한다. 사실 앞에 언급한 좋은 것들이 다 기적이다. 이에 더하여 정신의 '완전한 변화' 같은 윤리적 기적 등이 있다.

그런데 기적은 정말 가끔 일어나는가? 가끔이 아니라 삶의 매 순간이다! 이는 그냥 가져다 붙인 말이 아니다. 실제 매일 놀라운 일이 일어난다. 이것이 기적인지 아닌지를 식별하는 기준 중 하나는 '타이밍'이다. 하느님은 타이밍을 절묘하게 맞춰주신다. "하필이면 그때!" 이것이 일종의 기적의 표징이다.

역설적인 말이지만, 기적 중의 기적이 기적을 믿지 못하는 '미지

근한 신앙'이다. 가만히 들여다 보면 매일, 매 순간이 기적의 잔치인데 그것들을 같이 보면서도 신앙이 줄기차게 '무덤덤'하다면 그야말로 기적(?) 아닐까. 그런 분들에게 경탄의 말을 건네 드린다. "어쩜 그렇게, 초지일관, 흔들림 없이, 무감각할 수 있나요? 보통 기적이 아닙니다. 대단하십니다." 놀리기 위한 말이 아니다. 내게는 그 무덤덤함이 정말로 기적 중의 기적으로만 보인다.

끝으로, 계시의 은사가 있다.

예언의 은사: 이 은사는 '말씀의 은사'라고도 하며, 하느님이 어떤 개인이나 단체 또는 공동체에 전하려는 말씀을 받아 전할 수 있는 능력을 일컫는다. 예언은 사람들을 영성적으로 깨우쳐주고 잘못을 회개하게 하고 방향과 지침을 제공한다.

그런데 이 은사는 하느님이 필요한 사람에게 골라서 주신다. 청한다고 꼭 다 주지는 않으신다. 이유가 있다. 남발하면 곤란한 것이다. 그래 이 은사를 죽었다 깨어나도 못 받는 사람이 있다. 바로 입 싼 사람이다. 아무리 구해도 그런 이에게 주님은 "너는 아니다" 하신다. 그러기에 이 은사를 가진 사람은 개인의 프라이버시를 존중하고 입도 무거워야 한다. 말해야 할 때만 말하고, 침묵이 필요할 때 입을 봉해야 하는 것이다.

식별의 은사: 이 은사는 생각, 활동, 사건, 은사의 원인과 근원이 성령의 힘인지 아니면 다른 무엇의 힘인지를 구분하는 능력을 말한다. 영의 식별은 개인의 뜻을 하느님의 뜻에 일치하게 해 주고 평화를 지켜주며, 영적 생활의 균형을 유지하게 한다.

이 식별의 영은 누구에게든지 주시니 청하자. 식별하기 시작하면 이것이 성령의 역사인지 악령의 역사인지 알 수 있다.

이상한 언어와 해석의 은사: 이 은사는 영적인 깨달음을 이상한 언어로 말하는 은사와 이상한 언어를 듣고 자국어로 해석해 주는 은사를 말한다. 이상한 언어의 은사는 하느님 말씀에 대한 기대감을 심어주며 다른 은사들을 유발한다. 또한 믿지 않는 이에게 하느님의 능력을 보여주는 표지가 된다.

이 은사가 주어지는 이유는 우리가 이 세상에서 살지만 천상적인 실재가 있다는 것을 보여주시기 위함이다. 이상한 언어는 천상의 언어다. 이 언어들로 소통하면 답답한 듯하여도 하느님과의 소통이 더 잘 된다. 그러기에 강력한 기도의 언어가 되기도 한다.

쭈~욱 짚어 봤다. 지식으로가 아니라 체험으로 받아들이게 하기 위함이었다.

중요한 것은 이 성령의 은사들이 모두 개인보다는 '공동체의 유익'을 위해 주어진다는 사실이다(1코린 12,7 참조).

성령의 아홉 가지 열매 성령의 은사뿐 아니라 성령의 열매에 대해 말하기도 한다(갈라 5,22 참조). 성령의 은사와 성령의 열매는 조금 다르다. 성령의 은사는 공동체에 봉사하도록 하느님에 의하여 무조건적으로 주어진 것임에 비해 성령의 열매는 그리스도인의 생활에서 성령의 도움과 자신의 노력이 합작으로 이루어내는 덕행을 말한다. 그러기에 성령의 열매는 나의 노력도 들어가야 된다는 얘기다.

이 아홉 가지 열매는 하느님과의 관계 속에서(사랑, 기쁨, 평화), 이웃과의 관계 속에서(인내, 친절, 선행), 자신 안에서(진실, 온유, 절제) 맺어진다.

먼저, 하느님을 향한 대신적(對神的) 열매다.

사랑: 사랑이 없으면 모든 영적 은사와 희생적 봉사가 의미를 잃게 된다(1코린 13,1-3 참조). 여기서 말하는 사랑은 모든 조건을 초월한 하느님의 사랑, 즉 아가페적인 사랑으로 원수까지도 사랑할 수 있는 힘을 말한다. 이 사랑의 열매는 가만히 있는다고 맺어지지 않는다. 하느님의 도우심과 나 자신의 노력이 합하여 맺어진다. 하늘 사랑과 땅 사랑을 총동원해서 맺는 것이다. 하느님께서 부어 주시면 원래 내 안에 없었어도 희한하게 생긴다. 성격이 못된 사람도 성령을 받으면 성격이 좋아질 수 있다. 바로 사랑의 열매 때문이다.

기쁨: 주님의 현존을 체험하면서 느끼는 샘솟는 기쁨을 말한다. 사도 바오로는 성령에 의한 기쁨은 외적 환경의 변화에 좌우되는 세속적이고 일시적인 기쁨이 아니라 시련과 역경에도 불구하고 기뻐할 수 있는, 외적 조건을 초월한 내면적인 기쁨임을 말한다. "주님 안에서 늘 기뻐하십시오. 거듭 말합니다. 기뻐하십시오"(필리 4,4).

하염없이 기쁘고 신나는, 막 샘솟는 그런 기쁨. 근거 없는 기쁨. 주변 환경하곤 전혀 상관없는 기쁨. 어떤 이는 이 기쁨의 열매로 인하여 표정까지 바뀐다.

평화: 히브리인의 인사말인 '샬롬'이란 하느님이 주시는 평화다. 이 평화를 우리는 하느님과의 친밀한 관계 안에서 누린다.

이 평화의 열매는, 문제가 많은 중에도 평화롭다. 냉장고가 비었어도, 퇴직의 기로에 서 있어도, 시험 결과를 초조하게 기다려야 할 때도 평화롭다. 이런 평화를 누려야 진짜 평화다.

다음으로, 다른 사람을 향한 대인적(對人的) 열매다.

인내: 비록 일이 지연되는 경우라도 실망하거나 짜증내지 않고 하느님이 마련해 주시는 때를 기다릴 줄 아는 힘을 말한다. 인내할 때에 우리는 하느님의 오묘한 섭리를 볼 수 있는 눈이 뜨이고, 마음의 여유가 생기며 일을 지혜롭게 처리할 수 있게 된다.

나의 인내의 대상은 하느님이 아닌 사람이다. 그래서 이 인내를 '대인적' 열매로 범주화 하는 것이다. 물론, 하느님의 응답을 기다리며 견디는 '인내'도 있다. 하지만 성령의 열매로서 인내는 이 차원보다는 대인적 차원을 가리킨다고 볼 수 있다.

친절: '인자', '자비', '호의'라는 의미로도 사용되는 이 말은 이웃을 따뜻하고 우호적으로 대하는 것을 뜻한다. 성경에서의 친절은 상대방으로부터 받은 언짢음에 보복하지 않고 용서하며 자비를 베푸는 것이다. 친절은 인내의 보조 덕목이다. 인내의 열매를 맺을 때 외적으로 친절할 수 있으며, 인내하지 못하면 지속적으로 친절하기가 어렵다.

나도 옛날에는 사실 말투가 좀 무뚝뚝했다. 그런데 성경을 읽고 나서 반성했다. "성령의 열매가 친절이라는데 그래도 내가 하느님하고 합작으로 어떤 마음을 하나 좀 가져보자" 하고 길러온 것이 친절이다.

선행: 다른 사람을 위해 선을 베푸는 것으로 주님께서 주신 재산,

시간, 재능을 관대하게 다른 이를 위해 사용하는 것을 말한다. 그러나 선행을 우리의 인간적인 노력만으로 성취하려고 한다면 결코 성공할 수 없다. 성령의 끊임없는 감동과 충만한 은총이 계속될 때만 '선행'의 열매를 신앙 안에서 맺을 수 있게 된다.

이 대목을 읽고 "나는 이 성령의 열매만은 피해야겠군. 그러다 우리집 기둥뿌리 다 뽑힐라" 하고 생각하는 이가 있다면, 그래도 얘기해 주고 싶다. 받는 게 안 받는 것보다 낫다.

그리고, 자신을 향한 대아적(對我的) 열매다.

진실: 거짓이 없어 믿을 수 있고(믿음성), 착수한 일을 끝까지 완수하는 충실성을 의미한다. 이는 언제나 자신과의 약속을 지키고, 자신의 임무를 완수하는 사람에게 주어지는 신뢰감이다.

진실은 누구보다 자신이 잘 안다. 자신이 하느님께 충실했는지, 가족에게 충실했는지, 사람에게 충실했는지. 나 역시도 반성한다. 글로만, 강의로만 좋은 말하고 뒤에 가서 혹시 책임지지 못하는 일이 생기지 않나 하고. "스스로 실격자가 되지 마라"(1코린 9,27 참조)고 사도 바오로가 늘 권면했다. 내가 책이나 강의에서 늘 강조하는 핵심정신은 꿈이고 행복이다. 그러기에 "나는 꿈을 이룰 의무가 있고 행복할 의무가 있다"고 선언하고 다닌다. 그렇다. 나에게 행복은 의무다. 행복이 의무인 사람은 얼마나 행복한가? 아침부터 "나는 또 오늘 행복할 의무가 있다"고 말할 수 있는 것, 그것은 영성이고 특권이다.

온유: 이는 그리스도와 그 제자들이 가진 특징이다. 온유는 자제된 힘이며, 약자와 자신에게 해를 입힌 사람에게도 부드럽게 대할

수 있는 힘이다. 가난과 겸손함이 포함되어 있는 온유는 지혜의 표징으로서 하느님께 순종하고 이웃에게 화를 내지 않도록 도와주어 이웃의 분노를 가라앉힌다.

이 온유한 사람이 결국에는 순명하게 된다. 예전에 나는 『행복선언』에서 참된 행복 여덟 가지를 얘기할 때, 가장 좋아하는 것으로 온유를 꼽았다. 예수님은 뭐라고 말씀하셨나? "행복하여라, 온유한 사람들! 그들은 땅을 차지할 것이다"(마태 5,5).

절제: 자신의 생각, 말, 감정, 욕망, 육욕을 극복하는 힘과 능력을 의미한다. 자기 자신을 늘 견제할 수 있으며 극단적인 행동을 피하고 조절된 상태를 유지해 나가는 힘이다. 우리는 이 절제로써 죄로 유인하는 잘못된 집착에서 벗어날 수 있다. 성령은 우리를 죄에서 자유롭게 하셨지만 우리가 무제한으로 그 자유를 남용하도록 방임하지는 않으셨다.

한마디로 절제는 아무리 좋아도 그때그때 딱 멈출 줄 아는 것이다. 때론 기도도 절제해야 한다. 기도의 이름으로 밥 안하면, 그것 때문에 집에서 부부싸움도 일어난다. 남편이 회사에 갔다 왔는데 아내가 집에 없다. 배는 고픈데 밥뚜껑을 열어봤더니 밥도 안 해놨다. 여덟시 반이 되자 아내가 들어온다. 어디 갔다 왔냐 물으니 저녁미사 갔었다고 한다. 저녁 미사는 분명 일곱 시 반이면 끝나는데 그동안 뭐했냐 했더니, 성체조배했다 한다. 이런 시나리오면 큰일 나는 것이다.

열린 믿음

전신자 은사계발   요한 23세가 교황에 오른 지 얼마 되지 않았을 때다. 브루노라는 소년이 장차 자신이 무엇이 되면 좋을지 묻는 편지를 보내왔다.

"친애하는 교황님, 저는 결정을 내리지 못하고 있어요. 저는 경찰이나 교황이 되고 싶은데, 교황님은 어떻게 생각하세요?"

교황은 이런 답장을 보냈다.

"귀여운 브루노, 나의 의견을 듣고 싶어 한다니 몇 마디 적어 보내마. 우선 경찰은 즉석에서 바로 될 수 있는 일이 아니니 어떻게 해야 하는지 배우도록 해라. 그리고 교황은 누구나 될 수 있단다. 내가 교황이 된 것을 보면 알 수 있는 일이야. 혹시 로마에 올 일이 있거든 나를 만나러 오렴. 이 모든 문제에 대해 너와 이야기를 나눈다면 몹시 기쁘겠구나."[2]

요한 23세의 조언이 통쾌한 것은 그가 '경찰'에 대한 존경심을 가졌다는 데 있다. '경찰'직도 그가 보기에 '교황'직 못지않게 하늘이 내려준 천직으로 보였던 것이다.

"그분께서는 당신이 원하시는 대로 각자에게 그것들을 따로따로 나누어 주십니다"(1코린 12,11).

하느님이 나에게 은사를 주실 때는, 순리적으로 주신다. 하느님은 당신이 하시는 일 가운데 거슬러서 하시는 법이 없다. 왜냐하면 이미 순리가 하느님의 법칙이니까. 당신은 당신 법칙을 써먹으시지 당신 스스로 거스르지 않으신다.

그러기에 하느님께서 은사를 주실 때 소질, 성품, 경력 등을 면밀히 보시면서 적절하게 예술적으로 주신다. 심지어 고통스런 경험까지도 은사의 계기로 삼으신다. 고통의 체험을 위로의 은사로 승화시켜 활용하시는 경우는 비일비재하다.

누구든지 자기 은사가 있다. 혹여 "나는 받은 은사가 없다"고 하는 사람은 고해성사를 볼 일이다. 거짓말한 죄, 은사발휘 안한 죄, 그 귀한 은사에다가 곰팡이 피게 한 죄를 지었기 때문이니.

소망하라   성 아우구스티노는 말한다.

"혀가 침묵해도 소망은 늘 기도합니다. 항상 바란다면 항상 기도하는 셈입니다. 자면서도 기도할 수 있을까요? 그렇습니다. 소망이 차갑게 식지만 않았다면…"[3]

핵심은 이것이다. 누가 성령을 많이 받는가? 소망을 많이 하는 이다. 하느님은 자유의지를 존중해 주시기 때문에, 원하는 사람에게는 "그래, 그래" 하고 성령을 주신다. "난 필요가 없어요" 하며 원치 않는 사람에게는 "그래, 그래" 하고 성령을 주지 않으신다.

나는 이 성령을 대학생 때 처음 만났다. 아무것도 모를 때였는데, 성당에서 성령세미나 한다기에 동네 청년들 따라서 갔다. 그때 봉사자가 그룹 나눔할 때 이렇게 말했다.

"조금 있다가 안수 받을 거예요. 여기 여러 은사 중에서 하나를 고르세요. 욕심 많이 부리지 말고 하나만 골라서 안수 받을 때, 그걸 집중적으로 주님께 청하세요. 그리고 그 은사 언제 받을지 기다리지 말고, 안수 받고 나서 바로 받은 걸로 알고 써먹으세요."

참고로, 성령은 안수를 통해 새롭게 받는 게 아니다. 성령을 발휘하도록 도와주는 것이 안수다. 아무튼 그때 학생인 나한테 어울리는 은사가 뭘까 고민하다가 지혜의 은사와 지식의 은사를 청했다.

"딴 거는 주지 마세요. 전 이제 공부만 열심히 할 테니까 지혜하고 지식만 주세요."

세미나 이후, 나는 바로 교리교사가 됐다. 그리고 달라졌다. 이해하는 것도 가르치는 것도. 그때 내 교리를 듣고 수도자 되기로 결심한 학생이 수두룩하다.

이후 나는 믿음의 은사를 청했고, "청한 것은 이미 받았다고 믿어라"는 말씀대로 믿었다. 그때부터 나는 하나둘씩 은사계발을 시작했고, 아홉 가지 은사를 다 받았다고 철석같이 믿고 있다. 그래서 필요할 때마다 써먹는다. 성령은 나에게 고갈되지 않는 능력의 원천이다.

성령은 지치지 않게 해 주는 영이기에 이사야 예언자는 말한다.

"주님께 바라는 이들은 새 힘을 얻고 독수리처럼 날개 치며 올라간다. 그들은 뛰어도 지칠 줄 모르고 걸어도 피곤한 줄 모른다"(이사 40,31).

이처럼 성령은 우리 안에서 약동하는 기운이다.

하모니 교회를 이루자

한때 아인슈타인은 조국 이스라엘로부터 대통령직을 제의받았다. "국회는 만장일치로 당신을 이스라엘 초대 대통령으로 추대했습니다. 조국을 위해 봉사해 주십시오."

그러나 아인슈타인은 이 제안을 정중하게 거절하며 이렇게 말했다고 한다.

"대통령을 하겠다는 사람은 많습니다. 그러나 물리학을 가르칠 사람은 그리 많지 않아요."

얼마나 멋진 말인가. 그렇다. 중요한 것은 각자의 자리다. 그네들 문화에선 학자가 정치에 뛰어드는 일이 없다. 각자 고유분야 전문가로서의 명예를 더 중요시한다. 이는 경륜이며 안목이다. 나아가 국가 저력의 비밀이기도 하다.

교회는 오케스트라다. 다양한 은사가 모여 아름다운 곡률을 연주하는 협연인 것이다. 관악기 연주자가 현악기 연주자에게 왜 그것을 연주하느냐고 탓하지 않고 자신의 악기연주에 몰두하듯이, 교회의 모든 분야의 투신하는 사람들은 다른 분야의 투신자들을 포용하면서 자신의 역할에 충실해야 한다. 그리하여 최대한 조화를 이루며 합심하여 감동적인 화음을 만들어 내야 한다.

오늘 믿음_ 더 받아 넉넉해지고

성령은 사용할수록 많아지고, 봉사를 위해 내어놓을수록 불어난다. 성령은 감추어둘수록 줄어들고, 나만을 위해 움켜쥘수록 사그라진다.

"누구든지 가진 자는 더 받아 넉넉해지고, 가진 것이 없는 자는 가진 것마저 빼앗길 것이다"(마태 25,29).

이 말씀은 은사발휘를 게을리 한 사람을 향한 경고인 동시에 교회를 향한 경종이다. 물론 여기서는 현상적인 것을 말한다. 곧 더 넉넉해진다는 것은, 그 사람이 자기 은사를 계속 쓰고 발휘하니까 결과적으로 더 받은 것이 된다는 얘기고, 이미 가졌는데 안 써먹으니까 없어져서 결국 빼앗기는 꼴이 되고 만다는 얘기다.

은사는 '이미 받았다고 믿으면' 그대로 이루어진다. 성령의 은사를 우리는 이미 세례 때 받았고, 견진성사 때 겹쳐서 받았다. 주님은 이렇게 주셨는데 우리는 써먹지 않으면서 없다고 우기기 다반사다.
성령은 무주공산이다. 무주공산이 뭔가? 임자 없는 땅이란 말이다. 그러니 한마디로 성령은 써먹는 사람이 임자다!

13. 거룩하고 보편된 교회(1)_ 우리가 교회다

우리들의 이야기　　미국에서 백 년 동안 가장 영향력 있는 신자로 꼽히는 도로시 데이는 이렇게 말했다.

"우리는 모두 기나긴 외로움을 알았고, 유일한 해결책이 사랑이며, 그 사랑이 공동체에서 나온다는 사실을 터득했다."[1]

외로움을 느껴보지 않았다고 말하는 사람은 거짓말쟁이다. 결혼했어도, 누군가와 함께 있어도 외로웠던 적이 있을 것이다. 그렇다면 외로움을 극복할 유일한 해결책은 무엇인가? 바로 '사랑'이다.

그렇다면 이 '사랑'은 어디에서 나오는가? 도로시 데이는 이 사랑이 공동체에서 나온다는 사실을 터득했다. 그녀는 교회의 본질을 꿰뚫어 알았던 셈이다.

똑같은 이야기를 그 유명한 이레네우스 교부는 이렇게 언급했다.
"교회가 있는 곳에 하느님의 영(성령)이 있고, 하느님의 영이 있는 곳에 교회와 모든 은총이 있다."[2]

교회를 통해 하느님의 구원은총이 작용하고 있음을 간파한 그는 신자들에게 '그러므로' 교회를 떠나지 말고 신앙생활을 충실히 하면서 어떤 경우에도 이단에 빠지지 말라고 당부한다.

원고백의 속뜻

교회   성부, 성자, 성령께 대한 신앙고백이 끝났다. 그 다음에 나오는 것은 하느님 세 위격의 구원활동에 대한 고백이다.

사도신경의 '거룩하고 보편된 교회'를 라틴어 원어로는 '상탐 에클레시암 카톨리캄'(sanctam Ecclesiam catholicam)이라 한다. '상탐'은 '거룩한', '신성한'이고, '에클레시암'은 '교회'를, '카톨리캄'은 '보편된'이라는 뜻이다.

여기서부터는 라틴어 '인'(in)이 사용되지 않는다. 그러므로 '교회를 믿는다'는 것은 '인'이 있을 때처럼 신뢰 또는 의탁으로 믿는 것이 아니라, 교리 또는 진리로서 믿는다는 얘기다. 물론, 이렇게 믿을 때에도 그 믿음의 대상인 진리는 단순히 정보로만 머무는 것이 아니라 은총의 현실로 체험될 수 있다. 그럴 수 있는 이유는, 그 진리의 원천이 이미 앞에서 '인' 신앙을 통하여 우리 믿는 이와 돈독한 신뢰관계를 형성한 하느님이기 때문이다. 이런 미묘한 차이는 교회에 이어져서 나오는 믿음의 대상들인 '모든 성인의 통공', '죄의 용서', '육신의 부활' 등에 대해서도 마찬가지다.

'에클레시암'과 관련된 그리스어 '에클레시아'(ekklesia)는 하느님으로부터 '부름 받은 이들의 모임'을 의미한다. 그에 상응하는 원형 동사 '에칼레인'(ekkalein)은 '밖으로'를 뜻하는 '에크'(ek)와 '부르다'를 뜻하는 '칼레인'(kalein)의 합성어로 '밖으로 부르다'의 의미를 지닌다. 여기에는 깊은 의미가 있다. 곧 '밖으로 부른다'는 것은 속에 있는 것을 끄집어내어 사명을 준다는 의미도 지니면서, 내향적인 성향을 외향으로 불러내어 공동체를 형성한다는 뜻도 지닌다. 이렇게 하여 '에클레시아'는 '부름 받은 이들의 모임'이 되는 것이다.

그렇다면 교회의 창립을 어떻게 설명할 수 있을까. 구약의 교회가 있고, 신약의 교회가 있다. 구약의 교회도 불완전하지만 교회였다. 하느님이 불러 모으신 이스라엘 백성이 교회였다. 그런데 이제 신약의 교회를 '새 이스라엘'이라고 한다. 하느님은 새로운 차원으로 이스라엘을 부르셨다. 순수 이스라엘 민족만 부르시다가 이방인까지 포함해서 당신 신앙을 가진 사람 모두를 교회로 부르셨다는 말이다.
이를 다음과 같이 3단계로 나눠 볼 수 있다.
먼저, 하느님이 아브라함과 이스라엘을 당신 백성으로 부르고 뽑으셨다.

다음으로, 예수님이 열두 제자를 주축으로 사람들을 불러 모아 '작은 무리'를 이루시어(루카 12,32 참조) 새 공동체를 세우셨다. 그리고 이 공동체에 하늘 나라의 열쇠를 맡기셨다.

그리고, 성령강림을 통해 신약의 교회를 창립하셨다. 성령과 더불어 태어난 교회가 세상 안으로 들어가 선교 활동을 펼침으로써 교회의 시대가 열렸다. 이제 교회는 '이미' 시작되었으나 '아직' 완성되지 않은 하느님 나라를 위해 수고하며 성장해 나가고 있다. 오늘 우리는 '이미' 온 하느님 나라와 '아직' 완성되지 않은 하느님 나라 사이의, 이른바 '중간시기'에 살고 있다. 종말에 하느님 나라가 완성될 때 교회도 완성된다.[3]

거룩하고 보편된 교회   우리가 바치는 사도신경에는 "거룩하고 보편된 교회를 믿나이다"라고 고백하지만, 니체아 콘스탄티노플 신경에는 "하나이고 거룩하고 보편되며 사도로부터 이어오는 교회를 믿나이다"라고 고백한다. 이 특성은 하느님의 은총에 의하여 교회에 주어진 은혜면서 아울러 교회의 직무 수행을 통하여 구현해야 하는 중대한 과업이기도 하다. 하나씩 의미를 짚어보기로 하자.

첫째, 교회는 하나다. 여기서 얘기하는 교회는 가톨릭 교회만 말하는 것이 아니다. 개신교, 장로교, 정교회 등등 따지고 보면 우리 모두는 하나다.

"성령께서 평화의 끈으로 이루어 주신 일치를 보존하도록 애쓰십시오. 하느님께서 여러분을 부르실 때에 하나의 희망을 주신 것처럼, 그리스도의 몸도 하나이고 성령도 한 분이십니다. 주님도 한 분이시고 믿음도 하나이며 세례도 하나이고, 만물의 아버지이신 하느님도 한 분이십니다"(에페 4,3-6).

실제 우리는 도처에서 그리스도인이 '여럿'으로 갈라져 있는 모습을 보게 된다. 많은 그리스도교 종파와 가톨릭 안에서의 불일치는 한편으로는 '다양성'과 '풍요'를 드러내지만 다른 한편으로는 분열의 위험을 내포하고 있다.

나는 가끔 먼 미래를 생각한다. "어찌 됐든 교회가 분열되고 여럿이 생겼는데, 하느님께서 종말이 가까워오면 이들을 다 어떻게 정리하실까?" 하고 하느님의 지혜를 고민해 본다. 짐작하건대, 종말까지 하느님은 이 중에서 다른 것들 망하게 하여 하나를 세우시고 구조조정을 하시는 등, 그런 작업은 안하실 것 같다. 만약 걸러내어 참된 것만 남기는 작업을 하려면 신앙의 이름으로 또 전쟁이 일어나야 하지 않는가. 종교전쟁보다 더 참혹한 전쟁은 없다던데! 그러기에 하여간 현재 있는 상태로 서로 화해하며 잘 지내는 게 좋다고 본다.

교부 오리게네스의 호소에 귀 기울일 줄 알아야 한다.

"죄가 있는 곳에는 다수가 있고, 이교가 있고, 이단이 있고, 갈등이 있습니다. 덕이 있는 곳에 일치가 있고 모든 믿는 이들이 한 몸, 한 마음을 이루는 일치가 있습니다."[4]

바로 우리가 서로 화해하고, 대화를 나눠야 하는 이유다.

둘째, 교회는 거룩하다. 정말 거룩한가? 분명한 것은, 하느님 홀로 거룩하시다. 교회가 '거룩함'을 내세울 수 있는 것은 그 교회의 설립자요 기초이신 하느님이 거룩하신 분이기 때문이다. 우리가 교회를 거룩하다고 말하는 이유는 예수님이 교회를 '사랑하시고 […] 교회를 거룩하게 하시려고 당신 자신을 바치신'(에페 5,25-26 참조) 분이기 때문이다.

교회의 모든 빛이 그리스도로부터 오는 것처럼, 교회의 거룩함도 그리스도로부터 온다. 그리스도에 힘입어 교회는 스스로를 '하느님의 거룩한 백성'[5]이라 부르고 그 구성원들을 '성도'(사도 9,13)라고 부른다.

역설이 되겠으나 스스로 거룩하고 세상을 거룩하게 해야 하는 이 사명 때문에 교회는 '죄인들의' 교회가 되어야 한다. 여기 예수님은 말씀하신다.

"나는 의인이 아니라 죄인을 부르러 왔다"(마르 2,17).

이는 교회가 용광로 같은 거룩함을 가지고 있기 때문에 죄인들이 와서 정화 받고 의인의 대열에 참여하라는 말씀이다. 말씀이, 미사가, 기도가, 다 교회 안에 있지 않은가.

셋째, 교회는 보편적이다. '보편적' 곧 '가톨릭'(catholic)이라는 말은 어느 한쪽에 치우치지 않는다는 것을 의미한다. 모든 지역, 모든 민족, 모든 이데올로기를 두루 아우를 수 있을 만큼 포용력이 있다는 말이다. 교회가 스스로 '보편되다'고 말할 수 있는 근거는 그리스도께서 '모든 사람', '모든 백성'에게 교회를 파견하셨다는 사실에 있다(마태 28,19 참조).

그런데 모든 것을 두루 아우르려면 우선 완전해야 한다. 수직으로 다 포함하려면 최고의 수준을 가지고 있어야 하는 것이다. 다음으로 전체적이어야 한다. 모두를 포함하려면 양적으로 폭도 넓어야 하는 것이다. '완전성'과 '전체성'이라는 조건을 충족시킨다는 것은 사실상 불가능하다. 그러기에 '보편적'이라는 말은 교회의 지향이지 현실이 아니다. 그러므로 항상 우리는 고민할 필요가 있다. 우리는 완전한 지향을 가지고 있나? 또 전체를 잘 아우르고 있는가? 성찰하면서 '보편'이라는 접근선에 가까워지도록 최선을 다해야 한다.

넷째, 교회는 사도적이다. '사도적'이라는 말은 두 가지 의미로 알아들을 수 있다.

먼저, 이는 교회가 '파견되었다'는 것을 뜻한다. '사도'를 뜻하는 그리스어 '아포스톨로스'(apostolos)는 '파견받은 자'를 의미한다. 주님은 "아버지께서 나를 보내신 것처럼 나도 너희를 보낸다"(요한 20,21)라고 하시며 제자들을 파견하셨다. 파견은 어떤 '사명 수행'을 위해 보냄 받았다는 것을 말한다.

다음으로, '사도적'이라는 표현은 "사도로부터 이어왔다"는 사실을 나타낸다. 교회는 '사도들의 기초' 위에 세워졌고, 그 기초 위에서 살아간다(에페 2,20 참조). 교회는 '사도들의 증거와 가르침' 위에 세워졌기 때문에 사도적 교회다. 사도들은, 그들이 예수 그리스도로부터 보고 들은 것, 그리고 성령께서 가르치신 것을 전하였다.

교회의 매고 푸는 권한   제자들이 "오라"는 예수님의 부르심에 따라나서서 아직 그분 곁에 머물고 있을 때 예수님은 교회의 초석을 놓는 언급을 명시적으로 하셨다. 마태오 복음서 16장 18절의 '반석'이 그것이다.

예수님은 어느 날 갑자기 제자들에게 "너희는 나를 누구라고 하느냐?"(마태 16,15) 하고 질문하셨다. 이에 베드로가 "스승님은 살아 계신 하느님의 아드님 그리스도이십니다"라고 대답하자 크게 칭찬하신다. 그러시면서 예수님은 베드로를 교회의 반석으로 선언하여 열두 사도의 수장으로 삼으시고 그에게 하늘 나라의 열쇠를 넘겨주셨다.

"너는 베드로(그: petros=케파)이다. 내가 이 반석(그: petra=케파) 위에 내 교회를 세울 터인즉, 저승의 세력도 그것을 이기지 못할 것이다. 또 나는 너에게 하늘 나라의 열쇠를 주겠다. 그러니 네가 무엇이든지 땅에서 매면 하늘에서도 매일 것이고, 네가 무엇이든지 땅에서 풀면 하늘에서도 풀릴 것이다."(마태 16,18-19).

여기서 '베드로'를 뜻하는 그리스어 '페트로스'는 예수님 시대 언어로는 '케파'다. 그런데 '케파'라는 건 바위를 뜻한다. 그러니까 이 '바위'를 이름으로 지어주신 것이다. 우리 한국 이름으로 치자면 돌쇠다.

이처럼 예수님은 시몬 바르요나를 바위라는 뜻의 '케파'(아라메아어) 곧 '베드로'(그리스어)라 개명해 주시고 베드로를 '반석'으로 하여 그 위에 교회를 세우겠다고 선언하셨다. 그와 더불어서 '하늘 나라의 열쇠'와 '매고 푸는 권한'을 주신다.

이들 한 단어 한 단어를 짚어 가며 의미하는 바를 새겨 보자.

먼저, '반석'의 의미는 무엇인가. 에페소서는 예수님이 교회의 '모퉁잇돌'이 되시며 사도들과 예언자들이 '기초'가 된다고 선언한다. "여러분은 사도들과 예언자들의 기초 위에 세워진 건물이고, 그리스도 예수님께서는 바로 모퉁잇돌이십니다"(에페 2,20). 그러니까 기초에도 층이 있다는 것이다. 맨 밑바닥 층의 '모퉁잇돌'이 예수님이시고 그 위에 얹혀 있는 '기초 돌'이 베드로 및 사도들이라는 것이다.

다음으로, '내 교회'는 어떤 교회를 뜻하는가. 예수님이 '내 교회'라고 말씀하신 것은 소유를 뜻하는 게 아니라, 구약의 교회와 다른 신약의 교회라는 뜻이다. 이 차이는 무엇인가? 예수님의 교회는 새 계명을 가진 교회다.

예수님의 '새 계명'은 무엇인가. "내가 너희를 사랑한 것처럼 너희도 서로 사랑하여라"(요한 13,34). 이는 엄밀히 '새 계명'은 아니다. 구약의 십계명도 이런 비슷한 조항이 있다. 그러면 뭐가 새 것인가? 즉 구약에서는 예수님도 없었고, 성령도 없었다. 율법만 있었고, 의무만 있었고, 할 수 있는 능력도, 본보기도, 멘토도 없었다.

그런데 이제 '내가 너희를 사랑한 것처럼'이 보태졌다. 이것이 새로운 교회의 조건이다. "애들아, 봤지? 내가 어떻게 사랑했니?

무조건 사랑했지, 내가 차별했냐? 내가 잘난 사람들하고만 맨날 회식했냐? 내가 똑똑한 사람들이랑만 토론했냐? 교수들만 만났냐? 아니잖아. 내가 조건을 붙였냐? 안 붙였잖아. 그러니 너희도 서로 사랑하여라. 너희가 그 사랑을 받았으니, 서로 사랑하라. 거기다 플러스로 파라클리토가 함께 한다. 성령께서 너희와 함께 하면 안 되는 것도 된다."

이처럼 구약에는 의무밖에 없는데 신약에는 할 수 있는 능력이 주어지는 것이다. 이것이 새 계명이다. 사랑할 수 있는 본도 주셨고, 사랑할 수 있는 능력도 주셨고, 이미 먼저 사랑받은 체험도 있기에 새 계명이라 부르는 것이다. 그래서 이 새 계명을 지키는 사람들의 공동체로 내 교회를 세운다는 말씀이다. 이쯤 되면, 신약의 교회가 얼마나 신나고 사랑이 차고 넘치는 교회인지 절로 느껴진다.

마지막으로, 베드로에게 주어진 '하늘 나라의 열쇠'는 결국 무엇을 뜻하는가. 복음의 힘으로 천국문의 문턱을 낮추고 죄인들까지 들어갈 수 있도록 구원활동을 펼칠 수 있는 권한과 사명을 뜻한다.

또 하나 기억해야 할 것은 교회의 반석인 베드로에게 천국문의 열쇠와 함께 '매고 푸는' 전권이 주어졌다는 사실이다. '매고 푸는' 권한은 책임을 묻고 해제하는 권한, 용서의 권한, 나아가 생사를 관장하는 권한을 뜻한다. 이 엄청난 전권이 베드로와 그가 대표하는 교회에게 주어진 것이다.

열린 믿음

반석과 걸림돌 – 길 위의 교회   유념해야 할 것은 교회의 '반석'으로 추켜세움 받았던 베드로가 그것도 잠시 금세 엉뚱한 인간적인 논리에 빠져 호되게 야단을 맞았다는 사실이다. 베드로는 칭찬에 들떠서 예수님이 고난의 길을 갈 것이라고 말씀을 하시자 "그럴 수는 없다"고 극구 말리다가 된통 얻어맞았다.

"너는 나에게 걸림돌(그: scandalon)이다. 너는 하느님의 일은 생각하지 않고 사람의 일만 생각하는구나!"(마태 16,23)

여기서 재미있는 사실은 '바위'(petros)가 '걸림돌'(scandalon)이 되었다는 것이다. 같은 돌인데 기초가 될 수도 있고 장벽이 될 수도 있는 것이다. 실제로 베드로는 이 둘 사이를 오가는 삶을 살았다. 든든한 최측근으로 예수님을 따르던 베드로가 예수님을 세 번 배반했고, 이방인과 음식을 먹다가 유다인들이 두려워서 안 먹은 체(갈라 2,11-14 참조)하기도 하는 비굴한 모습을 보여주었다. 베드로는 뜨거운 고백과 냉정한 배반 사이를 오간 인물이었다. 이런 나약한 베드로를 그리스도는 교회의 반석으로 선택하셨다. 베드로 자신이 스스로를 교회의 반석으로 주장한 것이 아니라 하느님이 그리스도를 통해 은총으로 선택하셨던 것이다.

바로 이 긴장 사이, 곧 '반석'(바위)과 '걸림돌' 사이에, 죄 많은 인간이 처해 있고 교회가 세워져 있다. 이는 생명과 구원에 관한 전권을 위임 받은 교회가 항상 완벽함, 거룩함을 추구하는 한편 자신이 과오를 범할 수 있다는 가능성 앞에 겸허할 줄 알아야 한다는 사실을 암시한다.

아우구스티노 성인은 교회를 '순례하는 하느님 백성'이라고 하였다. 교회인 우리는 '길 위에 있는 성도들'이다. 그래서 목표에 도달할 때까지 늘 미완의 상태에 있다. 그러므로 완성을 향하여 끊임없이 쇄신할 일이다.

양들을 돌보는 교회 마태오 복음서의 교회 창설 이야기를 보완해 주는 것이 요한 복음서 21장의 이야기다. 마태오 복음서에는 가르치고 판단해 주는 교회의 교도직(敎導職)이 강조되고 있는 반면, 요한 복음서에는 돌보고 먹이고 치유하는 교회의 사목직(司牧職)이 잘 드러나 있다(요한 21,15-17 참조).

여기서 당신을 세 번 배반하여 몸 둘 바를 몰라 하던 베드로 사도에게 예수님은 사랑의 고백을 세 번 확인하시면서 그를 '목자'로 세우시는 명령을 하셨다. "내 양들을 돌보아라"(요한 21,17).
'목자'가 어떻게 양을 돌보아야 할 것인지에 대해서 예수님은 일찍감치 제자들에게 일러두셨던 터였다. "착한 목자는 양들을 위하여 자기 목숨을 내놓는다"(요한 10,11).
이는 자칫 다스림과 군림으로 변하기 쉬운 '교도직'에 대해서 균형을 잡아주는 묘방이었다. 이는 세상의 왕은 지배하지만 신앙의 지도자는 섬겨야 한다(루카 22,25-26 참조)는 섬김 및 헌신의 '목자상'과도 일맥상통하는 말씀이었다.

원어로는 대화가 이렇게 진행된다. 예수님께서 먼저 물어보신다.

"아가파오(agapao: 신적인 사랑을 뜻하는 아가페의 동사형)?"

베드로가 대답한다.

"필레오(phileo: 가족애, 의리, 우정을 뜻하는 필리아의 동사형)."

구분이 되는가? 예수님은 지금 수준 높은 대화를 하고 계신 중이다.

"네가 진짜 수장이 되려면 아가파오는 해야 되는데 아가파오 하냐?"

그랬더니 베드로가 "아니요, 저는 필레오" 하고 대답했던 것이다. 그래서 예수님이 다시 물으셨다.

"아가파오 안 되겠냐?"

"아니에요, 저는 필레오에요."

그랬더니 예수님이 세 번째로 또 물으셨다.

"너 필레오?"

묵상하건대 세 번째 물음인 이 말은 "네가 의리는 있었느냐?"라는 말인 격이다.

예수님의 세 번째 물음이 베드로의 성질을 건드렸다. 그는 화를 내듯이 대답하였다.

"제가 주님을 사랑하는(필레오) 줄을 주님이 아십니다. 모르실 리가 없습니다. 주님은 모든 걸 다 아시는 분이니까요!"

이 말씀의 깊은 뜻은 결국 이런 뜻이 아니었을까?

"주님, 저는 아직 신적인 사랑(아가페), 그런 건 잘 모릅니다. 하지만, 제가 의리(필리아) 하나는 한 점 부끄럼 없이 지키려고 노력했습니다. 그것을 주님이 다 아십니다."

그런데 대화는 여기서 끝나지 않는다. 예수님께서 말씀하신다.
"내 양들을 돌보아라"(요한 21,15.16.17 참조).
그러고 보니 예수님은 이 말씀을 세 번 반복하셨다. 그때서야 베드로 사도는 무릎을 탁 쳤다.
"아, 내가 주님께서 똑같은 질문을 세 번이나 하셔서 성질을 냈는데, 주님은 나보다 한 단계 위시구나. 아니, 한참 위시구나. 주님은 결국 내가 세 번 배반했던 것을 하나하나 짚어 가시며 '내 양들을 잘 돌보아라'는 말로 용서해 주고 계시구나."
이에 베드로 사도가 가슴을 만져봤다. 그동안은 가슴에 '배반자'라는 세 글자가 있었다. 하지만 이제 그 글자는 지워지고 "내 양들을 잘 돌보아라"로 바뀌었다. 베드로의 '사랑'이 회복된 것이었다.

오늘 믿음_ 창문을 연 교회

에제키엘 예언서에 하느님 친히 양 떼를 헌신적으로 돌보는 목자로 자임하는 구절이 나온다.
"내가 몸소 내 양 떼를 먹이고, 내가 몸소 그들을 누워 쉬게 하겠다. 주 하느님의 말이다. 잃어버린 양은 찾아내고 흩어진 양은 도로 데려오며, 부러진 양은 싸매 주고 아픈 것은 원기를 북돋아 주겠다. 그러나 기름지고 힘센 양은 없애 버리겠다. 나는 이렇게 공정으로 양 떼를 먹이겠다"(에제 34,15-16).

현실에 있어서 하느님은 '교회를 통하여' 목자의 구실을 하고 계신다. 이 말씀 안에 교회를 통해 이루시려는 하느님의 뜻이 뚜렷하게 담겨 있다. 교회가 이 양들을 '돌보는' 사명을 다하지 못하면 교회는 존재 의미를 잃고 있는 것이다.

교회가 '가르치는' 교회 일변도로 기울었다가 다시 '돌보는' 교회의 모습을 회복하기 시작한 것은 제2차 바티칸 공의회를 통해서였다. 교황 요한 23세에 의해 소집된 공의회는 교회의 태도를 혁신적으로 바꾸어놓았다. 이른바 교회의 '현대적 적응'(라: aggiornamento)을 이루어낸 것이다. 교회의 '안'과 '밖'의 장벽을 허물고 교회의 지평을 인류사회로 확장시켰으며 교회를 온 인류의 관점에서 조명하여 다음과 같이 선언하였다.

"기쁨과 희망, 슬픔과 번뇌, 특히 현대의 가난한 사람과 고통에 신음하는 모든 사람들의 그것은 바로 그리스도를 따르는 신도들의 기쁨과 희망이며 슬픔과 번뇌인 것이다."[6]

이로써 연대감을 이야기하고 있다. 창문을 열어서 교회 밖에 있는 영혼들에게도 사목을 펼치고 있는 것이다. 교회의 활동 영역이 훨씬 넓어졌다.

교회가 제 몫을 다한다면, 교회가 재난의 현장에 모습을 드러내고, 병든 자를 돌보고, 배고픈 자를 먹이며, 집 없는 이에게 잠자리를 제공해 주고, 희망을 잃은 이에게 구체적인 갱생의 기회를 제공한다면 세상은 더 이상 냉소적인 질문을 던지지 않을 것이다.

"교회가 세상을 위해 하는 일이 도대체 무엇입니까?"

세상 사람들이 괴로워할 때 하느님이 어디 계신지 금세 말할 수 있도록 교회가 그들을 돌보아주어야 한다. 본회퍼 목사의 저 유명한 말처럼 '교회는 남을 위해 존재할 때만 교회'다.

절망하여 길을 묻는 이에게도 교회는 길잡이로서 자신의 역할에 충실해야 한다.

"여러분이 지닌 희망에 관하여 누가 물어도 대답할 수 있도록 언제나 준비해 두십시오"(1베드 3,15).

이 구절은 내가 대학생 때부터 외웠던 구절이다. 종교인이든 비종교인이든 신앙에 대해 질문해 올 때 "난 모른다"라고 대답하는 것은 자랑이 아니다. 누가 물어도 대답할 수 있어야 한다. 여기에는 어떤 예외도 없다. 안 그러면 역차별이다.

그러기에 나는 누가 물어도 성심성의껏 답변해 왔다. 나에게는 이데올로기도 지위고하도 빈부도 없다. 사제인 내 앞에는 목마른 영혼만 있을 뿐이다. 사제에게는 모든 영혼을 차별 없이 돌보아야 하는 의무가 있기 때문이다.

14. 거룩하고 보편된 교회(2)_ 성사인 교회

우리들의 이야기　　제2차 세계대전 중 프랑스의 어느 작은 시골 마을에서 전투가 벌어졌다. 그 와중에 미국 병사 한 명이 목숨을 잃었다. 동료들은 그의 시체를 전쟁터에 방치해 두고 싶지 않았다. 그래서 그리스도교식 장례를 치러 주기로 했다. 그들은 몇 마일 떨어진 곳에 작은 공동묘지가 딸린 성당을 기억해 냈고, 해가 지기 전에 그곳에 도착했다. 허리가 굽고 야윈 신부가 나오자, 한 병사가 정중하게 말을 꺼냈다.

"전쟁터에서 친구가 숨졌습니다. 그를 이곳에 묻고 싶습니다."

신부는 아주 서투른 영어로 이렇게 대답했다.

"미안합니다. 우리와 같은 믿음을 가진 이가 아니면 이곳에 묻어 줄 수가 없습니다."

지친 병사들은 말없이 그 자리를 떠나려고 했다. 그러자 신부가 그들을 불러 세웠다.

"그렇지만 울타리 밖에 묻는 것은 괜찮소."

그 말에 병사들은 울타리 밖에 땅을 파고 친구를 묻어 주었다. 다음날 아침 병사들은 친구에게 작별 인사를 하러 그곳을 다시 찾아갔다. 그런데 친구를 묻은 자리를 찾을 수 없었다. 병사들은 어리둥절하여 성당 문을 두드렸다. 그러자, 신부가 나와 이렇게 말했다.

"어젯밤 댁들이 떠난 후 잠을 이룰 수가 없었소. 그래서 오늘 아침 일찍 일어나 내가 울타리를 옮겨 놓았소."

예수님은 울타리를 옮겨 놓는 그 이상의 일을 하셨다. 아예 울타리를 없애버리셨다.[1]

감동 그 자체다. 우리 교회가, 바로 그리스도께서 저렇게 하신다. 이야기 속 신부는 처음에 원리원칙을 따지다 보니 그럴 수밖에 없었다. 헌데 자고 있는 그에게 그리스도께서 오시어 야단을 치셨던 것이다.

"예끼! 이놈아."

그래 일어나서 반성하고는 울타리를 옮겨 놓은 것이다.

곱씹을수록 내게도 뭔가 촉촉해지는 것이 느껴진다. 그리스도의 사랑은 우리에게 이런 감동을 준다. 이것이 성사다. 바로 이 신부를 통해서 그들은 예수님을 본 것이다.

원고백의 속뜻

교회는 예수님의 으뜸 성사다   '교회'를 올바로 알려면 '성사'라는 말을 먼저 이해해야 한다. 왜냐하면 교회의 정체성과 관련하여 '성사'로서의 측면이 큰 비중을 차지하기 때문이다.

성사는 가시적 방편들(말씀, 몸짓, 재료)을 통해 불가시적 은총과 자비의 선물을 드러내고 전해 주는 '거룩한 일'이다. 요컨대, 성사란 하느님께서 보이지 않는 거룩한(聖) 은총을 보이는 것(事)을 통해 베풀어주시는 예(禮)를 가리킨다.

사람은 보이지 않는 것을 보고 싶어 하고 손으로 만지고 싶어 한다. 심지어 하느님의 사랑까지도 무언가 보이는 것을 통하여 확인하고 싶어 한다. 이런 사람의 욕구를 하느님은 나무라지 않으셨다. 오히려 사람이 원하는 방식으로 당신의 사랑을 드러내 주셨다. 이것이 바로 성사(聖事)다.

바로 이런 의미에서 교회는 예수 그리스도의 성사다. 예수님은 승천하시기 전에 당신을 대신해서 우리 인간이 하느님을 만나 볼 수 있는 길을 열어 주셨는데, 그 길이 바로 '교회'다. 즉 예수님은 손수 교회를 세우시고 우리가 교회를 통해 예수님과 하느님을 만날 수 있도록 해 주셨다. 이리하여 교회가 하는 일이 곧 예수님이 하는 일이나 마찬가지인 셈이 되었다. 그래서 우리는 교회를 예수 그리스도의 성사라 부른다.

잊지 말자. 교회는 예수님의 성사다. 우리가 예수님을 만날 수 있게 해 주는 가장 기본적인 성사가 바로 교회인 것이다.

이는 교회의 구성원인 우리에게 하나의 특권이며 사명이다. 우리 자신이 바로 사람들에게 그리스도를 드러내는 성사라고 말하는 셈인 까닭이다.

예수님은 성부의 성사다 교회가 예수님의 성사라고 한다면, 예수님은 성부 하느님의 성사다.

하느님께서는 인간을 사랑하셨기 때문에 인간의 역사를 통해 우리에게 다가오셨다. 예수 그리스도께서 세상에 오시기 이전 시기인 구약시대에는 이스라엘 역사 속의 사건들을 통해 당신 자신을 알려 주셨다. 그리고 마침내는 예수 그리스도를 보내셨다.

예수 그리스도는 하느님의 으뜸 성사다. 곧 예수 그리스도를 통해 우리는 눈에 보이지 않는 하느님을 눈으로 '보고', 하느님의 말씀을 귀로 '듣고', 하느님의 사랑을 손으로 '만지게' 되었다. 이처럼 예수 그리스도를 통해 하느님 자신 그리고 그분의 사랑이 완전히 드러났고, 그 덕에 죄 많은 인간이 죄의 구덩이에서 벗어나 구원받게 되었다.

예수님은 자신이 아버지의 성사임을 이렇게 밝혔다.

"나를 본 사람은 곧 아버지를 뵌 것이다"(요한 14,9).

실로 예수님의 삶 자체가 보이지 않는 하느님을 계시해 주는 유효

한 표징이었다. 이렇게 해서 예수님을 통해 드러난 것은 특히 하느님의 자비였다. 예수님은 그 자비를 드러내고 베풀기 위해 인간으로 오셨고, 특히 죄인들과 어울리셨다. 죄인들 틈에서 세례 받고, 연약한 인간처럼 유혹 겪고, 죄인으로 지탄받는 이들과 먹으며 사귀었고, 죄인 취급을 당해 재판받고 죄인처럼 사형 당하셨다. '죄인의 벗'으로 처신한 예수님의 삶, 말씀과 행적이 모두 자비의 성사다.

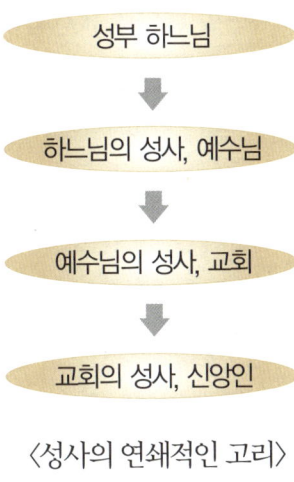

〈성사의 연쇄적인 고리〉

여기서 잠깐 종합해 보자. 예수님은 성부 하느님의 성사다. 이 예수님의 성사가 교회다. 그리고 교회의 성사가 바로 우리 신앙인이다. 그러기에 우리 신앙인을 보면 사람들은 연쇄적으로 교회를 본 것이고, 이어 그리스도를 본 셈이며, 마침내 하느님의 얼굴을 본 것과 다르지 않다.

성사성의 원리 　　보이는 그 무엇 안에 보이지 않는 신적 은총이 깃들여 있다는 사실, 이 사실을 우리는 '성사성의 원리'라고 부른다. 우리는 이 원리에 입각해서 인간 안에서 신적 존재를 '보며', 유한 안에서 무한을, 물질 안에서 영을, 내재 안에서 초월을, 역사 안에서 영원을 '본다'. 이 세상 만물은 성사성을 지녔다. 곧 만물 속에는 보이지 않는 하느님의 현존이 스며 있다. 그래서 성 이냐시오가 하였듯이 '모든 것' 안에서 '하느님을 보는 것'이 가능한 것이다.

　우리가 눈을 씻고 대자연의 자태를 유심히 들여다 본다면 우리는 오늘도 삼라만상을 통해 사랑의 손길을 내밀고 계신 하느님을 만날 수 있다. 어느 영성가는 다음과 같이 노래한다.

　"당신은 하늘을 보았는가? 당신은 바다를 보았는가? 태양과 달과 별들을 보았는가? 새들과 물고기들을 보았는가? 풍경과 식물, 곤충, 크고 작은 모든 생물들을 보았는가? 경탄을 자아내는 인간의 심성, 그가 지닌 능력, 남녀 간의 오묘하고 신비한 이끌림에 공명해 보았는가? 놀랍지 않은가? 그렇다면 그 모든 것들 뒤에 계신 그분을 보라."

　예수님은 바로 이 성사성을 활용하여 복음을 전하셨다. 즉 상징물을 가지고 하늘 나라의 비밀을 전하는 성사로 활용하셨다. 예를 들어, '포도나무' 그러면 누구든지 포도나무를 다 안다. 벌써 연상되기 시작한다. 그래서 그 포도나무에다가 보이지 않는 하느님 나라의 신비를 연결시켜 설명하신 것이다. "포도나무의 가지가 떨어져 나가면 열매 못 맺지 않니? 그러니까 너희도 나한테 머물러 있고 교회 안에 머물러 있으면 열매를 맺지만, 혼자서 맺으려고 하면 안 맺어지는 거야"(요한 15,4 참조).

이리하여 추상적인 하느님 나라가, 그려지고 느껴지는 하느님 나라로 가까이 다가오는 것이다.

따지고 보면, 언어도 성사다. 왜냐하면 이미 알고 있는 언어는 '보이는 말'이기 때문이다. 그러기에 예수님은 복음을 전하실 때, 시장의 언어를 사용하는 지혜를 지니셨다.

그러므로 우리는 '하느님'이라는 단어를 쓰지 않고도 하느님을 말할 줄 알아야 하고, '예수님'이라는 단어를 쓰지 않고도 예수님을 말할 줄 알아야 한다. 시장의 언어에서 쓰는 말로 말이다.

열린 믿음

나를 기념하여 이 예를 행하여라 예수님이 보이지 않는 사랑의 보이는 정표로써 남겨주신 성사의 대표가 성체성사다.

마지막 작별의 때가 오자 예수님은 당신 사랑을 빵으로 가시화 하여 제자들에게 나누어 주셨다. 당신 몸을, 곧 그 만큼의 사랑을 생명의 빵으로 내어놓으셨다. "받아 먹어라. 이는 내 몸이다"(마태 26,26).

이윽고 예수님은 당신 피를, 죄의 용서를 위한 계약의 증표로 내어 주셨다. "죄를 용서해 주려고 많은 사람을 위하여 흘리는 내 계약의 피다"(마태 26,28).

실제로 예수님은 십자가에서 피를 흘리심으로 이 말씀을 이루셨다.

이로써 양의 피흘림을 통한 구약의 파스카(희생) 제사가 예수님의 피흘림을 통하여 추월불가능하게 완성되었다. 하느님의 구원섭리가 예수님의 십자가 제사를 통하여 궁극적으로 완수되었다.

예수님은 당신의 이 기묘한 사랑의 업적이 모든 세대에 대물림하며 생생하게 재현되기를 바라셨다. 그래서 명하셨다.

"너희는 나를 기억하여 이를 행하여라"(루카 22,19).

그 덕에 우리는 오늘도 '밥'이 되시는 예수님을 먹으며 살고 있다.

성체성사뿐이 아니다. 다른 성사들에도 이러한 자기희생적인 사랑이 녹아들어 있다. 모든 성사 안에서 우리가 궁극적으로 만나는 것은 우리를 위해 자신을 내어주시는 예수님의 몰아적인 사랑이다.

성체성사와 관련하여 성 토마스 데 아퀴노는 엄청난 사실을 말한다.

"우리가 드리는 매일의 미사는 예수님의 십자가 제사와 등가다!"

이로써 그는 '기념'이 지니는 효력을 언급하고 있다. 이 얼마나 놀라운 얘긴가. 기념이라는 행위가 과거의 한 사건을 단지 기억하는 것이 아니라 '똑같은' 가치로 재현시킨다는 사실! 이것이 우리를 매일 미사에로 초대하는 은총이다.

이뿐이 아니다. 미사에는 거룩한 시간, 거룩한 장소, 거룩한 행위가 집결되어 있다.

여기서 중요한 것이 하나 있다. 곧 미사의 은총은 우리의 삶 전체에 확산된다는 사실이다. 일찍이 예언자 에제키엘은 이를 다음과 같이 증언하였다.

"이 강이 흘러가는 곳마다 온갖 생물이 우글거리며 살아난다. 이 물이 닿는 곳마다 바닷물이 되살아나기 때문에, 고기도 아주 많이 생겨난다. 이렇게 이 강이 닿는 곳마다 모든 것이 살아난다"(에제 47,9).

바로 동네마다 서 있는 교회가 이 강의 중심 역할을 하는 것이다. 예수님이 말씀하시지 않았는가. "예루살렘 성전을 두고 이제 이 산이다, 저 산이다 말하지 않을 때가 온다"(요한 4,21 참조). 성전은 이제 동네마다 있다. 그게 교회다. 그리하여 생명의 강이 동네마다 원류를 갖게 되었다. 거기서 강이 흘러나간다. 그럼 그 동네 주민은 교회의 덕을 입고 생명을 누린다. 신자 아닌 사람도 이 생명을 같이 누리는 셈이다.

우리가 보통 주일에 미사를 드리는 것으로, 이 강이 나의 시간 안으로 흘러간다. 미사를 드리는 시간은 딱 한 시간이지만, 그 한 시간 동안 샘이 흘러서 24시간으로 흘러나오는 것이다.

이 강은 또한 공간으로도 흘러간다. 성당에서 시작된 강이 나의 동네로 흘러가는 것이다.

그리고 행위로도 흘러간다. 우리가 미사 드리는 한 시간 동안은 행위가 항상 반듯하다. 거기에서의 행동이 24시간 우리의 행동을 거룩하게 만들어 주는 것이다. 기가 막히다.

이런 것들을 성사로 활용하면, 우리의 신앙생활이 참으로 풍요로워진다.

사효성과 인효성   성사의 은총을 우리는 사효적(事效的) 효력과 인효적(人效的) 효력으로 구분한다. 사효적 은총은 성사 집행 자체에 보장되어 있는 은총을 말하고, 인효적 은총은 개인의 심적, 영적 준비 상태의 여하를 따라 내려지는 은총을 말한다.

교회는 칠성사가 '사효적'(ex opere operato: 성사 거행 그 자체로) 효력을 가진다고 가르친다. 칠성사는 교회 안에 현존하시는 그리스도의 행위기 때문이다. 교회의 이름으로 성사의 예식이 거행되면 거룩한 상징과 집전자를 통해 그리스도께서 말씀하시고 행동하시게 된다. 그것은 곧 하느님의 말씀이요 행동이다. 그러므로 이런 성사 집전을 통해서 구원과 은총이 주어진다. 예식 자체의 힘으로 그렇게 되는 것이 아니라 그리스도께서 약속하셨기 때문에 그렇게 되는 것이다. 이것을 성사의 사효적 효력이라 한다.

그런데 한편 성사가 그 자체로 효력을 낳지만, 회개와 믿음을 통한 인간의 응답 없이는 성사의 효과도 없다. 이것을 성사의 '인효적'(ex opere operantis: 성사 거행자의 정성으로) 효력이라 한다. 성사가 맺는 결실은 그것을 받는 사람의 마음가짐에도 달려 있는 것이다.

준성사와 축복기도 준성사는 무엇인가? 이는 교회가 제정한 것이다. 준성사는 칠성사에는 속하지 않지만 성사의 특성을 지니는 거룩한 상징 및 행위를 말한다. 준성사로 말미암아 신자는 성사들 그 본래의 효력을 받도록 준비되고, 생활이 성화된다. 성사는 본질적으로 변할 수 없는 것이지만, 준성사는 가변적이고 고칠 수 있다. 대표적인 준성사에는 축복, 축성, 구마가 있다.

먼저, 축복은 하느님께 기도를 드려 행복과 은총을 간청하는 것을 말한다. 이는 라틴어 '베네딕씨오'(benedictio)에서 온 말이다. 축복에는 사람의 축복, 건물이나 운송 수단의 축복, 개인 성물의 축복 등이 있다. 이렇게 축복을 받은 것들은 그것을 사용하는 사람들에게 축복을 전해 주고, 하느님을 위한 도구로 사용된다.

다음으로, 축성은 물건을 하느님께 봉헌하여 성스럽게 하는 것을 말한다. 이는 라틴어 '콘세크라씨오'(consecratio)에서 온 말이다. 축성에는 제구의 축성, 장소의 축성, 사람의 축성 등이 있다.

끝으로, 구마는 교회가 어떤 사람이나 물건을 마귀의 세력으로부터 보호하고 마귀의 지배력에서 벗어나도록 예수 그리스도의 이름으로 청하는 것을 말한다. 예수님께서 이를 행하셨으며 교회는 마귀를 쫓아내는 권능과 의무를 예수님께 받았다.

이들 준성사는 인효적 은총을 갖는다. 준성사가 인효적 효력을 지닌다는 것은 준성사를 집행하는 사제의 자격이나 그 준성사를 받는 사람의 마음 자세에 따라 받는 은혜가 다르다는 뜻이다. 예를 들면 성당에서 기도를 한다든지 사제로부터 강복을 받는다든지 할 때 그 기도와 강복의 은혜는 그 의식 자체로 주어지는 것이 아니라 그 주체자들의 정성과 마음의 자세에 따라, 다시 말해서 그 열심도에 따라서 달라진다는 것이다.

준성사 가운데서 '축복'에 주목해 보자. 민수기 6장에는 아론의 축복이 나온다. 하느님께서 모세에게 이렇게 이르신다.

"아론과 그의 아들들에게 일러라. '너희는 이렇게 말하면서 이스라엘 자손들에게 축복하여라.'주님께서 그대에게 복을 내리시고 그대를 지켜 주시리라. 주님께서 그대에게 당신 얼굴을 비추시고 그대에게 은혜를 베푸시리라. 주님께서 그대에게 당신 얼굴을 들어 보이시고 그대에게 평화를 베푸시리라.' 그들이 이렇게 이스라엘 자손들 위로 나의 이름을 부르면, 내가 그들에게 복을 내리겠다"(민수 6,23-27).

하느님은 아론의 후예에게 명령하셨다. 여기서 백성에게 축복하는 것이 그들의 의무로 주어졌다. 그들은 바로 사제다. 하느님은 "강복해라" 하고 명령하시며, 다음과 같은 약속도 함께 주셨다. "너희가 이렇게 말하면서 복을 빌면 내가 위에서 내려주겠다."

사제가 사람들에게 주님의 강복을 빌어주는 것은 바로 하느님의 이 명령에 기초한 것이다. 또한 잊지 말아야 할 것은 사제가 축복을 빌어주면 주님께서 복을 내려주신다는 말씀이다. 이는 우리를 향한 주님의 약속이다. 여기 축복의 내용은 세 가지다.

첫째, 액운을 막아주심으로 축복을 주신다(민수 6,24 참조). 이 말씀은 우리가 일이 잘 안 풀리고, 어려운 일이 있을 때 주님께서 막아주신다는 뜻이다. 주님은 웬만하면 이 세상 돌아가는 이치대로 흐르게 하시지만, 아주 결정적이고 중요한 순간에는 막아주신다. 더러는 미리미리 막아주시기도 한다.

둘째, 당신 얼굴을 비추시고 은혜를 베푸심으로 축복을 주신다(민수 6,25 참조). 이 말씀의 내용이 바로 "하는 일마다 잘되게 해 주신다"는 것이다. 즉 만사형통이다. 생존경쟁이 치열한 이 세상을 살면서 누구든지 원하는 말씀이다. 따라서 사업이 잘되고, 계획한 일이 잘 이루어지는 것도 결국 하느님의 축복이니 할 수만 있으면 사제들을 통하여 그 축복을 받으라는 의미다.

셋째, 평화를 주심으로 축복을 주신다(민수 6,26 참조). 이 말씀은 진정한 평화의 원천이 하느님이심을 깨우쳐준다. 주님께서 우리에게 평안을 주시는 것이다. 오늘 이 시대는 특히 평화를 갈급한다. 우리가 가장 받고 싶은 것 중 하나가 바로 평화요, 평안이다. 그러므로 평화를 원하거든 주님을 찾을 일이다.

오늘 믿음_ 한번 축복은 영원한 축복

여기 찡한 이야기가 있다. 「키르헤 호이테」지 2001년 10월 호에 실린 "한번 사제는 영원한 사제다"라는 제목의 글이다.

"뉴욕 대교구의 어느 사제가 로마의 한 성당에 기도하러 들어가다가 입구에서 한 거지를 만났다. 거지를 얼핏 바라보던 그 사제는, 거지가 자신과 같은 날 사제가 된 신학교 동료임을 알게 되었다. 그런 사람이 지금 길에서 구걸을 하고 있다니! 사제는 놀라며 거지에게 자신이 누구라고 인사를 하였다. 거지는 사제에게 자신이 믿음과 성소를 잃어버렸다는 말을 했다. 사제는 몹시 충격을 받았다.

다음날 사제는 요한 바오로 2세 교황의 개인 미사에 참석할 기회를 가졌다. 미사 말미에 그는 언제나처럼 교황에게 인사를 할 수 있었다. 자기 차례가 되어 교황 앞에 무릎을 꿇은 그는 자신의 옛 신학교 동료를 위해 기도를 청하고 싶은 내적 충동을 느꼈다. 그래서 그는 교황에게 그 기이한 만남의 상황을 간략하게 설명했다.

또 하루가 지나 그 사제는 바티칸으로부터 교황과의 저녁식사에 그 거지를 데리고 참석해 달라는 초대를 받았다. 사제는 옛 친구인 거지에게 찾아가 교황의 초대를 전했다. 그리고 그를 설득하여 씻기고 옷을 갈아입힌 후 교황 앞에 데려갔다.

저녁 식사 후에 교황은 사제에게 거지와 둘만 있게 해 달라고 말하였다. 그런 다음 교황은 그 거지에게 자신의 고해성사를 부탁했다. 그러자 거지는 놀라며 자신은 지금 사제가 아니라고 말했다. 교황의 대답은 이러했다.

'한번 사제이면 영원한 사제입니다.'

거지는 고집했다.

'저는 이제 사제의 권한이 없습니다.'

교황이 다시 말했다.

'나는 로마의 주교입니다. 이제 내가 그 사제의 권한을 수여합니다.'

거지는 몹시 흐느껴 울었다.

마지막으로 요한 바오로 2세 교황은 그에게 어느 교구에서 구걸을 하는지 묻고는, 그를 그 교구의 보좌 신부로 임명하고 거지들을 돌보는 일을 맡겼다.”

이 이야기는 나중에 미국에서 유명한 가톨릭 채널 방송인 EWTN의 마더 안젤리카 수녀의 TV프로에도 소개되었다고 한다.

주님을 떠나 세속의 사람이 되어버린 걸인이 고집스럽게 반복했던

"나는 이제 사제의 권한이 없습니다"라는 말은 자기 단죄의 선언이었다. 이 말에 요한 바오로 2세 교황은 복음의 진수에 해당하는 역선언을 하셨다.

"한번 사제이면 영원한 사제입니다. 나는 로마의 주교입니다. 이제 내가 그 사제의 권한을 수여합니다."

그리고 이 말이 빈말이 아님을 드러내기 위하여 교황은 그 걸인에게 몸소 고해성사를 청하였던 것이다.

나도 비슷한 경험이 있다. 어떤 신자가 고해성사 보러 와서 이런 말을 했다.

"지난번에 딴 데서 고해를 봤는데요, 찝찝해서 또 합니다."

그때 야단을 막 쳤다.

"믿으세요! 한 번 사죄경이 내려지면 그것은 완전히 용서 받은 겁니다. 찝찝하다고 다시 하지 마세요!"

15. 모든 성인의 통공

우리들의 이야기   성당에 강의하러 가보면 희한하게 은혜가 쏟아지는 곳이 있다. 그런 곳에서 입을 열면 성령이 막 나오시는 것 같다. 성령이 진행하시는 대로 두고, 나는 가만히 쉬고 있으면 여기저기서 눈물이 터지고 회개와 치유가 일어난다.

처음엔 내가 강의를 잘해서 그러는 줄 알았다. 그런데 나중에 강의 끝나고 그 본당 신부와 차 한 잔 마시는데, 이렇게 말하는 것이었다.

"차 신부님 모시려고, 저희 공동체가 한 달 이상 기도했습니다. 오셔서 강의 은혜롭게 해 달라고 매일 묵주기도했습니다."

그 얘기 듣고 깨달았다.

'아, 내가 강의를 잘해서 그런 것이 아니구나. 이분들의 기도에 하늘에서 응답을 내려주신 거구나.'

이렇듯 공동체가 정성껏 바치는 기도는 대단한 힘이 있다.

원고백의 속뜻

모든 성인의 통공　'교회'에 대한 고백에 이어지는 것이 '모든 성인의 통공'을 믿는다는 고백이다. 이는 신앙의 백미다.

라틴어로 '상토룸 코뮤니오넴'(sanctorum communionem)인데 이는 두 가지로 해석된다. 즉, '상토룸'을 '거룩한 것들'(sancta)의 소유격으로 해석할 수도 있고, '거룩한 이들'(sancti)의 소유격으로 해석할 수도 있다. 번역 상 후자를 택했지마는 첫 번째 의미로 알아들을 경우 '거룩한 것들의 나눔'을 뜻하며 신앙, 성사, 은사 등을 모든 신자가 공유할 수 있다는 뜻으로 생각할 수 있다.

현재 사도신경에서처럼 '모든 성인의 통공'으로 번역될 경우, '모든 성인'은 성도들, 믿는 이들을 가리키며, '통공'은 서로 친교하고 공로를 나누는 것을 말한다. 그 깊은 뜻을 헤아리려면 따로 구분하여 이해할 필요가 있다.

용어를 좀 더 점검해 보자. '모든 성인'이라 하면 고정관념이 있다. '성인' 하면 성인품에 오른 이들을 생각하기 쉽다는 것이다. 그런데 이는 잘못된 개념이다. 여기서 말하는 성인은 그리스도인

모두를 뜻한다. 성경에는 '뽑혀서 하느님 백성이 된 모든 사람'을 '거룩한 이들'이라고 얘기하는데, 이를 한자로 쓴 것이 '성인'이다.

성인은 이처럼 광범위하게 '거룩한 이들'을 뜻하므로, 개신교에서는 이 대목을 '성도들의 교통함', 즉 성도들이 서로 교통하고 주고받는다는 뜻으로 번역한다. 그러기에 '성인'보다는 '성도'라고 말하는 게 맞을 것이다.

그렇다면 '통공'은 무엇인가? "내가 기도했는데 다른 사람한테 좋은 일이 생긴다"와 같은 것을 통공이라고 말한다. 즉, 공을 주고받는다는 의미다.

우리나라엔 "조상 덕을 받는다"라는 표현이 있다. 따지고 보면 이것도 '통공'이다. 조상이 덕을 쌓으면 후손이 그 덕을 입는 것이 통공이라는 말이다.

그렇게 보자면, 우리나라는 이러한 통공이 문화적으로 이루어진다. 우리는 집단 문화라, 때만 되면 모이지 않는가. 가족 문화, 동창 문화 등의 상부상조 문화가 바로 통공이다. 벌써 우리는 신앙을 받아들일 수 있는 기본기가 되어 있는 것이다.

모든 성인의 앞에서 언급했듯이 성인은 '성도'를 말한다. 이 성도는 '교회'의 구성원을 말하며, 여기서 '교회'는 전통적으로 지상 교회, 연옥 교회, 천국 교회로 구분된다.

천주교 신자와 개신교 신자가 만나면 툭하면 생기는 논쟁거리가 있다. "연옥이 있느냐? 없느냐?"의 문제다.

"천국만 있다"고 주장하는 이한테 "연옥이 있다"고 우기다가 싸움하지 말 일이다. 그냥 "네 말이 맞다"고 해 주자. 왜? 어차피 연옥은 천국에 딸린 방이기 때문이다. 연옥은 천국, 지옥 다음의 세 번째 방이 아니고 천국에 딸린 '곁방'이다. 그러니 천국만 있다고 우기는 사람에게는 이렇게 말해 주면 된다. "네 말이 맞아. 하지만 네가 천국의 구조를 알게 되면, 네 얘기나 내 얘기나 같은 걸 알게 될 거야."

그렇다면 연옥은 왜 필요한가? 하느님은 절대 선이시고, 절대 거룩이시고, 순도 100%, 순수 100%이시다. 말하자면 하느님은 존재 자체가 모든 진리의 100%이시다. 그런데 인간은 몇 %나 될까? 아무리 착하게 살고, 노력해 봐야 택도 없다.

또 천국에 합격은 해도 간당간당한 경우가 있다. 믿음으로 붙었지만, 아직 세상의 때가 벗겨지지 않은 것이다. 성품도 아직 정리가 안 되어 있고, 천국의 매너도 연습이 안 되어 있는 것이다. 어제까지 거칠게 살던 사람이 아무리 오늘 예수님 믿어도 하루아침에 갑자기 바뀌지 않는 것처럼, 이 세상에서 살던 성품에 관련된 보이지 않는 관성은 있기 마련이다. 그것이 그대로 따라 가는 것이 바로 '육신의 부활'에서 중요한 성찰 거리가 되는데, 그 부분에 관한 이야기는 뒤에서 자세하게 다룰 것이다.

아무튼 그런 것들이 있기 때문에 반드시 '곁방'이 필요하다. 그곳에서 정화하고 천국에 가는 것이다. 그러니 연옥은 절망이 아니다. 천국에 이미 속한다. 단지, 시간과 단련이 필요할 뿐.

그런데 이렇게 곁방에 있는 이들이 하루빨리 하느님께 갈 수 있도록 돕는 것이 바로 이 세상에서 우리의 공로를 나눠주는 것이다. 우리가 그들을 위해 연미사를 바치고, 기도해 주는 것이다.

또 천국에 있는 이들도 전구를 통해 우리를 위해 기도해 줄 수 있다.

이 통공의 필요성과 가능성을 사도 바오로는 이렇게 말한다.
"몸은 하나이지만 많은 지체를 가지고 있고 몸의 지체는 많지만 모두 한 몸인 것처럼, 그리스도께서도 그러하십니다. 〔…〕 한 지체가 고통을 겪으면 모든 지체가 함께 고통을 겪습니다. 한 지체가 영광을 받으면 모든 지체가 함께 기뻐합니다"(1코린 12,12.26).

신자 각자가 하나같이 그리스도와 더불어 한 몸을 이루는 지체다. '한 몸'의 지체기에 서로 친교하고, 연합하고, 합심하는 것이다.

살다 보면 정말 용서하기 어렵고 감정이 쌓이는 상대가 있다. 그럴 때 그 사람에 대해서 아주 격한 감정이 생기다가도 예수님을 중간에 딱 걸쳐놓으면 사그라지게 되어 있다.

"그래, 나한테는 원수지만 그 사람도 예수님께는 깨물어주고 싶은 자녀겠지. 예수님의 자녀인 저 사람하고 원수를 맺으면 안 되지."

이렇게 마음이 누그러지는 것이다.

통공 '통공'이란 단어의 원어는 '코뮤니오'(communio)다. 이는 '친교'를 의미하기도 하고 '나눔'이나 '교환'을 의미하기도 한다.

먼저, '통공'을 '친교'로 이해할 수 있다.

"나는 포도나무요 너희는 가지다. 내 안에 머무르고 나도 그 안에 머무르는 사람은 많은 열매를 맺는다"(요한 15,5).

포도나무 가지와 잎새들이 줄기와 연결되어 한 생명으로 사는 것처럼, 여러 성도들은 그리스도로부터 나오는 '한 생명'으로 살고 있다. 한 생명체에는 수억의 세포들이 결합되어 한 생명을 이루는 것처럼 지상, 연옥, 천국에 있는 수많은 성도들은 한 그리스도의 생명에 결합되어 있다는 것이다. 이것이 생명의 친교다.

다음으로, '통공'은 말 그대로 공(功)을 통(通)한다는 뜻을 지닌다. 즉, 누군가 다른 성도를 위해서 기도, 선행, 희생 등을 통해서 대신 공을 쌓을 수 있다는 것이다. 같은 '지상 교회'의 성도들끼리 서로 육신과 영혼에 필요한 은혜를 받도록 하기 위해 통공을 행할 수 있고, '지상 교회'의 성도가 '연옥 교회'의 성도를 위해 공을 쌓음으로 죄로 인하여 당연히 받아야 할 잠벌을 면하게 할 수도 있다.

구약성경의 인물 카인은 동생 아벨을 죽이고 하느님께 다음과 같은 질문을 받는다.

"네 아우 아벨은 어디 있느냐?"(창세 4,9)

하느님의 질문에 카인은 대답한다.

"모릅니다. 제가 아우를 지키는 사람입니까?"(창세 4,9)

이러한 카인의 항변에 주님이 말씀하신다.

"네 아우의 피가 땅바닥에서 나에게 울부짖고 있다. 이 소리가 하늘까지 찔렀다"(창세 4,10 참조).

이는 "나는 듣고 있는데 너는 들리지 않느냐?"라는 말씀이다. 이 말씀은 오늘날 우리에게 던지는 질문이기도 하다. 아주 구체적으로 우리의 가족을 향한 물음일 수도 있다. 그럴 때 우리는 어떻게 대답할까?

"저는 잘 모르겠어요. 제가 어떻게 그것까지 일일이 다 알아요."

주님은 이러한 우리를 향해 다음과 같이 말씀하실지도 모른다.

"나한테는 그가 지금 기침하는 소리도, 힘들어 한숨짓는 소리도, 괴로움에 고통 받는 소리도 다 들리는데 너는 왜 모른단 말이냐?"

주님의 이 물음에 대해서 깊이 생각해 볼 일이다.

열린 믿음

통공의 멘토 사도 바오로 바오로 사도는 어떤 스타일의 사목자였을까?

내가 별명 붙이기를 '눈물의 사목자'라 하였다. 그는 걸핏하면 눈물을 흘렸다. 눈물쟁이다. 바오로는 신자들 때문에 울고 웃었다. 그들의 문제가 자기 문제고, 그들의 고통이 자기 고통이고, 그들의 기쁨이 자기 기쁨이었다. 그래서 코린토 신자들에게 보낸 편지에서 이렇게 얘기한다.

"누가 약해지면 나도 약해지지 않겠습니까? 누가 다른 사람 때문에 죄를 지으면 나도 분개하지 않겠습니까?"(2코린 11,29)

이렇듯 바오로는 연대감이 강했다. 바로 이 정신을, 오늘 이 시대 부족한 우리 사제들이 참으로 대물림해야 할 일이다. 이 심정을 배워야 한다. 나 또한 바오로 사도가 오시어 그 마음을 깨닫게 하여,

내 가슴을 고쳐주시기를 청한다.

"내가 삼 년 동안 밤낮 쉬지 않고 여러분 한 사람 한 사람을 눈물로 타이른 것을 명심하며 늘 깨어 있으십시오"(사도 20,31).

삼 년 동안 밤낮을 쉬지 않고 한 사람 한 사람 몇 번을 가르치다가 말 안 들으면 "에이 몰라" 할 수 있는 것을, 그는 계속 눈물로 타일렀다. 왜 그랬을까? 가족이니까. 나하고 똑같은 지체니까.

신자들 역시 바오로 사도의 마음을 느꼈다.

"그는 나를 진짜 자기 형제처럼 대했다. 그러니 어찌 잊겠는가. 잊을 수 없다."

그러면서 함께 부둥켜안고 눈물을 흘렸다. 헤어질 때는 눈물바다였다. 이것이 바로 통공의 기본이다.

또한, 사도 바오로는 얘기한다.

"믿음이 강한 우리는 믿음이 나약한 이들의 약점을 그대로 받아주어야 하고, 자기 좋을 대로 해서는 안 됩니다"(로마 15,1).

고시래 떡을 아는가? '고시래'에는 근방을 다스리는 지신이나 수신에게 행사를 무사히 치르게 해 달라는 기원의 뜻과 근처 잡귀들에게 너희들도 먹고 물러가라는 주술적 의미가 포함되어 있다. 그렇다면 이 고시래 떡을 먹어도 될까?

사도 바오로의 저 말에 따르면, 믿음이 강한 사람은 먹고 약한 사람은 먹지 말라는 의미다. 믿음이 약한 사람은 그것 먹고 혹시 체하는 거 아닌지, 마귀 들리는 거 아닌지 걱정하니까 먹지 말라는 것이다. 그런 이들을 대할 때는 그들 믿음의 눈높이에 맞춰 이해해 줘야 한다. 반면, 믿음이 강한 사람은 "그까짓 고시래 떡, 다 몸에 좋은 영양분이지 뭐" 하고 성호 한번 긋고 먹어도 된다는 것이다.

결국 저 말씀은, 믿음의 분량만큼 상대를 대해 주자는 이야기다.

어떻게 통공하는가   종합적으로 이 '통공'을 다음과 같이 구분하여 정리할 수 있다.

첫째, '천국 교회' 성인들의 전구를 통한 통공이 있다. 우리는 천상에 있는 성인들을 공경하며 그들의 전구를 청하고 그들은 우리를 위하여 은총을 빌어줌으로써 지상 교회와 천국 교회 사이에 통공이 이루어진다.

월간 「가이드 포스트」에 소개된 실화다. 스노보드를 타던 중 목에 골절상을 입으면서 가슴 아래로 마비가 된 아들을 둔 한 엄마가 있었다.

아들은 수술 후, 재활병동에서 날마다 혹독한 물리치료를 받았지만 걷는 일은 요원해 보이기만 했다. 완전히 회복해 다시 걷게 될 확률은 고작 5% 정도라고 했다.

엄마는 그 5%에 매달려 누군가 준 기도카드를 움켜쥐고 기도했다. 카드엔 성 비오 신부의 초상과 그가 신자들에게 주는 소박한 조언이 적혀 있었다.

"기도하고, 희망을 가져라. 그리고 염려치 말라."

엄마는 날마다 비오 신부께 아들이 낫게 해 달라는 기도를 했고,

얼마나 읊었는지 잠꼬대로 중얼거릴 정도였다.

그러던 어느 날이었다. 잠깐 잠이 들었는데, 병실에 아들과 자신 말고 누군가 더 있다는 걸 어렴풋이 느끼곤 잠이 깼다. 눈앞엔 거친 천으로 만든 긴 가운을 입고 허리춤에 끈을 동여맨 비오 신부가 있었다. 그는 아들의 침대로 천천히 걸어오더니 가만히 서서 아들을 내려다 보다가 치료에 가장 애를 먹였던 아들의 오른쪽 다리에 한 손을 올려놓았다. 그러곤 병실을 나갔다. 분명 까무러치게 놀랐어야 마땅한 일이었는데 엄마는 다시 잠이 들었다.

다음날, 아들은 치료 도중 천천히 걸음을 떼었다. 순식간에 일어난 일이었다. 회복 속도는 빨랐다. 아들은 곧 퇴원해서 학교에 복귀했고, 스포츠를 제외하곤 늘 하던 이런저런 활동을 하고 있다고 한다.[1]

이처럼 우리는 전구를 청하는 기도를 할 필요가 있다. 그런데 어떤 이는 이렇게 물을지도 모른다. "예수님이 계신데 그분께만 기도하면 됐지, 왜 굳이 복잡하게 전구까지 청하고 그래요?"

한번 생각해 보자. 하늘에 계신 성인들은 언제 마음이 편할까? 지상에서는 지옥을 살고 있는 이들이 태반인데, 천국에서는 좋다고 잔치만 벌이고 있겠는가?

성인의 마음은 천국에서도 하느님 마음이고, 예수님 마음이다. 그런 그들은 예수님께 "저희에게도 일거리 좀 주세요" 하고 청하지 않았을까? 이 청원에 예수님은 이렇게 배려하셨을 터다. "그래, 너희에게 일거리를 주마. 접수되는 대로 너희에게 배치를 할 테니까 최선을 다해서 기도하거라."

둘째, '지상 교회' 성도들이 '연옥 교회' 성도들을 위해 '기도'와 '희생', '선행'으로 드리는 통공이 있다. 세상에서 보속을 다 못하고 떠난 영혼은 연옥에 들어가 보속이 끝날 때까지 단련을 받게 된다. 그들은 우리의 부모, 형제, 친척, 친구들이며 우리와 함께 지상 교회의 성도였다. 그러기에 우리는 그들을 동정하게 되고 그들의 형벌이 경감되거나 단축되게 하기 위해 기도한다. 그래서 교회는 연미사를 드리고, 신자들은 그 영혼을 위하여 연도를 드린다. 연옥 영혼을 도울 수 있는 방법에는 그들을 위해 자주 미사를 드리고, 대사(大赦)를 자주 얻어 그들에게 공을 넘겨주며, 기도와 고행, 자선을 행하는 것 등이 있다.

셋째, '지상 교회'의 성도들이 서로를 위해 공을 나눌 수 있다. 지상 교회에서 신자들끼리 서로 통공하는 방법에는 두 가지가 있다.

먼저, 기도다. 서로를 위해 바쳐 주는 기도가 효력이 있다는 것을 사도 바오로는 누구보다도 잘 알고 있었다. 그래서 망설임 없이 말했다.

"형제 여러분, 나는 우리 주 예수 그리스도를 통하여 성령의 사랑으로 여러분에게 부탁합니다. 나를 위하여 하느님께 기도드리며 나와 함께 싸워 주십시오"(로마 15,30).

이는 중보기도로 신자들끼리 주고받는 기도다. 이 기도로 은혜가 함께 하고 좋은 일이 일어난다. 여기에도 지혜가 필요하다. 집안에 문제가 있어 기도할 때, "애들 재워놓고 기도하자"는 부부가 있다. 그것은 가장 힘 있는 무기를 빼놓고 기도하는 것과 똑같다. 어른들의 생각에, 아이들이 이해력이 좀 부족하고 말이 어눌해 보일 수 있지만 그런 아이의 기도일수록 강력하다. 왜냐? 아이가 기도했는데 하느님이 응답 안 주시면, 그 아이의 구만리 같은 인생을 망치는 것이기 때문이다. 하느님도 계산이 능하시다. 그러니 어린 아이를 동원하는 것도 기도의 지혜다.

다음으로, 선행이다. 선행은 마음으로나 입으로 하는 기도보다 더 큰 효력을 갖는다. "금을 쌓아 두는 것보다 자선을 베푸는 것이 낫다. 자선은 사람을 죽음에서 구해 주고 모든 죄를 깨끗이 없애 준다. 자선을 베푸는 이들은 충만한 삶을 누린다"(토빗 12,8-9). 선행은 본인뿐 아니라 그 지향자에게도 효력을 발휘한다.

통공의 전제, 나를 위한 기도   "네 이웃을 네 몸과 같이 사랑하라"(루카 10,27 참조).

이 계명에는 먼저 자신의 몸을 사랑해야 한다는 것이 전제로 깔려 있다. 그래야 '네 몸과 같이'라는 말이 성립하기 때문이다. 기도도 마찬가지다.

먼저, '나'를 위해 기도할 줄 알아야 한다. 의외로 '나'를 위해 기도하는 걸 못하는 이가 많다. 심지어는 '나'를 위한 기도를 금기시, 나아가 죄악시 하는 극단적인 신앙관을 가진 이도 있다. 가끔 어떤 이는 "저는 항상 남을 위해서 기도했습니다"라고 얘기한다. 물론 그것도 참 장하다. 그런데 아쉬움이 있다. 그가 만일 자기를 위해 먼저 기도했다면 분명 기도의 차원이 달라졌을 것이다.

왜인가? '나'를 위해서 먼저 기도하고 '내' 안에 역사하시는 하느님에 대한 확신이 들 때 비로소 진짜 '남'을 위해 기도할 수 있는 마음이 생기기 때문이다. '내'가 체험해 보지 못하고 "저 사람 사탕 좀 주세요" 하면 되겠는가? '내'가 먹어보지도 못한 사탕을 어떻게 권할 수 있겠는가?

그러니 일단 기도의 첫걸음은 이기적으로 기도하는 것이다. 괜찮다. 이것은 출발이며 걸음마니까 괜찮다. 물론 만날 걸음마만 하면 안 되겠지만 일단 오늘부터 이기적으로 기도해 보자. 특히 아직 체험이 없는 이들은 꼭 자신을 위한 기도를 바쳐 보자. 물론 여기에는 자기 가정을 위해 기도하는 것도 포함된다. 그러면 나중에는 저절로 남을 위한 기도로 바뀌게 되어 있다.

평소 신심이 깊지 않던 한 중역회사 사장이 성당에 기도하러 갔다. 그런데 곧 걸인 한 사람이 옆에 와 큰 소리로 기도하기 시작했다.

"하느님 아버지, 제게 100만 원만 주십시오. 100만 원만 주시면 더 바랄 것이 없습니다!"

중역회사 사장은 분심이 들어 자신의 지갑에서 100만 원을 꺼내 걸인에게 주고 내보냈다. 걸인은 "할렐루야"를 외치며 성당을 나갔다.

사장은 그제야 다시 조용히 두 손을 모으고 기도하기 시작했다.

"하느님, 이제 제 기도에만 집중해 주세요!"

'내' 기도에 응답하시는 주님을 확신할 때, 비로소 '남'을 위해 기도할 수 있다.

오늘 믿음_ 영원한 청년의 전구

처음에 내가 송해붕 세례자 요한 선생을 알게 된 것은 고촌 성당 초대 주임 신부로 부임 받은 후였다.

그는 약 50년 전 고촌의 토박이들에게 신앙의 씨앗을 뿌렸던 스물네 살의 청년이었다. 가정방문을 할 때 토박이 신자들은 하나같이 그에 대한 말을 하였다. 모두가 그에게서 교리를 배우고 그를 통해 신앙을 얻게 된 사실을 자랑스럽게 회상하고 있었다.

그는 1950년 어느 날, 동네사람들에게 가톨릭 신앙을 전파한 죗값으로, 고작 스물넷의 나이에 고촌 천등고개에서 순교한 인물이었다. 그는 시성되지 않은 무명의 성인이었다. 나는 고촌에서의 사목활동에서마다 그의 전구가 가져다준 은총을 강하게 느꼈다.

그것도 잠시, 나는 다시 명을 받고 '사목연구소' 설립 책임을 맡게 되어 그곳을 떠나게 되었다. 여러 장소를 물색하던 끝에 양곡 본당 소속 누산리 공소를 개조하여 자리를 잡았다. 그런데 그곳이 송해붕 선생이 고촌 공소에 기거하면서 자주 교리를 가르치러 왔던 곳이며, 6·25 때 공산당을 피해 잠시 피신해 있던 곳이었다는 이야기를 듣게 되었다. 순간 등골이 오싹해짐을 느꼈다. 송해붕 세례자 요한의 '총각귀신'(?)이 나타난 기분이었다. 이렇게 해서 두 번째 만남이 이루어졌다.

그런데 이것이 전부가 아니었다. 그와의 세 번째 만남이 기다리고 있었다. 누산리 공소에 자리를 잡은 지 어언 4년, 연구소 자리를 옮겨야 할 상황에 몰리고 있었다. 우선 건물이 노화되어 보수공사가 빈번했고, 하나둘 불어나는 직원들을 수용하기에는 공간이 턱없이 비좁았다. 게다가 연구소로서 갖추어야 할 교육장소가 없어 불편하기 짝이 없었고, 위치 자체가 너무나 외곽으로 떨어져 있어 직원들 출퇴근이 큰 문제였다.

이런 이유들로 주교님께 보고를 드려 연구소를 새로 짓기로 재가를 얻었다. 교우 중 부동산 중개업을 하고 있는 이를 통해 이곳저곳 땅을 물색하였다. 그동안 '전구'의 힘을 여러 차례 느껴왔던 터였기에 가급적이면 고촌 부근에서 멀리 떠나고 싶지 않았다. 나는 마지막 희망을 품고, 송해붕 선생의 이름으로 기도를 드렸다.

"송해붕 세례자 요한 님, 제가 이곳을 떠나는 것이 옳지 않다면 '땅'을 마련해 주시고, 만일 떠나도 상관없다면 앞으로도 계속 전구해 주세요."

불안했지만 믿어지는 구석도 있었다. 그런데 기도를 드린 바로 다음 날이었다. 뜻밖의 전화를 받았다. 적당한 땅이 나왔으니 만나자는 것이었다. 안내해 준 이가 "이 땅입니다" 하고 가리킨 땅은 바로 고촌 천등고개에 있었다. 순간, 나의 가슴이 뛰기 시작했다.

'천등고개? 그러면 이곳은 송해붕 선생이 순교하신 곳이 아닌가?'

바로, 총살형이 행해진 현장에서 100m거리에 위치한 곳이었다. 나는 즉석에서 답변하였다.

"맘에 듭니다. 사겠습니다."

그곳 주변에는 이미 정수장이 들어섰고, 달랑 그곳만 공지로 남아 있었다. 고촌을 떠나지 않는다면 어디 한쪽 구석의 땅이라도 고마울 판에 이렇게 좋은 땅이 기다리고 있었다니…. 이는 분명 하느님께서 예비해 놓으신 땅이로구나. 나는 송해붕 선생의 전구에 힘입은 것임을 직감했다.

사실, 성인품에 오르기도 전에 현양하는 것은 위법이다. 그러나 나는 송해붕 세례자 요한 선생이 이미 하늘에서 성인이 되었다는 확신이 든다. 밑에서 품 받아 성인으로 올라가는 것이 아니고 위에서 이미 성인인데 밑에서 늦게 알아보고 성인품 받는 것이다.

송해붕 선생의 이야기를 『스물넷, 못다 사른 불꽃』으로 엮으며 소설가 안 영 선생이 바친, 전구를 청하는 기도를 함께 바쳐 보자.

> 이념 갈등으로 어수선한 해방 직후
> 가난한 이들에게는 인정 많은 교사로서
> 몽매한 이들에게는 주님의 증거자로서
> 청춘의 끓는 피 불꽃으로 태우다가
> 동족상잔의 비극에 휩쓸린 1950년,
> 고작 스물넷 나이에 누명 쓰고 순교한
> 공깃돌 송해붕 세례자 요한 선생이시여,
> 반세기 전 임께서 뿌린 복음의 씨앗
> 곳곳에서 꽃 피워 열매 맺고 있사오니
> 부디 성모님 품에 안겨 편히 쉬소서.

임께서 못다 사른 선교의 불꽃
임께서 몸 바쳐 불태우던 바로 그 터에서
임의 후예들이 뜨거운 사명감으로 불씨를 댕겨
삼천리강산을 휘달리며 태우고 있사오니
그들이 성령의 권능과 건강을 허락받아
이 땅의 복음화에 정진할 수 있도록
우리 주 하느님께 전구해 주소서.
아멘!

16. 죄의 용서

우리들의 이야기   어느 성당에서 있었던 일이다. 강론 시간에 주임 사제가 신자들에게 '죄의 용서'에 대해 열강하고 나서 물었다.

"이제 미워하는 사람이 한 명도 없는 분 손들어 보세요!"

손을 드는 사람은 아무도 없었다.

"아무도 없나요?"

다시 묻자, 한 할아버지가 겨우 손을 들었다. 반가운 마음이 든 사제는 큰소리로 말했다.

"할아버지 어떻게 아무도 미워하지 않게 됐습니까? 저희에게 말씀 좀 해 주세요."

할아버지의 대답은 간단했다.

"응, 미워하는 사람들 있었는데 다 죽었어!"

어찌됐든 은혜다. 지구상에서 미워하는 사람이 없는 시간을 지낼 수 있다는 것만으로도.

원고백의 속뜻

죄 우리가 사도신경에서 '죄의 용서'를 고백할 때 이를 라틴어로는 '레미시오넴 페카토룸'(remissionem peccatorum)이라고 한다. '레미시오넴'은 '용서하다'의 뜻을, '페카토룸'은 '죄'를 뜻한다.

그리스어로 죄를 '하마르티아'(hamartia)라고 하는데 이는 어원적으로 활 쏘는 사람이 과녁을 맞히지 못하는 것을 뜻한다. 인간이 자신이 태어난 목적을 바로 알지 못하고 비뚤어진 데로 나가거나 목적과 어긋난 행동을 했을 때 죄가 성립된다는 것이다. 곧 하느님의 뜻을 거스른 것, 하느님의 계명을 거스른 것이 죄다.

야고보서는 이 죄의 뿌리와 결과에 대해 다음과 같이 말한다.

"욕망은 잉태하여 죄를 낳고, 죄가 다 자라면 죽음을 낳습니다"(야고 1,15).

이 말씀은 곧 우리 이야기다. "내가 죄를 언제 지었더라?" 하고 돌이켜 생각해 보면, 욕심을 많이 냈을 때 죄를 짓는다. 그런데 죄를 짓고 나면, 하여간 마지막에 죽는 죽음 말고도 우리 안에 뭔가가 죽는다. 자꾸 피해를 입는다.

사도 바오로는 '한 사람'의 죄가 어떻게 퍼지게 되었는지 이렇게 밝힌다.

"한 사람을 통하여 죄가 세상에 들어왔고 죄를 통하여 죽음이 들어왔듯이, 또한 이렇게 모두 죄를 지었으므로 모든 사람에게 죽음이 미치게 되었습니다"(로마 5,12).

아담이 범죄한 이후, 이 세상에 죄가 쫙 퍼져버렸다. 그러니까 뭐든 한 사람이 일을 시작하면 순식간에 퍼지게 되어 있다. 가만히 있다가 누가 하는 거 보고 호박 서리도 하고, 그다음 참외 서리도 하고. 이렇게 처음에는 누가 하는 것을 보고 따라 하게 된다.

그런데, 그 죄의 결과는 비참한 것이었다.

"모든 사람이 죄를 지어 하느님의 영광을 잃었습니다"(로마 3,23).

태초에 우리가 가지고 있던 파라다이스, 그 낙원의 특권을 잃게 되었다는 말이다. 안 먹어도 배부르고, 소통도 말할 필요 없이 이심전심으로 싹 되고 등등, 그런 하느님의 영광이 없어졌다. 이것을 타락이라고 이야기한다.

죄를 말하려면 인간의 자유의지를 언급해야 한다. 본디, 인간의 자유는 창조주 하느님의 선물이다. "너는 동산에 있는 모든 나무에서 열매를 따 먹어도 된다"(창세 2,16) 하고 '자유'가 주어졌다. 그러나 "선과 악을 알게 하는 나무에서는 따 먹으면 안 된다"(창세 2,17) 하고 '조건'이 따라왔다.

여기서 잠깐! 이를 두고 이렇게 반문하는 이도 있다. "그 선악과는 왜 만들었냐! 그것만 안 만들었으면 죄도 안 짓는 건데, 그러니까 그건 하느님 책임이다! 그거 만드는 바람에 우리가 요 모양 요 꼴이 된 거 아니냐?"

그런데 이 '조건'에 대해서 우리는 잘 생각해 봐야 한다. 이것은 상징적인 의미가 있다. 이는 인간의 자유를 속박하기 위한 조치가 아니라, 하느님과 인간 사이의 '질서'를 보존하기 위해 주어진 것이다. 하느님이 세상을 만드시고 인간에게 자유의지를 딱 주시고 나서, 그 자유의지에 적어도 합의된 선이 필요했기에 그랬던 것이다. 그래서 "나는 창조주고, 너희는 피조물이다. 딴 건 몰라도 요 관계만은, 뒤집지 마라" 하고 만드신 것이 선악과다.

부모와 자식의 관계가 아무리 가깝고 민주적이라 하더라도 자녀가 '부모의 자리를 넘보는 것'은 용납되지 않는다. 마찬가지로 하느님은 하느님이고 인간은 인간으로 머물자는 것이 선악과의 취지다.

그러기에 선악과는 형식 논리다. "도대체 그게 뭐길래?" 여기서 그것이 무엇인지는 별로 중요하지 않다. 중요한 것은 "안 된다"는 금령이다. 바로 이 금령을 일컬어 형식 논리라고 하는 것이다. "적어도 안 된다고 하면, 안 되는 줄 알거라." 이런 말이다. 왜? 그분은 창조주시고, 우리는 피조물이니까.

또 이 선악과는 물고기에게 있어서 '물'이라는 조건과 같다고 말할 수 있다. 물고기에게는 물이 생존의 조건이다. "물속은 갑갑하니까 더 큰 자유를 얻기 위하여 물 밖으로 나오겠다"고 고집하면 물고기는 죽음을 맞이할 수밖에 없다. 욥기는 그 선, 그 경계의 의미를 잘 표현해 주고 있다.

"여기까지는 와도 되지만 그 이상은 안 된다. 너의 도도한 파도는 여기에서 멈추어야 한다"(욥 38,11).

그러기에 우리는 "그게 뭐길래!" 하지 말고, "안 된다"라고 하시면, 안 되는 줄 알면 되는 거다. 그러면 하느님은 하느님으로 계시고 인간은 인간으로, 이 풍요로운 관계 속에서 주고받음이 이루어질 수 있다.

그런데, 아담이 죄를 짓고 나서 인간이 자유를 잃었다. 곧 아담과 하와가 선악과를 따먹었다는 얘기는 '피조물'로서 존재조건을 깨트렸다는 데 핵심이 있다. 물고기가 뭍으로 뛰쳐나온 격이다. 이렇게 해서 '자유'를 왜곡·남용하며 피조물로서의 존재성을 거부하고 마침내 하느님으로부터 이탈한 인간은 죽음에 추락하여 오히려 '부자유' 속에서 살게 되었다. 사도 바오로는 그 부자유를 이렇게 탄식하였다.

"선을 바라면서도 하지 못하고, 악을 바라지 않으면서도 그것을 하고 맙니다. 그래서 내가 바라지 않는 것을 하면, 그 일을 하는 것은 더 이상 내가 아니라 내 안에 자리 잡은 죄입니다. 여기에서 나는 법칙을 발견합니다. 내가 좋은 것을 하기를 바라는데도 악이 바로 내 곁에 있다는 것입니다"(로마 7,19-21).

사도 바오로는 이처럼 자유를 상실하여 죄에 시달려 온 자신을 비참한 인간이라고 표현하였다.

그런데, 부자유 속에서 아등바등 살고 있는 인간은 예수 그리스도를 통해서 다시 자유를 되찾을 길이 생겼다.

죄의 용서   용서를 뜻하는 '레미시오넴'의 목적격 '레미시오'(remissio)는 '묶인 것을 풀어줌'을 뜻한다. 죄는 자신을 묶는 것과 같다.

하여간 이 세상 죄의 문제는 어느 누구도 해결하지 못했다. 결국 이 죄는 인간을 심판하는 기준이 되어 버렸다. 그래서 상선벌악이라는 것이 만고의 진리로 굳었다. '눈에는 눈, 이에는 이'와 같이. 이것이 세상 사람들이 알고 있는 상식적인 진리다.

그런데, 이제 예수님께서 이것을 해결할 대사제로 오신 것이다. 예수님은 스스로가 '세상의 죄를 없애시는 하느님의 어린양'(요한 1,29)이 되시어 또한 스스로 '자비로울 뿐만 아니라 하느님을 섬기는 일에 충실한 대사제가 되시어'(히브 2,17) 소나 양의 피가 아닌 자신의 피로 영원한 '속죄의 제사'를 드리셨다(히브 9,12 참조).

예수님은 십자가 죽음을 통하여 이 용서를 완성하셨다. 예수님이 지신 십자가는 '죄'와 '불의' 자체였다.

단지 기득권을 뺏기지 않으려는 목적으로 오직 사랑으로 일관된 고결한 삶을 폭도요 반역 죄인으로 모함한 소위 지도자라는 이들의 질투와 흉악함이 저 십자가에 걸려 있었다.

거기에는 정의가 불의에 의하여 심판 받는 세상의 온갖 부조리가, 절대 정의가 절대 불의에 의하여 재판 받는 가장 억울한 부조리가 걸려 있었다.

거기에는 "호산나" 하고 외치던 찬양의 소리를 하룻밤 새에 돌변하여 "죽이시오" 하고 외치는 군중들의 줏대 없는 양심, 부화뇌동하며 세상의 유혹에 장단 맞추는 싸구려 양심이 걸려 있었다.

거기에는 병사들의 침 뱉음, 모욕, 채찍으로 대표되는 온갖 능욕과 폭력이 함께 걸려 있었다.

이런 죄악의 모든 쓰레기를 예수님은 십자가와 함께 짊어지고 골고타 언덕을 오르셨다.

예수님은 이 죄를 모두 짊어지시고 십자가 제물이 되셨다.

하지만 예수님은 죄악, 불의, 폭력에 대해 비폭력적인 용서의 길을 선택하셨다.

예수님은 십자가 제사로 용서를 완성하시고 나서 말씀하셨다.

"다 이루어졌다"(요한 19,30).

동서고금을 막론하고 세상은 '눈에는 눈, 이에는 이'라는 복수의 법칙, 응보의 원칙을 따라 복수와 징벌을 가하고자 한다. 그런데 예수님은 십자가에서 이 법칙을 '용서의 법칙'으로 바꾸어 놓으셨다. 그 법칙이 해방의 길이며 생명의 길임을 보여주시고 완성하셨다.

"다 이루었다"는 말씀은 예수님이 십자가 제사를 통하여 인류를 '죄'의 굴레에서 온전히 해방시키셨다는 것을 나타낸다.

"누가 이 죽음에 빠진 몸에서 나를 구해 줄 수 있습니까? 우리 주 예수 그리스도를 통하여 나를 구해 주신 하느님께 감사드립니다"(로마 7,24-25).

이 예수님의 십자가 제사 덕택에 우리는 죄와 죽음에서 해방된 존재들이다.

"여러분도 알다시피, 여러분은 조상들에게서 물려받은 헛된 생활 방식에서 해방되었는데, 은이나 금처럼 없어질 물건으로 그리된 것이 아니라, 흠 없고 티 없는 어린양 같으신 그리스도의 고귀한 피로 그리된 것입니다"(1베드 1,18-19).

예수님은 인류가 아닌 '나'를 위해 십자가를 지셨다 20세기 최고의 신학자 칼 라너는 "설령 단 한 사람만이 대죄를 범했다 하더라도 예수님께서는 그 사람을 위해서 십자가에서 돌아가실 것이다"라고 말하였다. 이 세상에 60억 이상의 인구가 있지만 주님은 '나' 한 사람만을 위해서 죽으실 수 있다는 것이다. 용서를 청하는 인간은 우리의 모든 죄가 철저히 부수어지고 구원이 결정적으로 이루어진 부활의 첫 새벽이 바로 나를 위한 새벽이었음을 믿어야 한다.

"나 같은 사람도? 나도 포함되나?"의 문제가 아니라는 대학자의 말이다. 우리는 몇 백 명이 모여 있는 큰 성당에 가면, 갑자기 작아지는 기분이 들 때가 있다. "이 많은 사람 가운데 우리 하느님이 나를 보고 계실까?" 물론이다! 그러기에 '나'라는 사람의 소중함, '나'라는 사람이 하느님 앞에 가지는 의미를 우리는 확인할 필요가 있다.

나는 하느님한테 여러 명 가운데 한 명이 아니다. 하느님은 우리 각자를 오로지 '그 사람만 거기에 있는 듯'이 상대해 주시는 분이다. 마치 예수님 다락방 사건 이후, 나머지 열한 제자 제쳐놓고 토마스 사도하고만 상대하셨던 것처럼(요한 20,24-29 참조).

그럼에도 여기에 의심을 갖는 이에게 내가 해 주는 설명이 하나 있다. 학교에서 공부 잘하는 아이에게 "얘, 너 이번 시험 잘 쳤니?" 하고 물으면, 대부분 "망쳤어요" 한다. 반면 공부 적당히 하는 아이에게 같은 질문을 하면, "뭐 대충 잘 쳤어요" 하고 넘어간다. 그런데 나중에 성적표 나온 것을 보면, 잘 쳤다고 한 애는 한 서른 개쯤 틀렸다. 망쳤다고 한 애는 한 개를 틀렸다. 그런데 왜 공부 잘하는 아이는 한 개 틀려놓고 망쳤다고 하는가? 완전을 지향하니까 그런 거다. 이 아이는 백점 맞는 것이 목표여서 그 한 개가 두고두고 가슴을 파는 것이다. 그 한 개가 걸리는 거다.

우리 하느님은 어떤 분이신가. 완전을 지향하시는 분이 아니라 완전 자체시다. 그러니 그분께는 그 하나가 문제 되는 법. 나 하나가 하느님 완전의 결정타인 것이다. 그러니 가끔 이런 협박기도를 드려봄도 괜찮을 터다. "주님, 제가 하자품이면 주님이 만드신 우주는 하자인 겁니다" 하고. 그러니 주인공은 나다. 나의 용서를 위해 주님이 십자가를 지신다. 이 용서에서 제외된 사람은 없다.

열린 믿음

'죄'는 없다?   "죄는 없다!" 포스트모던 시대를 살고 있는 이 시대의 주장이다. 이 시대는 모든 것에 상대주의적인 관점이 지배한다. '상대'의 제일 큰 유혹은 뭔가. '절대'를 부정하는 것이다. 그래서 죄가 없다는 말이 나오게 된다.

자녀들더러 고해성사를 보라고 하면 자꾸 동의가 안 된다. "엄마는 맨날 옛날 십계명 구닥다리 갖다가 나 보러 자꾸 죄 지었다고 하고, 숨도 못 쉬게 만들고, 이게 뭐 죄라고. 그건 그때 사람들한테나 해당되던 거지, 이 시대에 이게 무슨 죄야? 다들 바빠서 성당 못 나가고 하는데 나만 못 나가나?"

요즘의 풍토가 그렇다. 학자들은 또 학자들대로 학문적으로 부정한다. 심리학자 프로이드는 많은 환자를 상담한 결과 질병, 특히 정신 질환의 주요 원인이 '죄의식'이라는 사실을 밝혀냈다. 그는 죄의식이 인간의 '원초 본능'(id 또는 libido)과 '초자아'(super ego)의 갈등에서 생긴다고 봤다. 그가 말하는 초자아는 전통, 관습, 종교 등이다. 인간의 본능이 이런 것들의 지시를 따르지 않을 때 죄의식이 생긴다는 것이다. 그러므로 사람이 죄의식을 벗어나는 것이 살 길인데 그러기 위해서는 초자아로부터 자유로워야 한다고 프로이드는 결론 내렸다. 요컨대, 종교(전통, 관습)가 사람에게 죄의식을 자아내기 때문에 아예 종교를 버려야 한다는 것이다.

요즈음 뉴에이지 운동이 대체로 이 노선을 취한다. 종교는 사람을 구원하지 않고 오히려 사람에게 죄의식만 조장한다는 것이다. 본래 '선'도 없고 '악'도 없다는 것이다. 그러니 '죄'도 없다는 것이다. 없는 것을 종교가 인위적으로 만들어놨다는 것이다. 그래야 종교인들이 먹고 살 수 있으니까. '선'이 있다면 그냥 자기 본능대로 '자기 뜻대로 사는 것'이 선이요, '악'이 있다면 '자기 뜻대로 살지 못하거나 않는 것'이 악이라는 것이다.

과연 죄는 없는 것일까? 이를 밝히려면 먼저 '죄'라는 말뜻을 확인하고 들어가야 한다. 성경적인 의미로 '죄'(특히 히브리어 하타[hata]와 그리스어 하마르티아[hamartia])는 하느님 또는 계명을 '거스르는' 행위를 말한다. 한자로 죄(罪)는 씨줄과 날줄로 이루어진 그물(四)의 벼리(綱)가 '아닌 것'(非)을 의미한다. 여기서 벼리(綱)는 천륜(天倫)과 인륜(人倫)을 뜻한다. 강상죄인(綱常罪人), 즉 '삼강오륜을 범한 죄인'이라는 말이 있듯이 천륜과 인륜에 어긋나는 것이 바로 죄라는 것이다. 그러니까 '죄'의 성립에 문제가 되는 것은 그 척도가 되는 하느님의 존재 여부, 그리고 천륜과 인륜의 보편타당성 여부다. 하느님이 존재한다면 죄라는 것도 있는 것이다. 계명(천륜과 인륜)이 보편타당하다면 죄라는 것이 성립되는 것이다. 이들을 거스르는 것이 바로 죄이기 때문이다.

그런데, 하느님은 존재하신다. 부인하는 이들도 적지는 않지만 인류의 절대 다수가 이를 믿어 왔다. 또한 양심, 계율, 천륜과 인륜 등을 동서고금의 사람들이 인정해 왔다. 오늘날 비교종교학의 연구 결과는 이 사실을 뒷받침해 주고 있다. 그러므로 죄는 있다.

용서 받는 길 용서를 베풀기 위해서 예수님은 우리에게 오셨다. 키에르케고르는 그것이 얼마나 멀고 먼 길이었는지를 아는 사람이었다. 그는 다음과 같이 말했다.

"죄인에 대한 문제라면 하느님은 그냥 팔을 벌리고 서서 '이리 오라'고 단지 말씀만 하시지 않는다. 줄곧 서서 기다리신다. 탕자의 아버지가 그랬던 것처럼.

아니다. 그분은 서서 기다리시지 않는다. 찾아 나서신다. 마치 목자가 잃은 양을, 여인이 잃어버린 동전을 찾아 나선 것처럼 그분은 찾아 가신다.

아니다. 그분은 이미 가셨다. 그 어떤 목자나 여인보다 무한히 먼 길을, 진정 그분은 하느님 신분에서 인간 신분이 되기까지 무한히 먼 길을 내려오셨다. 그렇게 죄인들을 찾아오신 것이다."

예수님은 십자가 제사를 통해 몸소 이루신 용서가 제자들을 통하여 '모든 시대', '모든 이에게서' 구체적으로 실현되기를 바라셨다. 그래서 예수님은 베드로를 비롯한 제자들에게 '땅에서 죄를 용서하는 권한'을 주셨다.

"너희가 무엇이든지 땅에서 매면 하늘에서도 매일 것이고, 너희가 무엇이든지 땅에서 풀면 하늘에서도 풀릴 것이다"(마태 18,18).

예수님은 부활하신 이후 용서의 권한과 사명을 더 분명하게 제자들에게 양도하셨다.

"너희가 누구의 죄든지 용서해 주면 그가 용서를 받을 것이고, 그대로 두면 그대로 남아 있을 것이다"(요한 20,23).

여기서 확실히 해 둘 것이 있다. 예수님께서 말씀하실 때 분명히 그 청중에 따라 말씀하시는 내용을 가리시고 수위를 조절하셨다는 사실이다. 그런데 이 말씀은 열두 사도(나중에는 열한 사도)를 겨냥하여 하신 말씀이었다. 곧 용서의 권한과 사명을 사도들에게만 국한하였다는 말이다.

이 권한과 사명은 그대로 제자들의 후계자들에게 계승된다.

"여러분 자신과 모든 양 떼를 잘 보살피십시오. 성령께서 여러분을 양 떼의 감독으로 세우시어, 하느님의 교회 곧 하느님께서 당신 아드님의 피로 얻으신 교회를 돌보게 하셨습니다"(사도 20,28).

이 용서를 받기 위해 우리에게 필요한 것은 회개다. 이 회개는 세 가지 차원으로 이루어져야 한다.

우리가 늘 '회개' 그러면, 습관적으로 '윤리적인' 회개만 한다. "착하게 살겠습니다" 하고.

그런데 진짜 회개는 '지성적인' 회개다. 가치관이 바뀌어야 한다. 내 가치관이 바뀌지 않고, 그 가치관의 틀 안에서 조그맣게 뉘우쳐 봐야 소용이 없다. 우리는 관점을 바꿀 필요가 있다. 독자는 이 책을 통하여, 즉 '사도신경'을 깊이 배워나가면서 이미 회개가 이루어졌을 수 있다. 지금껏 내가 몰랐던 것들이 확장되고, 더 깊어지고 하면서 내 신앙에 변화가 있고, 쇄신이 이루어지고 있다면, 그것이 진정한 회개다.

그다음, 가장 상등 회개는 주님께로 향하는 '영성적인' 회개다. 곧 주님과 나의 영성적인 관계를 성찰해서, "내가 주님을 위해 기도시간을 더 내겠습니다. 내가 주님 속을 헤아리고 주님의 뜻을 행하는 데 노력하겠습니다. 주님이 원하시는 사명이 무엇입니까?"를 묻는 회개다. 고해성사를 준비하면서 만날 사람들끼리 치고받은 것만 생각하지 말고, "제가 아직도 사명을 못 깨달았습니다. 하느님, 죄송합니다. 제가 불효잡니다"라는 것들을 생각할 수 있을 때 이것이 진짜 회개다.

이미 받은 용서로 서로 용서하라 예수님이 말씀하신 약속에 의거해서 보면, 심판도 이미 받았고, 구원도 이미 받았다. 우리는 이미 구원 받은 사람이다. 그러기에 우리는 이 땅에서 이미 천국의 시민으로 살고 있다. 죄의 용서를 받은 사람으로서 우리는 두 가지를 살아내야 할 일이다.

그 하나는 '용서 받은 사람의 삶'이다. 용서 받은 사람의 당당함이 필요하다. 천국의 자녀답게. 앞서 창조주 하느님이 "고개를 들어라. 나는 네 뒤통수를 보려고 너를 만든 게 아니다. 네 두 눈을 보고 싶어서 너를 만들었다. 그러니 나를 똑바로 쳐다보아라" 하고 말씀하신 것처럼 우리는 주님의 사랑받는 자녀로 살아갈 필요가 있다.

다른 하나는, 내가 용서 받았으면, 이제 용서를 자꾸 확산시키는 것이다. 용서의 은혜를 나누는 것이다. 하느님이 나한테 거저 용서를 주셨는데, 내가 이 세상 사람들하고 원수를 맺으면 되겠느냐 이 말이다. 그래서 우리는 이 세상 사람들하고 화해하며 살 필요가 있다.

용서해야 우리가 이미 거저 받은 용서를 유지할 수 있다. '매정한 종의 비유'(마태 18,21-35 참조)에서처럼 우리가 형제의 작은 잘못을 용서해 주지 않는다는 것은 '만 탈렌트'나 되는 빚을 탕감 받고도 '백 데나리온'밖에 안 되는 빚을 진 동료의 멱살을 잡고 빚 갚을 것을 호통치는 꼴이다. 우리가 용서하지 않으면 우리도 이미 탕감 받은 것을 취소당하는 낭패를 면치 못할 것이다.

"너희가 저마다 자기 형제를 마음으로부터 용서하지 않으면, 하늘의 내 아버지께서도 너희에게 그와 같이 하실 것이다"(마태 18,35).

이 말씀은 우리를 살리기 위한 명령이다. 하느님은 우리의 '산더미' 같은 빚을 다 탕감해 주셨는데 거기에 비하면 다른 사람이 우리한테 한 잘못은 '개미 집' 정도밖에 안 된다. 하느님께 받은 그 큰 용서를 생각할 때 어떻게 서로 용서하지 않을 수 있겠는가?

예수님이 하도 "용서, 용서" 하시니까 하루는 베드로가 예수님께 물었다.

"주님, 제 형제가 저에게 죄를 지으면 몇 번이나 용서해 주어야 합니까? 일곱 번까지 해야 합니까?"(마태 18,21)

당시 라삐들은 인간이 베풀 수 있는 용서의 횟수를 최대 '세 번'으로 가르쳤다고 한다. 베드로는 이를 파격적으로 마음을 써서 '일곱 번'으로 올려 물었던 것이다. 그런데 이어지는 예수님의 대답이 베드로를 크게 한 방 때렸다.

"일곱 번이 아니라 일흔일곱 번까지라도 용서해야 한다"(마태 18,22).

이 대답을 통해 예수님께서 말씀하시려 한 것은 용서란 주판알을 튕기는 그런 성질의 것이 아니라는 것이다. 횟수를 세는 것 자체가 이미 용서를 못한 것이다.

사도 바오로는 용서를 하느님께 맡기는 것이 상책이라고 권고한다.

"사랑하는 여러분, 스스로 복수할 생각을 하지 말고 하느님의 진노에 맡기십시오. 성경에서도 '복수는 내가 할 일, 내가 보복하리라.' 하고 주님께서 말씀하십니다"(로마 12,19).

결국 용서란 믿음의 행위다. 남을 용서하는 것은 결국 하느님을 믿는 것이다. 하느님이 나보다 정의를 실현하는 데 뛰어난 분이심을 믿는 것이다. 용서함으로써 복수의 권리를 거두고 정의의 판결을 모두 하느님께 넘겨드리는 것이다.

나 역시 여러 저술에서 주문처럼 가르쳐 드린 것이 있다.

"그 무엇도 내 허락 없이는 나를 불행하게 만들 수 없다!"

그렇다. 그 무엇도, 아무리 억울하다는 생각이 들어도, 아무리 분해도, 미움의 감정이 생겨도, 내 허락 없이는 나를 불행하게 만들 수 없는 것이다. "가라! 나는 이 세상에서 내가 원하는 것은 행복이고 평화다" 하고 말이다. 나 스스로도 이 원리를 터득하며 내 것으로 만들었기에 어떠한 상황이 와도 "히히허허" 할 수 있다. 이는 하느님이 주신 지혜니까.

"나 허락 안 해, 결재 안 해! 부결! 가지고 가!" 이렇게 되는 것이다.

결국 이 모든 것에 원천으로 가 보면, 아예 처음에 용서할 일을 만들지 않는 것이 최고다.

오늘 믿음_ 통회의 기도

때로 신앙 선배들이 남긴 신앙 시는 짧고 강력한 간증이 된다. 나는 시 한편에서 양서 한 권이 주는 것 이상의 깨달음을 건지는 경우가 허다하다. 이것이 내가 저술에서 시 인용을 즐기는 까닭이다.

성찬경 시인의 기도로 우리의 통회를 주님께 고백해 보자.

오오, 하느님
당신 앞에서 무릎꿇고 당신 이름 부르며
당신께 저의 모든 것을 바칩니다.
비밀 속에 숨은 비밀까지도
환히 보시는 당신 앞에서
제가 숨길 수 있는 것이 뭣이 있겠습니까.
다만 죄로 얼룩진 저의 영혼의 지도를
당신 앞에 펼치겠습니다.
오오, 하느님.
원래는 하늘에 계신 당신처럼
완벽에로 나아가야 할 제가,
〈성체〉 모시는 하느님의 성전이어야 할 제가,
이렇게 딱한 꼴이 되었습니다.
이것이 저의 검은 사욕입니다.
이것이 잘못 사용한
저의 자유의 구김살입니다.
이것이 게으름에서 고인 저의 번뇌,
아픔, 괴로움, 저의 우수입니다.
그러나, 오오, 하느님
제게 마지막 남은 비밀이 있습니다.
그것은 끝으로 남은
한 조각 맑고 가난한 마음으로
당신을 찬미하고자 하는

저의 바램입니다.
이렇게밖엔 할 수 없는
이 죄인을 불쌍히 여기시어
빛에로,
평화에로 이끌어주소서.
오오, 영원히 찬미하올 하느님.
이 죄인을 당신 곁에 이끌어주소서.[1]

이 기도를 공감하는 이에게는 이미 주님이 오셨다. 오늘 용서 다 받았다. 이제 이 용서를 주변에 퍼뜨려 보자.

17. 육신의 부활

우리들의 이야기　신심 깊던 한 어머니가 네 명의 아들이 지켜보는 가운데 임종을 맞게 되었다. 어머니는 아들들에게 차례로 작별 인사를 하며 말했다.

"엄마에게 굿나잇 키스를 해 다오."

그런데 막내아들에게만은 '굿바이 키스'를 해 달라고 했다. 막내아들이 그 이유를 묻자 어머니는 말했다.

"엄마가 여러 번 너에게 예수 그리스도를 믿는 진리를 가르쳤지만 너는 끝내 거절했지. 그러니 너를 천국에서 다시 본다는 보장이 없구나. 나도 네가 보고 싶지만, 이제 영원한 이별인 것 같아 굿바이 키스를 해 달라는 거란다."

어머니의 이 말은 결국 막내아들에게 '굿나잇 키스'를 하도록 만들었다.

지혜롭고 멋진 엄마다. 순도 100%의 부활신앙을 막내아들에게 전해 주기 위한 '굿바이 키스'의 발상은 우리에게 진한 여운으로 다가온다.

원고백의 속뜻

육신의 부활을 믿으며   이제 신앙고백은 대단원에 이르러 '육신의 부활을 믿으며'로 이어진다. 이는 라틴어로 '카르니스 레수렉씨오넴'(carnis resurrectionem)이다. '카르니스'는 '육신'을 '레수렉씨오넴'은 '부활'을 뜻한다.

'육신의 부활을 믿으며' 다음은 '영원한 삶을 믿나이다'라는 고백으로 이어진다.

사도신경의 역사를 보면, 사실 '영원한 삶'은 나중에 추가되었다. '육신의 부활'과 '영원한 삶'은 결국 같은 얘기다. 육신이 부활했으니까 영원한 삶이 있는 것이다. 그렇다면 같은 얘기인데 왜 이렇게 번거롭게 반복해서 쓰는가? 이유가 있다.

육신의 부활을 우리가 얘기할 때는, "이 세상에서 이 육신을 가지고 어떻게 살아야 하는가"에 방점이 있다. 반면, 영원한 삶은 "그러면 궁극적으로 우리가 무엇을 희망해야 할까, 죽음 너머의 무엇을 희망해야 할까"에 방점이 있다. 결국 방점이 있는 요지가 다른 것이다.

이를 염두에 두고 본격적인 의미 공감을 꾀해 보자.

부활의 관문, 죽음 죽음은 존재하는 실체가 아니라 누구든 거쳐야 하는 통과의례다.

죽음이 인식의 직접적 대상은 아니다. 죽음은 직관할 수 없고, 정체를 확인할 수 없는 무(無)의 한 국면이라고 할 수 있다. 체험될 수 있는 것은 삶의 끝으로서의 죽음, 삶의 과정 속에 함께 삶을 에워싸고 있는 구체적 형체로서의 죽음인 것이다.

죽음에 관한 우리말 표현에서 죽음에 대한 우리의 생각을 엿볼 수 있다. '죽음'을 가리키는 여러 어휘 가운데, '돌아가다', '별세하다', '타계하다'라는 표현이 있다. 이런 어휘들은 옛적부터 죽음을 어떻게 이해하고 있었는가를 잘 나타낸다.

'돌아가셨다'는 것은 왔던 곳으로 다시 가셨다는 뜻이다. '죽음'은 '돌아가는 것'이다.

또 죽음은 '별세(別世)하는 것'이다. 말 그대로 이 세상과 이별한 뒤 특별한 세상으로 가는 것이 죽음이라는 얘기다.

그리고 죽음은 '타계(他界)하는 것'이다. 즉 '다른 세계'로 떠나가는 것이다. 죽음은 소멸을 뜻하는 것이 아니라, 다른 세계로 들어가는 것이다.

이 세 단어는 하나같이 인간의 죽음이 소멸이 아니라 다른 차원으로 옮아감이라는 생각을 담고 있다. 이는 인간의 희구인 동시에 통찰이다.

인간은 줄곧 죽음 이후의 향방 못지않게 죽음의 원인에 대해서도 물어왔다.

그런데 그리스도인은 이 죽음이 결국에는 죄로 인해서 왔다고 본다.

"그러므로 한 사람을 통하여 죄가 세상에 들어왔고 죄를 통하여 죽음이 들어왔듯이, 또한 이렇게 모두 죄를 지었으므로 모든 사람에게 죽음이 미치게 되었습니다"(로마 5,12).

여기서 이야기하는 죽음은 사람이 육체적으로 숨을 거둘 때의 죽음보다 한 발 더 나아간 개념이다. 곧 영원한 죽음, 영적인 죽음을 말한다. 이는 다른 것이 아니라 하느님과의 완전한 단절을 가리킨다. 그러기에 우리가 이 세상에서 겪는 이별, 사별은 중간 형태의 죽음이고, 진짜 죽음은 하느님 안에서 영원한 생명을 누리지 못하는 상태를 일컫는다고 볼 수 있다.

현실적으로, 우리는 매 순간 살아가는 동시에 매 순간 죽어간다. 죽음은 이미 우리 안에 들어와 있다. 질병, 노화, 고독, 실패, 방치, 이별, 은퇴, 기아… 이들 모두는 죽음의 편린이다.

이 모든 것을 망라한 죽음을 전제로 할 때, 육신의 부활은 슬슬 그 의미노출을 우리에게 허락해 준다. 부활이라는 것은 결코 저쪽 세상의 이야기가 아니라는 사실이다. 육신의 부활을 제대로 이해하면, 우리는 이 세상에서 이미 희망찬 삶을, 생명찬 삶을 살 수 있다.

그리스도인의 부활   그리스도인의 부활은 그리스도의 부활에 근거한다. 사도 바오로는 역설했다.

"죽은 이들이 되살아나지 않는다면 그리스도께서도 되살아나지 않으셨을 것입니다. [⋯] 그러나 이제 그리스도께서는 죽은 이들 가운데에서 되살아나셨습니다. 죽은 이들의 맏물이 되셨습니다. [⋯] 그러나 각각 차례가 있습니다. 맏물은 그리스도이십니다. 그다음은 그리스도께서 재림하실 때, 그분께 속한 이들입니다"(1코린 15,16.20.23).

예수님이 부활하셨기 때문에 우리도 부활한다는 논리다. 만약 예수님은 부활하지 않았는데 "우리가 부활할 것이다"라고 믿으면 이는 너무 막연하다. 기대일 뿐 확신이 아니다. 그런데 예수님이 되살아나셨다. 우리 눈에 보였다. 분명히 돌아가셨고, 분명히 시체가 됐고, 3일 뒤면 시체가 썩어야 됐는데 그 3일 만에 다시 살아나셨다. 그리스도인은 그것을 보고서 부활을 확신할 수 있었던 것이다.

베드로 사도 역시 이 희망을 신명나게 전한다.

"하느님께서는 당신의 크신 자비로 우리를 새로 태어나게 하시어, 죽은 이들 가운데에서 다시 살아나신 예수 그리스도의 부활로 우리에게 생생한 희망을 주셨고, 또한 썩지 않고 더러워지지 않고 시들지 않는 상속 재산을 얻게 하셨습니다"(1베드 1,3-4).

예수님의 부활로 우리는 부활의 권한을 '상속' 받았다. 증서도 있다. 이 증서는 어디서 발급받는가? 본당 사무실이다. 바로 세례 증서다. 이 증서만 딱 가져다 내면, 상속 권한을 찾을 수 있다. 스위스 비밀은행은 돈 예치는 쉬워도 찾을 때 무척 까다롭다고 한다. 반면 우리 그리스도교는 하나도 까다롭지 않다. 증서 하나만 딱 내면 되는 것이다.

그렇다면, 이제 '육신의 부활'이라는 말에 초점을 맞춰 보자. 이는 '죽은 이들의 부활'이라는 성경 표현을 좀 더 구체화 한 것이다.

"당신의 죽은 이들이 살아나리이다. 그들의 주검이 일어서리이다"(이사 26,19).

요한 복음서에서는 주님의 부활을 믿지 못하는 토마스 사도를 위해 예수님께서 옆구리까지 보여주고 계시다.

"내 손과 내 발을 보아라. 바로 나다. 나를 만져 보아라. 유령은 살과 뼈가 없지만, 나는 너희도 보다시피 살과 뼈가 있다"(루카 24,39).

그런데 사실 이 말씀 때문에 헷갈려 하는 이도 있다. 초창기 그리스도교 부활신앙은 이 말씀을 비유적으로 받아들이지 않고 액면 그대로 이해하여, 이를 아주 사실적인 묘사로 생각했다. 즉 매장했던 우리 뼈가 다시 살을 얻어서 부활할 것이라고 생각했단 말이다.

그러면 '육신의 부활'이란 어떤 것일까? 사도 바오로는 장차 우리가 가질 육신에 대해 이렇게 말한다.

"썩어 없어질 것으로 묻히지만 썩지 않는 것으로 되살아납니다. 비천한 것으로 묻히지만 영광스러운 것으로 되살아납니다. 약한 것으로 묻히지만 강한 것으로 되살아납니다. 물질적인 몸으로 묻히지만 영적인 몸으로 되살아납니다. 물질적인 몸이 있으면 영적인 몸도 있습니다"(1코린 15,42-44).

한마디로 이 세상 육신과는 차원이 다른 육신으로 변화한다는 말이다. 곧 여기서는 썩는데 저쪽에 가서는 그 몸이 썩지 않는 것이 된다. 약한데 강한 것으로 되고, 물질적인 몸인데 영적인 몸으로 되살아난다.

그러면 "'시체'는 무엇이고 '주검'은 무엇인가?" 하고 묻게 된다. 이들은 3차원 세계에 존재하는 '몸'의 존재 양식이다. 저 세상은 3차원보다 훨씬 고차원의 세계라고 볼 수 있다. 저 세상이 몇 차원인지 아무도 모른다. 현재 물리학계에서 파악된 차원은 11차원이라고 한다. 여하튼 인간은 저 미지의 차원으로 가면서 이미 '새로운 육신'을 입게 된다고 말하는 편이 옳을 것이다. 사도 바오로는 이를 '씨앗'의 변화로 설명한다.

"그대가 뿌리는 씨는 죽지 않고서는 살아나지 못합니다. 〔…〕 그러나 하느님께서는 당신이 원하시는 대로 그 씨앗에 몸체를 주십니다. 씨앗 하나하나에 고유한 몸체를 주시는 것입니다. 〔…〕 죽은 이들의 부활도 이와 같습니다. 〔…〕 죽은 이들이 썩지 않는 몸으로 되살아나고 우리는 변화할 것입니다. 이 썩는 몸은 썩지 않는 것을 입고 이 죽는 몸은 죽지 않는 것을 입어야 합니다"(1코린 15,36.38.42.52-53).

여기서 바오로 사도는 마치 씨앗이 죽어서 새 생명을 움트게 하듯이 '육체적인 몸'이 죽어서 '영적인 몸'으로 부활하는 것임을 말해 주고 있다. 육체적인 몸이 3차원 공간의 몸이라면 '영적인 몸'은 부활한 자의 몸이다.

저 말이 어렵다면 다시, 씨앗 한 알을 생각해 보자. 씨앗을 심고 한 달쯤 지나니까 싹이 나온다. 그런데 그걸 보고 "씨앗은 어딨는가?" 하고 찾으면 어떡하나. 씨앗은 분명 있었지만 이제 싹이라는 생명체로 변화된 것 아닌가. 그렇다면 씨앗은 없어진 건가? 아니다.

이 싹 안에 숨겨져 있다.

몸의 부활이라는 것도, 이 세상의 육신이 딴 세상에서 존재할 수 있는 방식으로 완전히 변화되어서 갔다는 말이다. 그러니 "몸은 어딨는가?" 하고 물으면 "그 몸은 변화되어 지금의 모습이 되었다"는 말이 성립할 수 있으리라.

열린 믿음

영혼과 육체의 관계   그리스도인은 '육신의 부활'을 믿는 반면, 초세기부터 이를 부정하는 이단이 많이 있어 왔다. 그 가운데 대표적인 것이 영지주의자였다. 그들은 출발부터 육신을 악의 원천이며 죄 덩어리라고 보았기 때문에 육신이 부활할 가치조차 없다고 보았다. 대신 참되고 선한 것은 오로지 영이라는 것이다. 따라서 예수님이 인간이 되신 것도 사실은 가짜 육신을 취해서 인간이 되었다는 것이다. 이를 '가현설'(假現說)이라고 부른다. 예수님의 부활도 육체가 부활한 것이 아니고 '영'이 영광스럽게 되어 본래의 모습을 되찾은 것이라는 주장이다. 이러한 주장은 초기 그리스도인들을 혼란에 빠트렸다.

그렇다면 인간 영혼과 육체는 서로 어떤 관계로 보아야 하는가? 이 물음이 인간에 대한 물음의 중심부에 자리하고 있다. 이 물음이 풀리면 다른 물음도 함께 풀린다. 위에서 언급한 영지주의의 문제도 결국은 이 물음에서 파생된 문제라고 볼 수 있다. 이에 대하여 오늘날까지 나와 있는 주장을 구분하여 보면 크게 세 가지로 정리된다.

먼저, 인간은 결국 '물질적인 존재'라고 보는 '유물론'의 관점이다. 이 관점의 주창자들은 인간의 지성, 정신, 영혼이라는 것들도 결국은 '물질'이 거듭 발전해 나가는 과정에서 생겨난 산물이라고 본다. 단백질 덩어리가 고도로 진화하여 오늘날 인간의 문명을 이뤄냈다는 것이다. 그러니 인간의 '육신' 생명이 수명을 다하면 인간의 '정신'도 함께 소멸될 수밖에 없다는 것이다. 이런 주장을 내세우는 사람들은 이 세상에 사는 동안 실컷 인생을 즐겨야 한다고 생각한다. "노세, 노세, 젊어서 노세"가 이들의 인생관이다.

다음으로, 인간의 영혼만이 영원히 존재하고 육체는 악하고 유한하다는 '이원론'의 관점이다. 이원론자들은 육체가 영혼의 감옥이요 속박이며 무덤에 지나지 않는다는 것이다. 영혼은 이성의 힘으로 육체에 얽매여 있는 욕망을 극복해야 하고 영혼이 자유로워지는 길은 결국 육체를 떠나는 것이라고 보았다. 이는 부정적이고 염세적인 육체관으로 중세 그리스도교 사상에 크게 영향을 끼쳐서 고행을 장려하였다. 초세기, 중세기 수도 생활은 금욕과 극기와 같은 순 염세주의적 생활이었다. 영지주의도 이러한 견해를 극단적으로 몰고 가서 생겨난 것이었다.

여러 외국의 수도원을 가보면, 가끔씩 거룩함이 깃들어 있기보다는 음산함이 느껴지는 곳들이 있다. 너무 저 그리스 사상에 물들어서 기쁨을 살기보다는, 슬픈 표정으로 제 몸에 밥도 안 주고, 잠도 안 재우고, 차가운 돌바닥 위에서 재우고… 하는 탓에 마흔 살을 넘지 못하고 생을 마감하는 수도사가 많았던 것이다.

예수님은 분명 이 세상에 오셔서 생명을 주셨고, 기쁨을 주셨고, 평화를 주셨다. 그러니 어디서 수준 높은 영성 좇아 한답시고, 고신극기하며 피골이 상접하게 굶고 하는 등의 고행은 지양하자. 결코 잘하는 신앙생활은 아니다.

끝으로, 인간은 영혼과 육체의 '완전한 합일체'라고 보는 관점이다. 성경은 인간을 철저하게 영혼과 육체의 통합체로 본다. 일원론적 인간관이다.

성 토마스 데 아퀴노는 이러한 성경의 인간관을 기초로 하여 인간은 영과 육의 '단일체'라고 보았다. 그는 인간은 '동시에 육신이며, 동시에 영혼'이라고 결론 내렸다. 육체는 '죄의 결과'가 아니라 '선의 원천'이며 영혼의 구원을 위해 주어진 것이라고 보았다. 육체가 있기 때문에 인간은 선을 행할 수 있고 다른 사람과 정서적인 교류를 할 수 있게 되었다는 것이다.

토마스의 이러한 견해는 오늘날에는 당연한 것처럼 보이지만 위에서 살펴본 두 번째 주장인 부정적이고 염세적인 육체관이 널리 퍼져 있던 중세의 분위기에서는 획기적인 전환점이라고 평가받을 만큼 탁월한 것이었다.

그리스도교의 관점은 분명하다. 영혼과 육신은 하나다.

육신의 부활이 의미하는 것 사도신경은 분명히 '육신의 부활'이라고 고백하고 있다. 죽은 다음에 우리의 '몸'이 부활한다는 믿음이다.

우리는 토마스의 '영육일체설'을 올바로 이해할 때 '육신의 부활'이라는 신앙고백을 제대로 이해할 수 있다. 이 교리는 죽음으로써 영혼과 육신이 '분리'되는 것이 아니고 '영육통일체가 부활'하게 된다는 교리다.

영육통일체란 인격 전체 곧 이 세상에서 살았던 '아무개'의 고유성과 특성 전체를 말한다. 따라서 '육신의 부활'에 대한 믿음은 이 세상에서의 '인간성' 전체가 그대로 저 세상에서 부활한다는 믿음이다. 영혼만 분리되어 떠나는 것이 아니고 인간이 '통째로' 저 세상으로 간다는 것이다.

그런데 우리의 인격은 시간의 흔적, 세월의 상처와 영광을 고스란히 지니고 있다. 우리의 육신은 장소, 사람, 시간의 흔적을 그대로 지닌 채 존속한다.

그리하여, 육신의 부활은 지상에서 육신으로써 쌓은 가치들 그리고 부당하게 겪은 육신의 눈물과 슬픔과 고통 따위가 하나도 상실되지 않고 하느님에 의해 회복되어 후한 보상과 함께 하늘 나라에 동참함을 뜻한다.[1] 그러기에 그리스도인은 고난의 몸이 영광의 몸으로 변화되는 것을 갈망하는 것이다.

"장차 우리에게 계시될 영광에 견주면, 지금 이 시대에 우리가 겪는 고난은 아무것도 아니라고 생각합니다"(로마 8,18).

요약해 보자.

영혼이 따로 하느님께 간다고 믿으면 우리는 착각에 빠진다. 천국에 갈 때는 착한 사람이 되어서 간다고 생각한다는 말이다. 이 세상에서 막 살다가 천국 갈 때는 내 성품, 내 삶의 궤적… 다 버리고 간다고 여기는 것이다.

그렇지 않다. 이 모든 것들이 통째로 그대로 부활한다. 나의 고유성, 나의 인격, 나의 전체가 그대로 하느님 앞으로 간다는 말이다.

이 세상에서 살면서 버리고 가는 것은 없다. 내 몸뚱이가 아닌 것만 놓고 갈 뿐이다. 가진 재산도 놓고 가야 하고, 집도 놓고 가야 하고, 마누라도 놓고 가야 하고, 자식들도 놓고 가야 하고…. 가지고 갈 수가 없다. 그런데 내 몸 안에 있는 흔적은 다 가지고 간다. 나의 선행도, 기쁨도, 악행도, 미움도, 고통도 다 가지고 간다.

이러한 '육신의 부활'을 우리가 조금만 음미해 보면, 바로 이런 결론에 도달할 수 있다.

"이 세상에서 천국의 퀄리티를 살아야 한다. 바로 여기서 청산할 것은 다 청산해야 한다. 미움도, 고통도, 나쁜 습관도, 분노도… 다 청산해야 한다."

그리고 또. 천국 가서 진짜 천국을 즐기려면, 바로 여기서 천국에서 이루어지는 일을 연습해야 한다. 천국에 가면 만날 박수치는 일밖에 없다. 남 잘했다고 박수쳐 주고, 칭찬할 일밖에 없다. 천국에 가면 "하느님 감사합니다" 하고 찬미하는 일밖에 없다. 이 세상에서 불평불만만 하고, 이간질만 하던 사람은 천국에서 심심해 죽는다. 자기 말 들어주는 사람 하나 없고, 그러니 얼마나 재미없겠는가! 우리가 천국에 적응하려면 바로 여기서 적응훈련을 시작해야 한다.

성품 관리의 핵심, 언어

이 세상에서 천국 적응훈련의 특급 도우미 하나를 소개한다.

'혀'야말로 우리 성품을 관리하는 데 제일 중요한 계기가 된다. 혀를 통해서 모든 것이 이루어진다. 예수님도 말씀하시지 않았는가.

"입으로 들어가는 것이 사람을 더럽히지 않는다. 오히려 입에서 나오는 것이 사람을 더럽힌다"(마태 15,11).

이런 악한 것들이 효력을 발휘하는 계기는 혀를 통하여 발설될 때다. 역으로 혀를 다스리면 마음도 다스려지게 마련이다.

그러기에 천국의 언어를 미리 배우는 게 좋다. 지상의 언어는 특히 불평불만과 욕설이 난무한다. 이는 마귀의 언어다. 마귀는 늘 투덜투덜대지 않는가.

"아이~ 뭐, 자기만 하느님인가? 나도 하느님 될 수 있어!"

이러한 시기, 질투, 불평불만…. 모두 악에서 오는 것이다.

인터넷을 들어가 보면 댓글 문화가 그렇게 험할 수가 없다. 왜 남에 대해서 그렇게 쉽게 막말을 할까. 그들 안에 악한 것이 있기 때문이다. 이는 우리 모두의 책임이다. 그러니 그런 악한 것이 자리 잡고 지배하기 전에, 먼저 선한 것으로 채우자. 선으로 악을 이기자.

천국의 언어는 다름 아니다. "할렐루야", "아멘", "감사합니다". 이 세 가지가 천국의 언어다. 매일 천국을 사는 비결은 매일 이 세 단어를 반복 읊조리는 것이다. 은총 받은 사람이 할 수 있는 말이

이 말들밖에 더 있겠는가? 이것이 바로 부활한 육신, 육신의 부활을 믿는 사람의 언어다.

오늘 믿음_ 눈물을 닦아 주리라

교황 요한 23세는 돌아가시기 전 이런 말씀을 하셨다.
"자, 여행채비는 끝났다."
무슨 말인가? 한마디로 "가고 싶다"는 말이다. 누군들 여행을 신나고 설레어 하면서 가지, 마지못해 끌려가겠는가. 교황은 저 세상에 대한 희망으로 가득 차서 죽음을 맞이했던 것이다.

그 역시 육신의 부활을 믿었다. 이 육신은 세상에서 눈물을 흘리던 육신이다. 고통을 겪던 육신이다. 슬픔을 느끼던 육신이다. 이 육신이 부활할 때 어떠한 일이 일어날까?
"하느님 친히 그들의 하느님으로서 그들과 함께 계시고 그들의 눈에서 모든 눈물을 닦아 주실 것이다. 다시는 죽음이 없고 다시는 슬픔도 울부짖음도 괴로움도 없을 것이다"(묵시 21,3-4).
얼마나 좋은 세상인가. 눈물도, 죽음도, 슬픔도, 울부짖음도, 괴로움도 없는 세상. 묵시록은 그 세상이 미구에 도래할 것을 예고한다.
과연 그 나라는 어디 있는가. 물론 죽음 저 너머의 세상이 그런 나라일 것이다. 하지만 그것만이라면 이 세상에서 우리의 삶은 너무도 고달플 것이다. 그런데 여기 이 말씀에 희망의 단서가 있다.

바로 '하느님 친히 그들의 하느님으로서 그들과 함께 계시고'라는 대목이다. 이 말씀은 '지금' '이미' 우리에게 위로가 된다. 왜냐하면 하느님께서 '그들과 함께' 계실 때, 이미 지상에서 저 꿈의 세상이 임하기 때문이다.

그렇다! 주님께서 우리와 함께 계시면 만사 오케이다. 아니 '내'가 주님을 떠나지만 않는다면 그 나라는 이미 '나'와 함께 있다. 왜? 주님은 항상 '나'와 함께 계시는 '임마누엘'이시기 때문에.

18. 영원한 삶(1) _ 종말

우리들의 이야기   어려서 부모를 잃고 고아가 된 프랑스 소녀 앙리에뜨. 그녀에겐 나이 어린 동생이 셋 있었다. 그녀는 동생들을 굶게 하지 않기 위해 어린 몸으로 감당하기 힘든 고된 생활을 해야 했다. 그러다 병으로 쓰러져 결국 죽음을 기다리는 처지가 되었다.

  마지막 성사를 해 주기 위해 사제가 병상을 찾자, 소녀는 눈물을 흘리며 말했다.

  "신부님! 저는 성사를 받을 자격이 없어요. 그동안 동생들을 돌본다는 핑계로 주일을 지키지 않았고 기도 한번 제대로 드리지 못했거든요. 저는 하느님 앞으로 나아갈 수 없는 죄인이에요."

측은한 마음으로 지켜보던 사제의 눈길이 문득 그녀의 손에 멈추었다. 도저히 그 손은 어린 소녀의 손이라고 볼 수 없을 정도로 망가져 있었다. 과도한 일로 손마디는 울퉁불퉁 불거져 있었고 손 여기저기엔 찢긴 상처가 나 있었다.

사제는 소녀의 두 손을 감싸 쥐고서 이렇게 말하며 눈물을 흘렸다.

"앙리에뜨야, 걱정하지 마라! 하느님께서 '너는 세상에서 무엇을 하였느냐'고 물으시거든 아무 말도 하지 말고 그저 이 두 손을 하느님 앞에 내어 보이거라, 이 아름다운 손만을…."[1]

그날 나는 주님 앞에 무엇을 내어 보일 수 있을까. 그 마지막 날에 주님 대전에서 그 '아름다운 손'을 디밀 수 있는 영혼은 복된 영혼이다.

원고백의 속뜻

영원한 삶   이제 사도신경 마지막 고백이다.

'영원한 삶'은 라틴어 원문에서 '비탐 애테르남'(vitam aeternam)이라 기록되어 있다. 여기서 '비탐'은 '생명', '삶'을 가리키며, '애테르남'은 '영원한'이라는 뜻이다.

'육신의 부활'은 지상의 삶에 초점이 있는 반면, '영원한 삶'은 천상을 향한 희망에 초점이 있다.

육신의 부활은, 앞에서 보았듯이 인간을 영혼과 육신으로 나누어 보는 이단의 견해에 반대하는 성경적인 의미에서의 전인적 부활을 말한다.

"이 썩는 몸은 썩지 않는 것을 입고 이 죽는 몸은 죽지 않는 것을 입어야 합니다. 이 썩는 몸이 썩지 않는 것을 입고 이 죽는 몸이 죽지 않는 것을 입으면, 그때에 성경에 기록된 말씀이 이루어질 것입니다. '승리가 죽음을 삼켜 버렸다'"(1코린 15,53-54).

즉, 인간의 영혼만 훌쩍 떠나서 갑자기 고상한 존재가 되는 것이 아니라 이 세상에 살던 '아무개'의 인격, 인간성, 전인간이 부활하되 썩을 몸이 '불멸의 옷', '불사의 옷'을 입게 된다는 것이다. 3차원의 존재가 상상할 수 없는 차원의 존재로 바뀌어 영광스럽게 된다는 말이다.

그렇게 해서 누리게 되는 것이 '영원한 삶'이다. '새로운 피조물'(2코린 5,17)로서 창조주시며 구세주신 하느님과의 관계 안에서 하느님의 영원한 생명과 기쁨에 참여하는 것이다. "나는 양들이 생명을 얻고 또 얻어 넘치게 하려고 왔다"(요한 10,10).

영원한 삶은 이렇게 우리의 희망이지만, 아무도 그것을 손에 잡히듯 묘사하지 못한다. 가봐야 알 따름이다.

남미에서 있었던 일이다. 어떤 선교사 신부가 한 가난한 동네에서 선교를 했다. 신부가 매우 잘 해 주니까 신자들도 점점 늘어났고, 고마운 마음에 자신들이 줄 수 있는 고구마, 고추 등과 같은 농산물을 그 신부에게 가져다주었다.

그런데 어떤 한 형제가 잔뜩 미안한 얼굴로 신부에게 이렇게 말했다. "신부님, 저도 선물을 드리고 싶은데 제 선물은 가지고 올 수가 없는 것입니다. 우리 집에 오시면 드릴 수 있어요."

신부가 그의 집을 방문했더니 형제는 뒤안쪽을 가리켰다. 그 순간 황금빛 해가 지는 석양이 마치 한 폭의 그림이었다. 형제가 말했다. "우리 집의 이렇게 아름다운 장관을 보고, 저는 늘 '아! 이것이 바로 신부님이 말씀해 주신 천국의 모습이겠구나' 생각했어요. 그래서 신부님께 꼭 보여드리고 싶었답니다. 자, 저희 집에서 맘껏 누리다가 가세요."[2]

그렇다. 저 위의 천국은 가져올 수 없다. 우리가 가는 수밖에.

'그날' 모든 안개가 걷힐 것이다. 그동안 '나'와 진실 사이를 가로막고 있던 농무, '나'와 하느님 사이를 흑암으로 채워놓고 있던 운무가 이윽고 종적을 감출 것이다.

"우리가 지금은 거울에 비친 모습처럼 어렴풋이 보지만 그때에는 얼굴과 얼굴을 마주 볼 것입니다. 내가 지금은 부분적으로 알지만 그때에는 하느님께서 나를 온전히 아시듯 나도 온전히 알게 될 것입니다"(1코린 13,12).

그날, 모든 허울과 너울이 벗겨질 것이다. 그날, 모든 것이 밝혀지고, 모든 것이 드러나고, 바야흐로 지복직관이 이루어질 것이다.

가이드라인   '영원한 삶'의 양태에 대해서 사람들은 궁금해 한다. 그러나, 공식적인 교회의 가르침은 생명의 다음 단계, 즉 천국이나 지옥, 부활한 육신 등을 상상하는 일에 매우 신중해야 한다고 경고한다.

"성경도 신학도 사후의 생명에 관하여 충분한 빛을 비춰주지는 않는다."[3]

사후에 우리가 어떤 삶을 살지에 대해서 암시만 하고 있지, "이렇다~, 저렇다~" 하고 막 설명을 해 주고 있지는 않다. 왜인가? 어차피 차원을 달리하는 것이기 때문이다. 3차원 세상에서 우리는 그 다른 차원에 있는 것을 이해하기 어렵다. 위험하다는 얘기다.

오늘날 많은 이들이 '임사체험'이라는 이름하에, 천국에 잠시 다녀왔다며 체험담을 책으로 엮어 출간하고 있는 추세다. 이와 관련하여 굳이 책 제목을 밝히지는 않겠으나, 차제에 언급해 둘 것이 있다. 곧 요즘 교회 내에서 읽히고 있는 책들 가운데 적지 않은 것이 복음서의 종말진술과 합치하지 않는 내용을 담고 있다는 사실이다. 우리가 알고 있는 천국, 연옥, 지옥에 대한 정통교리는 모두 성경의 내용을 근거로 계시와 신학적 사유가 어우러져 형성된 것들이다. 그러기에 전적으로 믿을 만하다. 하지만 이런 책들의 내용은 대부분 종말에 대한 희망이 아니라 오히려 두려움만을 조장하는 내용을 마치 공식적으로 인정된 진실인 양 기록하고 있다. 참고로 밝히거니와 심리학자들은 대부분 소위 임사체험이라는 것이 당사자의 심리상태가 반영되고 투사되어 그려낸 환상이라는 입장을 취하고 있다. 그러니 그런 것에 현혹되지 않는 것이 바람직하다.

우리에게 '그날'에 대해 가장 정확한 정보를 제공하고 있는 것은 성경 말씀 외에 없다고 보면 혼돈에 빠질 일도 없어진다.

성경의 '부자와 라자로 이야기'는 사후세계에 대한 일종의 경각심만을 전할 뿐이다.

살아생전 호의호식하던 부자는 죽어서 저승에 갔다. 그런데 눈을 들어 보니, 아브라함 곁에는 자기 집 문 앞에서 구걸할 때 못 본 체한 라자로가 함께 있는 것이 아니겠는가. 부자는 애원했다.

"아브라함 할아버지, 저에게 자비를 베풀어 주십시오. 라자로를 보내시어 그 손가락 끝에 물을 찍어 제 혀를 식히게 해 주십시오. 제가 이 불길 속에서 고초를 겪고 있습니다"(루카 16,24).

그러자 아브라함이 말했다.

"너는 살아 있는 동안에 좋은 것들을 받았고 라자로는 나쁜 것들을 받지 않느냐. 그래서 그는 이제 여기에서 위로를 받고 너는 고초를 겪는 것이다. 게다가 우리와 너희 사이에는 큰 구렁이 가로놓여 있어, 오갈 수가 없구나"(루카 16,25-26 참조).

부자는 그렇다면, 살아 있는 자기 다섯 형제에게만은 라자로를 보내주어 경고해 달라고 청하지만 아브라함은 이렇게 대답해 줄 뿐이었다.

"그들이 모세와 예언자들의 말을 듣지 않으면, 죽은 이들 가운데에서 누가 다시 살아나도 믿지 않을 것이다"(루카 16,31).

이것이 사태의 슬픈 본질이다. 모세와 예언자들이 지옥을 피하는 길을 수없이 가르쳐주었지만 인간은 완악함으로 귀를 막고 딴전을 부렸다. 그러니 그 외고집을 청산하지 않는 한 죽었던 자가 다시 살아 돌아와도 소용이 없다는 얘기다.

종말에 관한 성경의 진술 종말에 대한 성경의 묘사는 한마디로 섬뜩하다. 종말에 대한 성경의 가르침을 우리는 어떻게 이해해야 할까? 결론부터 말하자면, 대부분 '상징'과 '비유'로 알아들어야 한다는 것이다.

가령 성경에 나오는 천국의 이미지인 하프나 면류관, 금 등은 표현할 수 없는 것을 표현하기 위해 상징적으로 표현된 것이다. '하프'는 기쁨과 평안을 강렬하게 암시하는 상징으로 등장하고 있고, '면류관'은 하느님과 영원히 일치된 사람들이 하느님의 광채와 힘, 기쁨을 함께 누린다는 사실을 암시하기 위해 사용되고 있다. 또 '금'은 시간에 매이지 않는 천국의 영원함과 귀중함을 암시한다. 또한 지옥의 '유황불'이나 '구더기' 등은 이승에서처럼 실재하는 것이 아니라 "그만큼 고통스럽다"는 것을 표현하기 위해 사용된 상징이다. 3차원 공간인 이 세상을 살아가는 인간이 4차원 이상인 저 세상을 짐작하고 표현하는 방식이 한계를 가질 수밖에 없다. 그래서 분명한 개념으로 설명하기보다는 상징 언어로 묘사할 수밖에 없는 것이다.

그렇다면, 종말에 대한 성경의 가르침은 무엇을 얘기하고자 하는가? 다음의 다섯 가지로 요약할 수 있다.

첫째, 언제 올지 어떻게 올지 아무도 모른다는 것이다. "그러나 그날과 그 시간은 아무도 모른다. 하늘의 천사들도 아들도 모르고 아버지만 아신다"(마르 13,32).

개인의 종말이든 인류 역사의 종말이든 종말의 때는 하느님 이외에는 아무도 모른다.

둘째, 기회는 단 한 번이라는 사실이다. "사람은 단 한 번 죽게 마련이고 그 뒤에 심판이 이어지듯이"(히브 9,27)

불교의 윤회론이 다음 세상에서 또 한 번의 삶이 약속되어 있는 것에 반해서 그리스도교의 종말은 한 사람의 일생에 있어 '단 한 번' 주어지는 소중한 기회다.

셋째, 미리 징조(=전조)가 있다는 사실이다. "민족과 민족이 맞서 일어나고 나라와 나라가 맞서 일어나며, 곳곳에 기근과 지진이 발생할 것이다. 그러나 이 모든 것은 진통의 시작일 따름이다"(마태 24,7-8).

기상 이변, 전쟁, 거짓 예언자들의 득세뿐만 아니라 인간 지식의 발달로 인한 생명 파괴, 인간의 타락 등으로 인한 자연적·사회적 혼란의 징조를 보고 종말을 예감할 수 있다. 신앙인들은 이런 징조를 보고 대비하는 지혜를 가질 필요가 있다.

넷째, 종국에는 악마가 영원히 제압된다는 사실이다. "천사들이 나가 의인들 가운데에서 악한 자들을 가려내어, 불구덩이에 던져 버릴 것이다. 그러면 그들은 거기에서 울며 이를 갈 것이다"(마태 13,49-50).

종말에 악의 세력에 대한 그리스도의 궁극적인 승리가 완성될 것이라는 믿음은 현재의 고난, 실패, 역경, 패배를 극복하는 큰 힘이 된다.

다섯째, 의인, 악인으로 갈려 심판을 받는다는 사실이다. "사람의 아들이 영광에 싸여 모든 천사와 함께 오면, 자기의 영광스러운 옥좌에 앉을 것이다. 그리고 모든 민족들이 사람의 아들 앞으로 모일 터인데, 그는 목자가 양과 염소를 가르듯이 그들을 가를 것이다. 그렇게 하여 양들은 자기 오른쪽에, 염소들은 왼쪽에 세울 것이다"(마태 25,31-33).

심판은 단죄가 아니라 사필귀정의 질서가 완성되는 과정을 말한다. 그때에 의인들은 영원한 생명을 누리게 될 것이다.

종말에 있을 일에 대해서 이 이상의 것을 말한다는 것은 위험한 일이다. 성경이 명백히 전해 주는 이외의 것을 구체적으로 날짜와 방법까지 알려고 하는 이도, 또 안다고 가르치는 이도 모두 '유혹하는 자'의 미끼에 넘어갈 위험이 크다.

열린 믿음

종말의 심판   사람이 죽음으로써 인생이라는 '시험 기간'은 끝이 난다. 그러고는 심판과 더불어 응보(應報)의 '영원'이 시작된다. 교회는 심판에도 공심판과 사심판이 있다고 가르친다.

공심판은 예수님께서 재림하시는 세상 마지막 날에 산 사람과 죽은 사람을 포함한 온 인류가 받게 되는 '최후의 심판'이다.

"무덤 속에 있는 모든 사람이 그의 목소리를 듣는 때가 온다. 그들이 무덤에서 나와, 선을 행한 이들은 부활하여 생명을 얻고 악을 저지른 자들은 부활하여 심판을 받을 것이다"(요한 5,28-29).

앞에서 인용한 마태오 복음서 25장의 진술도 마지막 때에 마치 목자가 '염소'와 '양'을 가르듯이 '악인'과 '의인'을 가를 것임을 말해 준다. 하느님 나라의 완성은 선인과 악인을 갈라놓는 이 공심판을 통해서 실현된다.

사심판은 우리가 죽은 다음에 하느님 앞에 설 때 개인적으로 받는 심판을 말한다.

"우리 모두 그리스도의 심판대 앞에 나서야 합니다. 그래서 저마다 좋은 것이든 나쁜 것이든, 이 몸으로 한 일에 따라 갚음을 받게 됩니다"(2코린 5,10).

각 사람은 죽자마자 사심판을 통해서 자신의 삶에 대한 영원한 갚음을 받게 되는 것이다. 문제는 그 심판의 기준이 무엇이 되느냐다. 로마서 2장은 그 기준에 대해서 말해 준다. 여기서 사도 바오로는 세 가지 기준을 단계적으로 제시한다.

첫 번째 기준은 '양심'이다. 이는 율법도 모르고 그리스도도 모르는 사람에게 적용되는 기준이다. "다른 민족들이 율법을 가지고 있지 않으면서도 본성에 따라 율법에서 요구하는 것을 실천하면, 율법을 가지고 있지 않은 그들이 자신들에게는 율법이 됩니다. 그들의 양심이 증언하고 그들의 엇갈리는 생각들이 서로 고발하기도

하고 변호하기도 하면서, 그들은 율법에서 요구하는 행위가 자기들의 마음에 쓰여 있음을 보여 줍니다"(로마 2,14-15).

두 번째 기준은 '율법'이다. 이는 그리스도를 모르던 사람에게 적용되는 기준이다. "율법을 모르고 죄지은 자들은 누구나 율법과 관계없이 멸망하고, 율법을 알고 죄지은 자들은 누구나 율법에 따라 심판을 받을 것입니다"(로마 2,12).

세 번째 기준은 '믿음'이다. 이는 그리스도의 복음이 전해진 이후의 기준이다. "그러나 이제는 율법과 상관없이 하느님의 의로움이 나타났습니다. 이는 율법과 예언자들이 증언하는 것입니다. 예수 그리스도에 대한 믿음을 통하여 오는 하느님의 의로움은 믿는 모든 이를 위한 것입니다. 거기에는 아무 차별도 없습니다"(로마 3,21-22).

우리는 이들 사이에 등급이 있음을 보게 된다.

'양심'이라는 기준은 주관적이며 그 기준을 통과하기가 여간 어렵지 않다. 이래도 가책을 느끼고 저래도 가책을 느끼는 것이 양심이기 때문이다.

'율법'이라는 기준은 객관적이고 분명해서 양심보다는 통과하기가 쉽다. 그러나 어렵기는 마찬가지다. 율법으로 '의인' 인정을 받는 사람을 만나기란 하늘의 별따기다.

그러나 '믿음'이라는 기준은 '양심'과 '율법'이라는 기준보다 수월하다. 마음을 열고 받아들이고 믿으면 되는 것이다. 그래서 기쁜 소식(Good News: 복음)인 것이다. '믿음'을 버리고 '율법'이나 '양심'의 기준을 선택하는 사람은 참으로 미련하고 불행한 사람이 아닐 수 없다.

그런데 이 천국은 단순하지 않다. 천국은 대단히 입체적이다. 하느님의 품은 어마어마하게 입체적이다. 이 세상에 존재하는 것 역시 입체적이지 않은가. 이 천국에도 파노라마가 있고 스펙트럼이 있다. 시쳇말로 변두리 천국이 있고 중심부 천국이 있다는 말이다. 왜 천사에게도 등급이 있다 하고, 성인에게도 그 그릇에 따라서 큰 성인, 작은 성인이 있다 하니 말이다. 연옥이라는 것도 그 등급 때문에 있는 것 아닌가. 그러니 등급에서 간당간당 거리고, 턱걸이로라도 들어가려면 그 필요한 만큼 정화가 필요하다. 순수 100%이신 분 앞에 어떻게 감히 이 때 묻은 우리 육신이 설 수 있겠는가.

결국 우리가 이 세상에서 잘 살아야 하는데 그러기 위해서는 내신관리를 잘 할 필요가 있다. 이 내신관리가 바로 교적이다. 천국에 가려면 두 가지를 다 내야 하는데, 하나는 세례 증명서, 다른 하나는 교적 증명서다. 교적을 보면, 교무금을 얼마 냈는지, 판공성사 몇 번 놓쳤는지, 결혼 때 혼배성사로 했는지 등 내신 성적이 다 들어가 있다.

이 세상은 정의로우신 그분 앞에 다 공평하다. 앞서 이야기한 대로 '각자에게 그의 것'이다. 자기 믿음의 분량만큼 고대로 간다. 그러니 더 이상 이 심판에 대해서 불만이 있을 수 없다. 절대 늦지 않았다. 지금부터 잘하면 된다.

사랑이신 하느님께서 지옥을 만드셨을까? 교회는 지옥의 존재와 그 영원함을 가르친다. 성경은 지옥을 '유황불'이 들끓고 있고 '구더기'가 득실거리는 곳으로 묘사한다.

근래에 와서 신학자들은 지옥에 대해서 심각하게 물었다. "과연 성경이 말하는 그런 지옥이 존재할까?", "그리고 그런 지옥을 사랑이신 하느님께서 몸소 만들어 놓으셨을까?", "그렇다면 그 하느님을 우리는 과연 무한한 사랑과 자비의 하느님이라고 고백할 수 있을까?"

고민한 결과 가톨릭 교회는 다음의 결론을 취하였다.

첫째, 지옥은 불이 활활 타거나 사람을 질식시키는 그런 장소(라: locus)가 아니라, 인간이 창조된 목적이며 인간이 갈망하는 생명과 행복을 주시는 유일한 분이신 하느님과의 영원한 단절에 처하는 고통의 상태(라: status)를 말한다는 것이다. 죽을죄를 '뉘우치지 않고' 하느님의 자비로우신 사랑을 '받아들이지 않은 채' 죽기를 고집하여 영원히 하느님과 단절되는 것 자체가 영원한 고통이며 심판이라는 것이다. '지옥'이란 이처럼 하느님과 복된 이들과 이루는 친교를 스스로 '결정적으로' 거부한 상태를 말한다. 우리는 이런 고통을 이미 이 세상에서 죽도록 사랑하던 사람과 헤어져야만 할 때 '맛보기'로 치르게 된다.

둘째, 이런 지옥의 고통은 하느님이 만들어 놓으신 것이 아니라 인간 스스로 떨어져 나감으로써 초래하는 고통이라는 것이다. 곧 선택의 결과다.

결국 지옥은 그 사람의 마음에 있다. 그래서 지옥은 이 세상 살아가는 사람들의 마음속에 이미 존재한다. 상상해 보자. 하느님을 믿지 않고, 하느님으로부터 완전히 떠나 있으면, 그 사람 안에는 양심도

무뎌지고 더 이상 인간이 아닌 듯 변할 수 있다. 만날 욕이고 만날 악이고…. 이 하느님으로부터의 단절이 지옥이다. 이는 '육신의 부활'과 연장선상이다. 하느님이 하나도 없는 순도 100%짜리 악을 가지고 있는 사람들이 있다. 그러기에 심판은 '가른다'라는 표현이 맞는 것이다. 양과 염소를 갈라놓기만 하면, 스스로 지옥이 만들어지는 것이다. 지옥에 해당하는 사람끼리만 모아놓으면, 거기가 아비규환이 되는 것이다. 이 상태개념이 지옥이다.

살면서 정말 어떤 때, 자칫 잘못 살면 우리 가정이 지옥이 될 수도 있다. 지옥의 일부가 될 수가 있다는 말이다. 집안이 싸늘하고 냉랭하고 온기가 없고 미움만 있고 그러면 그곳이 지옥이지 뭐겠는가.

마지막 날 지옥에 있는 사람이 겪는 고통이라는 것, 그 고통은 뭔가? 바로 "내가 진짜 선을 몰랐구나" 하는 사실을 인식했을 때 후회의 고통이다. 그 고통이 얼마나 크겠는가? 이 세상 기회는 단 한 번뿐인데 그 기회를 다 망쳤다는 말이다.

그러니 우리가 '지옥'이라는 걸 생각할 때, 우리 삶하고 직결된 문제가 지옥이 될 수도 있음을 기억하자. 그리스도인이라면 이 세상을 밝게 살아갈 이유가 분명히 있다. 그것이 바로 지옥을 면하는 길이기 때문에.

깨어 있다는 것 그렇다면 종말을 어떻게 대비할 것인가.
영국 어느 극단에 배우가 되기를 간절히 소망하는 소년이 있었다.

하지만 몇 년 동안 그가 한 일이라곤 심부름과 청소, 잡일뿐이었다.

그러던 어느 날, 이 소년에게 조연출자가 단역 배우 한 사람이 사정상 빠지게 되었으니 대역을 하라고 말했다. 그 역할은 임금이 궁중에서 만찬을 베풀고 있을 때에 달려 와서 전쟁의 급보를 전하는 것이었다.

이 역을 두고 소년은 깊이 생각했다. 그는 이 장면을 이미 여러 번 보아왔기에 얼마든지 할 수 있었다. 하지만 가만히 있을 수 없었다. 그래서 동료에게 무대에 올라 갈 시간이 임박하면 연락해 달라고 부탁한 뒤, 복장을 갖추고 무대 뒤뜰로 나갔다. 그러고는 그곳에서 계속 달렸다. 곧 얼굴은 땀이 흘러 엉망이 되었다. 신발과 바지 아랫단은 먼지투성이가 되었다. 숨이 턱까지 차올라 금방 쓰러질 것 같을 때, 무대에 오르라는 신호가 왔다. 소년이 무대에 등장했을 때, 모든 관객은 정말 먼 전쟁터에서 며칠 밤낮을 달려온 한 병사의 모습을 보았다.

이 소년이 바로 영국의 연극 수준을 한 단계 높여 놓았고, 후에 작위까지 받은 세계적 배우 로렌스 올리비에다.

인생은 이렇게 사는 것이다. 하느님께서 우리에게 언제 오라고 하실지 모른다. 언제 부르심을 받을지 모르니, 열심히 뛰고 있어야 한다. 로렌스 올리비에가 자신에게 온 기회를 마냥 흘려보내지 않고 단 한 번에 붙잡을 수 있었던 까닭은, 그의 준비된 자세 때문이다.

"너희는 조심하고 깨어 지켜라. 그때가 언제 올지 너희가 모르기 때문이다"(마르 13,33).

이는 하느님 나라가 완성되고 주님이 재림하실 때까지 '하느님의 뜻'을 세상에 펼쳐 나가는 일에 언제나 긴장을 늦추지 말라는 당부다.

오늘 믿음_ 어떻게 맞을 것인가

예수님은 종말을 두 가지로, 즉 우리의 재산을 훔치러 오는 '도둑'(마태 24,39-44 참조)과 신부를 구하러 오는 '신랑'(마태 25,1-13 참조)에 비유하셨다.

우리는 언젠가는 이 '도둑' 예수님과 '신랑' 예수님 중 하나를 만나게 된다. 내가 만날 예수님은 과연 어떤 예수님일까? 자못 궁금하지만, 사실 완전 오리무중만도 아니다.

만약 우리가 이 세상에 '애착'을 갖고 지상의 재물과 소유물에만 '집착'하며 살고 있다면, 그때 '죽음'은 우리에게서 이 모든 것을 강탈해 가는 '도둑'처럼 올 것이다. 그때 죽음은 우리의 꽉 쥔 손을 비틀어서 움켜쥐고 있는 모든 것을 빼앗아가는 밤도둑이 될 것이다.

만약 우리가 이와 반대로 하느님께서 주신 좋은 선물을, 그것이 재물이건 재능이건, 그냥 우리 마음의 재물로서만 땅에 묻어두지 않고 그것을 일생 동안 '나누고' '베풀며' 살고 있다면, 그때 주님은 우리에게 신부를 맞이하는 '신랑'처럼 오실 것이다. 그때 죽음은 모든 것을 내어주고 펼친 손을 덮석 마주 잡고 포옹해 주는 신랑이 될 것이다.

 도둑처럼 오는 종말을 맞이할 것인가, 신랑처럼 오는 종말을 맞이할 것인가,
 두 주먹을 움켜쥐고 살 것인가, 펼치고 살 것인가,
 이 세상에 대한 집착으로 살다가 '도둑'처럼 오시는 주님으로 인해 상실의 비극을 맞을 것인가, 모든 욕망을 놓고 빈손으로 살다가 '신랑'처럼 오시는 주님을 두 손으로 맞이할 것인가.

 이 모든 물음은 결국 같은 물음이다. 그리고 이는 결국 선택의 문제다.

 성 프란치스코 드 살이 죽음에 대해 남긴 글이다. 뭉클뭉클하다. 함께 읽고 죽음 성찰과 준비를 해 보자.
 "언제고 제 영혼이 이 몸을 떠나겠지요. 그게 언제일까요? 겨울입니까? 아니면 여름입니까? 도시? 아니면 시골? 낮에? 아니면 밤에? 갑자기? 아니면 천천히? 병으로? 아니면 사고로? 제 죄를 고백할 기회는 가지게 될까요? 죽어가는 저를 도와줄 사제는 있을까요? 이 모든 것에 대하여 저는 아무것도 모릅니다. 다만 한 가지 분명한 것은, 제가 죽을 것이라는 사실, 그것도 제가 바라는 것보다 더 빨리 죽을 것이라는 사실입니다.
 사랑하올 하느님, 그 중요한 날에 저를 당신 품으로 안아주십시오. 그날이 저에게 행복한 날이 될 수만 있다면, 다른 모든 날들이

슬픈 날이어도 좋습니다. 그날을 생각하면 두려워서 몸이 떨립니다만, 그래도 당신 홀로 저를 구하실 수 있음을 알고 있습니다.

제 마음을 하늘 나라에 대한 당신의 약속에 고정시켜주십시오. 오, 주님, 제 발걸음을 이끌어, 영생을 향해서 곧장 걸어가게 해 주십시오. 그리로 가지 못하게 등 뒤에서 잡아당기는 것들을 모두 떨쳐버리고, 전심전력을 기울여 앞에 있는 푯대를 향하게 하소서."[4]

감동이 밀려온다. 이것이 우리가 주님을 믿는 이유다. 언제 죽을지 어떻게 아는가? 어디서 죽을지 어떻게 아는가? 그러나 다른 날은 슬퍼도 좋으니 그날만은 기쁜 날이 되게 해 달라는 저 말, 멋있다. 오늘을 감사하자.

19. 영원한 삶(2)_
은총이 흐르는 삶

우리들의 이야기　　한 농부가 밭에서 일하고 있을 때, 지나가던 나그네가 다가와 물었다.

"저 마을엔 어떤 사람들이 살고 있습니까?"

"전에 당신이 있던 마을엔 어떤 사람들이 살고 있었소?"

"말도 마쇼. 사람들이 어찌나 자기밖에 모르던지 넌덜머리가 나서 떠나오는 길이오."

농부는 고개도 들지 않은 채 말했다.

"저 마을 사람들도 마찬가지라오."

그 말에 나그네는 방향을 돌려 다시 길을 떠났다. 얼마 후, 또 다른 나그네가 다가와 아까 그 나그네와 같은 질문을 했다.

"저 마을엔 어떤 사람들이 살고 있습니까?"

"전에 당신이 있던 마을엔 어떤 사람들이 살고 있었소?"

"모두 친절하고 다정했지요. 떠나오게 되어 지금도 무척 아쉽습니다."

그제야 농부는 고개를 들고 나그네의 손을 붙잡으며 말했다.

"저 마을에도 그런 이들이 살고 있을 겁니다."[1]

똑같은 동네지만, 그 사람이 바라보는 관점에 따라 달라지는 것이다. 관점이 삐딱하면 다 잘못되 보이고, 관점이 바르면 다 잘되 보이는 것이다.

이 세상은 크게 차이가 없다. 이처럼 바라보는 관점에 따라서 달라질 뿐이다.

예수님께서 사시던 당시에 에픽테투스라는 철학자가 이런 말을 했다고 한다.

"당신을 괴롭히는 것은 당신이 가진 문제가 아니라 그 문제를 바라보는 당신의 관점이다. 모든 것은 당신이 사물을 보는 방식에 달려 있다!"

딱 맞는 말이다. 관점을 바꾸면 모든 것이 달리 보인다. 문제가 복덩어리로 보이고, 실패가 성공의 기회로 보이고, 고통이 은총으로 보일 수 있다. 그리고 우리는 보는 그대로 누리게 되어 있다.

퇴직한 이들의 인생도 바라보는 관점에 따라서 확 달라진다.

"내 인생 여기서 끝났구나. 좋쳤네" 하고 비관하는 사람은 나머지 인생이 기울어져 간다.

반면, "인생 100세 시대인데, 전반전 잘 살았다. 그동안 멋지게 살았으니, 이제 새로운 삶을 한번 출발해 볼까?" 하는 사람은 의욕이 생긴다.

결국, 자신의 관점이 중요한 것이다. 은총이라는 것도 그렇다. 이 세상을 은총으로 바라보고, 은총으로 이해하기 시작하면 모든 것이 다 은총이다. 은총만 보인다. 반면, 불평불만의 눈으로 세상을 바라보면 매일 아침부터 불평불만이다. 길 막히는 출근길도 불평이고, 점심 반찬도 불만이고. 그러니 바라보는 눈을 제대로 형성할 일이다.

원고백의 속뜻

'영원한 삶'의 찰나, 지금   영원한 삶을 위한 시간은 언제인가. 바로 지금이다.

시간은 크게 어떻게 구분하는가? 대체로 과거, 현재, 미래로 나눈다. 그렇다면, '과거'라는 시간의 실체가 있는가? '미래'가 오는 것이 보이는가?

물리학자들의 연구에 의하면 시간은 '현재' 곧 '지금'만 계속 존재한다고 한다. 용어로, '지금'이 지나간 것을 '과거'라 하고, '지금'이 아직 오지 않은 것을 '미래'라 하는 것이다. 즉, 과거는 없다.

미래도 없다. 존재하는 것은 '지금'이다. 지금이 계속 이어질 뿐이다.

그러기에 지금에 초점을 두고 삶을 사는 것이 지혜롭다. 지나간 과거를 후회해 봐야, 오지 않은 미래를 계속 염려해 봐야 무슨 소용이 있겠는가? 우리가 누려야 할 것은 영원한 삶의 찰나인 '지금'이다.

많은 일을 하면서도 언제나 정신이 흐트러지지 않고 집중력 있는 모습을 보여주던 한 수도자가 있었다. 사람들이 그 비결을 묻자 그는 이렇게 답했다.

"저는 서 있을 때는 서 있고, 길을 걸을 때는 걷고, 앉아 있을 때는 앉아 있고, 음식을 먹을 때는 먹는답니다."

"그건 우리도 합니다!"

"아니오! 당신들은 앉아 있을 때는 벌써 서 있지요. 서 있을 때는 벌써 걸어가고 있구요. 걸을 때는 벌써 목적지까지 가 있지요."

무슨 말인가? 서 있으면 서 있는 것에 집중해야 되는데, 마음이 바빠서 벌써 조금 있다가 걸어가고 있는 것에 집중하고 있다는 것이다. 지금의 것은 잊어버리고 다음 것에 마음이 가 있단 말이다. 계속 엇박자로 논다는 뜻이다. '생각' 하고 '시간 흘러가는 것' 하고 계속 엇박자로 노니까 '지금'을 놓치는 것이다.

인생도 마찬가지다. 영원이 지금의 찰나에 들어와 있다. 이 찰나를 놓치면 끝이다. 그러니 찰나를 장악하자. 지금을 장악하자. 지금 웃는 게 능사고, 지금 평화로운 게 능사고, 지금 즐기는 게 능사다. 내일의 행복은 없다. 행복의 순간은 지금이다. 그때그때 행복을 발생시키는 것이 최고의 지혜고 은혜다.

이를 도와주는 것이 하느님 은총이다.

지상에서 누리는 '영원한 삶', 은총 우리는 이미 지상에서 영원한 삶을 누린다. 그 영원한 삶의 조각들을 은총이라 부른다. '은총'(恩寵)은 '은혜 은'과 '사랑 총', 곧 '은혜로운 사랑'을 뜻한다. 거저, 공짜로 주어지는 하느님 사랑이라는 말이다.

이에 해당하는 그리스어는 '카리스'(charis)다. 이 말은 '기뻐하다', '감사하다'라는 '카레인'(charein)에서 온 말이다. 즉, 은총은 고맙게, 감사하게 받은 것을 말한다.

천주교 신자들은 다 잘하는데 조금 부족한 것이 있다. 언어를 적극적으로 쓰지 않는다는 것이다. 그래서 "은혜 받았다, 은총 받았다"는 말을 잘 안한다. 듣기 힘들다.

반면, 개신교 신자들은 이 말을 잘한다. 가끔 만나다 보면, 그들은 입에 이 말을 달고 다님을 깨닫는다. 대화를 나누다가도, 밥을 먹다가도 "오늘 참 은혜로웠습니다" 하고 인사한다.

앞으로는 조금 어색해도 미사 끝나고 본당 신부에게 "오늘 강론 은혜로웠습니다" 하고 인사하면 어떨까. 아마 그 신부님, 식사하시다가 슬그머니 혼자 웃으실 것이다.

그렇다면, 이 "은혜 받았다"는 말 잘하는 사람과 그렇지 않은 사람 중 누가 은혜를 더 받겠는가? 당연히 "은혜 받았다"는 말을 많이 하는 사람이다. 그 말 아끼는 사람은 나중에 받은 은혜도 다시 돌려드려야 할지 모른다. 그러니 받은 것에 감사하고 은혜롭다는 말을 많이 하자.

은총의 핵심은 하느님께서 우리에게 거저 주신 것이라는 데 있다. 하느님은 이 은총에로 우리를 초대하셨다.

"자, 목마른 자들아, 모두 물가로 오너라. 돈이 없는 자들도 와서 사 먹어라. 와서 돈 없이 값 없이 술과 젖을 사라"(이사 55,1).

그런데, 이 은총을 구원과 연결시킬 때, 신학적으로 심오한 의미를 지닌다. 이 은총에 대한 관점의 차이로 인해 가톨릭 교회와 루터 교회 사이에 갈등이 있었다. 반갑게도 최근(1999년 10월 31일) 가톨릭 교회와 루터 교회 사이에 '의화론에 대한 공식 합의'가 이루어졌다. 발표된 합동 선언문에는 이렇게 쓰여 있다.

"의화는 '오로지 은총에 의해서만', 오로지 신앙에 의해서만 발생하고, 인간의 '행업과는 별개로' 의화된다. '은총은 신앙이 한 인간 안에서 시작될 뿐만 아니라, 신앙으로서 존속하는 한 신앙을 이룩한다.' 하느님 은총의 역사는 인간 활동을 배제하지 않는다. 하느님께서는 모든 것, 기꺼이 하고자 하는 마음과 그 일을 할 힘을 주시기에, 우리는 구원을 위하여 애쓰도록 부름 받는다."

이 합의문에는 구원은 '오로지 은총', '오로지 신앙'에 의해서만 가능하다는 루터교의 입장과 은총의 역사는 "선한 의지를 가진 인간활동을 배제하지 않는다"는 가톨릭의 입장을 동시에 긍정하고 있다.

하느님은 모든 것을, 기꺼이 하고자 하는 마음과 그 일을 할 힘을 우리에게 주시기에 우리는 구원을 위해 애쓰도록 부름 받는다. 그러기에 성령께서 우리가 선행을 하도록 뒤에서 자극을 주시고 명오를 열어 주시고 깨우쳐 주시는 것은 하느님의 은총이라는 말이다.

가톨릭 교회와 루터 교회가 서로 오랜 견해 차이를 극복하고 화해한 것이다. 이는 반가운 일이 아닐 수 없다. 그러므로 만일 비본질적인 교리를 가지고 천주교 신자와 개신교 신자가 티격태격하는 것을 보거들랑 한마디 해 주라. "아~ 거, 윗분들이 서로 화해했다는데 왜들 그래!"

은총의 종류   사도 바오로는 하느님 은총의 선물에 대해 가슴에서 우러나오는 감사를 드렸다.

"내가 믿음이 없어서 모르고 한 일이기 때문에, 하느님께서는 나에게 자비를 베푸셨습니다. 그리스도 예수님 안에 있는 믿음과 사랑과 함께, 우리 주님의 은총이 넘쳐흘렀습니다"(1티모 1,13-14).

그런데 이 은총에는 '창조되지 않은 은총'이 있고 '창조된 은총'이 있다.

먼저, '창조된 은총'이란 무엇인가? 성당을 다니면서 받는 모든 것은 다 느낌 있는 '은총'이다. 어떤 사람은 도움을 받고, 어떤 사람은 평화를 얻고, 어떤 사람은 행복을 얻고, 어떤 사람은 능력을 받는다. 그러기에 은총은 추상적이지 않고 굉장히 구체적이다. 이런 것을 '창조된 은총'이라고 한다. 즉, 만들어진 은총, 모양새가 있는 은총으로 하느님의 사랑을 통해 베풀어진 모든 것을 말한다.

그런데 이보다 더 좋은 것이 '창조되지 않은 은총'이다. 이는 하느님의 존재 자체, 즉 당신의 사랑으로 인간에게 당신 자신을 스스로 통교하시는 아버지, 아들, 성령을 의미한다.

이해를 돕기 위하여 가정의 예를 들어보자. 부부생활에서 창조된 은총은, 예컨대 결혼기념일에 받은 선물을 다 합친 것, 그것이 창조된 은총이다. 흔히 우리는 그것들만 놓고 좋아한다. 그렇다면 창조되지 않은 은총은 무엇인가? 배우자 자체다. 배우자 마음속에는 더 큰 선물이 들어 있다. 아직 물건으로 사지 않아서 그렇지, 마음속에는 더 많은 것을 사주고 싶어 하는 사랑이 들어 있는 것이다.

그렇다면 선물을 품고 있는 그 사람이 좋은 걸까, 진짜 선물 보따리가 좋은 걸까? 물론 그 사람이 더 좋다. 그 사람을 가지면 다 가질 수 있지 않은가! 마찬가지로 하느님을 가지면 다 갖는 것이다. 창조되지 않은 은총인 하느님 자신은 시쳇말로 요술방망이인 셈이다. "금 나와라 뚝딱" 하면 금 나오고 "은 나와라 뚝딱" 하면 은이 나오게 되어 있으니.

한 가지 유념할 것은, 창조된 은총에서 창조되지 않은 은총으로 껑충 뛰어갈 수는 없다. 차곡차곡 올라가야 한다. 궁극적으로 하늘에 있는 '창조되지 않은 은총'을 진짜로 누리는 사람은 땅에 있는 '창조된 은총'을 받아 본 사람이다. 그러니 기도의 초보에 있는 사람은 일단 '먹을 것', '마실 것', '입을 것'을 구하고, 그다음서부터 차원을 높여 가는 것이 정도라 할 수 있다.

은총은 또한 그 실질적인 내용에 따라서 '성화 은총'과 '조력 은총'으로 구분할 수 있다.

'성화 은총'(聖化恩寵: 성덕의 은총)은 하느님의 사랑을 통하여 이루어진 지속적인 내적 처지를 뜻하며, '하느님과 함께 살고, 하느님께 대한 사랑으로 행동할 수 있도록 영혼 자체를 완전하게 하는 상존 은총이며 지속적이고 초자연적인 성향'을 뜻한다.

이 은총은 하느님과 함께 통교의 삶을 사는 의화된 인간의 견고한 상태를 의미한다. 또한 영혼의 삼위일체적 삶에 참여하는 것이며, 인간으로 하여금 믿음·희망·사랑의 덕행을 실행하도록 한다.

이렇게 성화 은총을 통해 인간은 실제로 '새로운 피조물'(2코린 5,17)이 되며 참으로 '새로 태어난다'(요한 3,5 참조). 이 은총을 통해 인간은 하느님을 닮아 '완전한 사람'(마태 5,48)이 되며 '자비로운(=거룩한) 사람'(루카 6,36)이 되는 것이다.

'조력 은총'(助力恩寵: 도움의 은총)은 '성화 은총'과 대비되는 개념이다. 조력 은총은 인간이 하느님의 사랑을 받아들이고 이에 응답할 수 있도록 자신을 준비하고 개방시키도록, 하느님이 인간 자유의 편에서 힘이 되어주는 '현실적' 도움의 은총이다. 이 은총은 인간의 자유와 함께 작용하고 인간으로 하여금 성화 은총을 받아들이도록 한다. 인간의 자유를 도우면서 함께 작용하는 은총이라는 의미로 '협력 은총'이라고 부르기도 한다.

조력 은총은 구체적인 상황에서 하느님이 베푸시는 '일시적인'

도움이다. 예를 들면, 세례를 받지 않은 사람이나 죄인을 의화로 인도하는 선행 은총이 그것이다. 혹은 선행을 하도록 영감을 주는 내적 작용이다. 이 세상을 살아가면서 하느님으로부터 (기도를 통하여) 누리는 갖가지 도움도 조력 은총에 속한다고 볼 수 있다.

요컨대, '성화 은총'은 신앙인이 지속적으로 내주하는 성덕의 은총을 말하며, '조력 은총'은 기도생활을 하면서 그때그때 받는 구체적 도움의 은총을 말한다.

주님은 말씀하셨다.

"너희는 '무엇을 먹을까?', '무엇을 마실까?', '무엇을 차려입을까?' 하며 걱정하지 마라. (…) 하늘의 너희 아버지께서는 이 모든 것이 너희에게 필요함을 아신다. 너희는 먼저 하느님의 나라와 그분의 의로움을 찾아라. 그러면 이 모든 것도 곁들여 받게 될 것이다"(마태 6,31-33).

'먹을 것', '마실 것', '입을 것'은 땅에서 우리가 구하는 것들이다. 주님은 이들을 "하여간 챙겨줄게"라고 하셨다. 다만 '하느님 나라'와 '하느님 의'를 먼저 구하라고 하셨다. 그리하면 이 모든 것을 곁들여 받게 될 것이라는 얘기다.

여기서 중요한 진리가 하나 있다. 바로 우리가 요청하는 지평이 우리 하늘의 높이며, 이것이 우리 삶의 질을 결정한다는 사실이다.

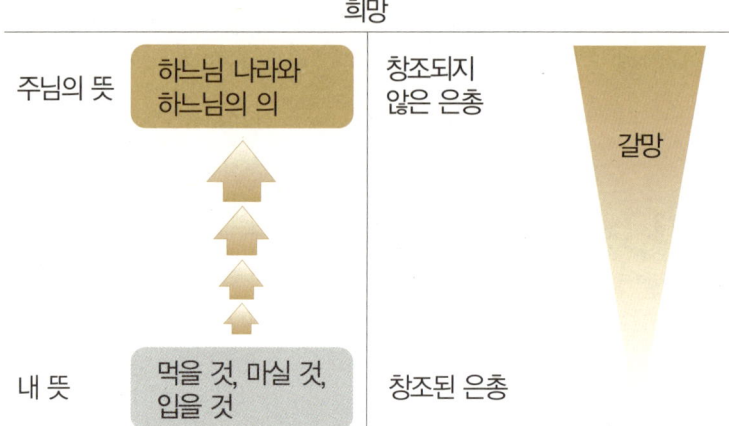

〈은총의 사다리〉

위의 도해를 가로로 정 가운데에 선을 그어보자. 그리고 그 선에 눈높이를 맞춰보자. 선 위엣것이 잘 보이는가? 아랫것이 잘 보이는가? 아랫것은 잘 보이는데 위엣것은 잘 안 보인다. 바로 그것이 문제다.

한번 우리의 눈높이를 위로 올려 보자. 우리의 지평이 높아지면 높아질수록 아랫것은 당연히 포함되면서 위엣것까지 잘 보인다. 결국 땅에서 구하는 것까지 다 받는다는 얘기다. 이처럼 우리는 하늘과 땅이 다 보이는 저 위로 가야 한다. 이것이 예수님이 얘기하시는 전망이다.

이제 기도할 때는 '내 뜻'과 '하느님 뜻', 이 두 가지를 엮어서 하는 것이다. 예를 들어, 자녀를 위해 기도할 때 "좋은 학교 가게 해주세요" 하는 것은 '내 뜻'에만 국한된 것으로, 하느님께는 이 기도가 별로 군침이 안 당긴다. 그러니 이렇게 바꿔보자. "하느님, 우리 아이 좋은 학교 보내주세요. 그러면 제가 교육 잘 시켜서 주일학교 선생으로 봉사하게 하고, 청년회 활동도 하게 할게요. 주님께서 알아서 쓰시도록 제가 작품 한번 만들어 볼 테니 좋은 학교 보내주세요." 이 기도가 '하느님 뜻'에 연결된다. 이렇게 되면 "요녀석을 주일학교 선생 시킨다니까 보내줘야지" 하고 들어주시는 것이다.

사업을 위해 기도할 때도, "이 사업이 잘 되게 해 주세요" 하면 '내 뜻'에만 국한된 것이지만, "하느님 아버지, 이 사업이 잘 되면 제가 하느님 나라 확장하는 데에 왕창왕창 쓸게요" 하면 프리미엄이 붙는다.

이처럼 내 뜻과 하느님 뜻을 연결해서 기도하면, 들어주실 확률이 높아진다. 누이 좋고 매부 좋고 하느님도 좋으니. 그러니 자꾸 아랫것만 구하지 말 일이다.

또, 희한한 것은 아랫것보다 위엣것을 구할 때 갈망의 농도가 짙어진다. 세상적인 것을 원할 때는 기도의 열정이 덜한데, 하느님 나라의 것을 구하다 보면 기도가 더 깊어지고, 자신을 투신하게 된다. 살아 있는 동안 한 명에게라도 더 복음 전하려 애쓴다. 성인이 되는 것이다.

열린 믿음

하느님의 교육학   나는 보통 강의하거나 저술할 때 예수님의 은총을 강조한다. 십자가는 잘 이야기하지 않는다. 그러다 보니 간혹 오해하는 이가 있다.

이는 내가 하느님의 교육학을 굉장히 중요하게 여기기 때문이다. 하느님의 교육학은 어떤 것인가?

하느님은 안 되는 사람 등 떠밀지 않으신다. 받아들일 분위기를 만드신 다음, 사명을 주시고 등을 떠미신다. 제자를 양성하실 때도 처음엔 제자들에게 "와라" 하고 꼬드기셨다. 실제 예수님은 제자들을 풍요롭게 하셨다. 다 주셨다. 그러곤 제자들이 충분히 세상 속으로 갈 수 있을 때 "가라" 하고 말씀하셨다.

중간에 연습도 시키셨다. 초반부터 십자가 얘기 안하셨다. 알아들을 귀가 열릴 때쯤, 십자가 얘기를 하셨다.

"내가 수난 받고 십자가를 지게 될 거야. 그러니 너희도 십자가를 지고 따라야 돼."

그때는 제자들도 알아들을 수 있었다.

우리의 신앙생활은 이처럼 단계가 있다. 은총을 알고 하느님께 감사드릴 줄 알면, 십자가 지지 말라 그래도 알아서 진다. 복음 전하지 말라고 해도 가서 복음 전한다. 이것이 예수님의 교육학이고 하느님의 교육학이다.

하느님은 당신의 교육학으로 모든 것을 우리의 눈높이에 맞춰주시고 져주신다. 그러기에 가당치도 않은 우리의 기도도 모두 들어주신다. 이 말에 이렇게 질문하는 이도 있을 것이다.

"그럼, 얌체기도는요? 만날 주님을 잊고 지내다가 급할 때만 하는 얌체기도도 들어주세요?"

들어주신다! 왜? 하느님은 고단수를 지니셨기 때문이다. 하느님의 단수는 셀 수가 없다. 천단? 만단? 백만단? 이 하느님의 지혜는 우리의 지혜하고 견줄 수가 없다. 그러기에 우리가 한 수, 두 수 놓을 때 그분은 상상할 수 없는 높은 수를 놓으신다.

우리가 보기엔 "저 얄미워 죽겠는 사람 기도를 왜 들어주셔?"라고 할 수 있지만, 그분은 다 뜻이 있어서 들어주시는 것이다. 당신이 원하는 방향으로 이끄시려고.

이처럼 하느님은 우리의 눈높이를 모두 맞춰주신다. 수준이 낮으면 낮은 대로, 높으면 높은 대로.

놓아드리지 마라 은총 영성의 으뜸 모델은 구약의 야곱이다. 이사악과 레베카가 아이를 낳지 못하다가 만년에 간신히 얻은 아이가 쌍둥이 에사우와 야곱이었다. 그런데 이사악은 아버지 아브라함이 받은 세 가지 축복의 약속을 그대로 물려받은 사람이었다. 곧 민족들의 조상이 되리라는 것, 땅을 받게 되리라는 것, 복의 근원이 되리라는 것, 이 세 가지가 고스란히 이사악에게 대물림되었다.

전통적으로 이 약속의 상속자는 장남인 에사우였다. 야곱도 떡고물 정도야 받겠지만, 중요한 건 전부 에사우한테 대물림되기로 정해져 있었다. 하여간 야곱과 에사우는 이 축복 이야기를 매일 밥 먹을 때마다 엄마 레베카로부터 듣는다.

"니네 아버지 대단한 분이야. 할아버지가 백 살 때 낳은 너의 아버지가 할아버지의 복을 다 대물림 받으셨어. 그리고 그 축복이 다 너희들 거야. 알았냐? 에사우 너는 장남이니까 너에게 장자권이 있단다. 야곱아 너도 실망하지 마라. 너에게도 떡고물이 있단다."

그런데 에사우는 매일 듣는 이 이야기에 신물이 났다.
"저놈의 손에 잡히지도 않는 축복! 그래 지금 내 손에 잡힌 게 뭐 있어? 땅 지금 받았어? 민족의 조상이 됐어? 야곱과 나 단 둘밖에 없는데…. 복은 또 어떻구!"
에사우는 현실주의자였다. 그는 사냥꾼이었다. 사냥꾼에게 제일 중요한 시간은 현재다. 오늘 잡아서 오늘 먹고, 그렇게 하루하루 살아가는 것이다. 그러니 에사우에게 약속이란 말이 귀에 들어올 리가 없었다. 거기다 귀찮은 제재도 따라 다녔다. "축복의 상속자가 되려면 이방인 여자와 사귀어서는 안 된다"는 것이었다. 성경의 앞뒤 맥락을 보고 유추하건대 그때 에사우는 사춘기였고 이미 마음에 드는 여자가 있었다. 그런데 이방인 여자였다. 에사우는 갈등한다.
"장자권? 여자? 장자권? 여자?"
매일 요렇게 고민하고 있었던 것이다.

반면 야곱은 농사꾼이었다. 농사는 봄에 씨앗을 뿌린 다음 가을에 거둔다. 벌써 기다리는 데 익숙하고, 씨앗만 봐도 열매가 보인다. 그러니 야곱 눈에는 저 단순한 축복의 미래가 벌써 쫘악 보이는 것이다.
"야, 저거 장자권! 저거 엄청난 건데. 저게 지금 아직 드러나지 않아서 그렇지, 효과를 보기 시작하면 완전 대박일 텐데!"
그런데 가만 보니 에사우가 도통 장자권에 관심이 없었다. 이를 안 야곱은 "땡기면 되겠다!" 싶었다.

하여 야곱은 미끼를 던진다. 에사우가 사냥을 나간 어느 날, 야곱은 불콩죽을 맛있게 끓여 놓고 에사우를 기다린다. 허기져 돌아온 에사우는 야곱에게 좀 달라 한다.

"야곱, 나 죽 좀 줘. 배고파"(창세 25,30 참조).

"안 돼, 형. 장자권 나한테 넘겨주면 줄게"(창세 25,31 참조).

여기서 야곱의 행동은 유혹일까? 아니다. 상식적으로 형제지간에 이처럼 무엇을 주고받지는 않는다. 에사우는 여기에 안 넘어 갈 수도 있었다. "야, 농담 그만 하고 가져와!"라던가, "너 아버지, 어머니한테 이른다!"라고 했다면 순순히 가져오게 되어 있다.

그런데 에사우는 장자권을 팔라는 야곱의 말에 "내가 지금 죽을 지경인데 이 장자권이 무슨 소용있어"(창세 25,32 참조)라고 생각한다. 결국 장자권은 야곱에게 넘어간다.

이 이야기를 성경은 이렇게 종합한다.

"에사우는 장자권을 대수롭지 않게 여겼던 것이다"(창세 25,34 참조).

어투를 보건대 사실 이 사건의 공범자는 하느님이시다. 하느님께서 이를 막으려면 막으실 분인데 그냥 내버려 두셨던 것이다.

왜인가? 당신이 위에서 내려다 보셔도 에사우는 영 장자권에 관심이 없다. 그렇다. 이처럼 하느님께서 아무리 주고자 하셔도 관심 없는 사람에게는 은총을 주실 수가 없는 것이다. 오늘날도 똑같다. 관심 있는 사람이 결국 받게 되어 있다.

이야기는 흘러 흘러 20년 후! 여차저차해서[2] 도망자가 된 야곱은 삼촌 밑에서 꼬박 20년을 채우고 주님의 도우심을 받아 극적으로 부자가 된다. 그는 형과의 해후를 기대하며 고향길에 오른다. 하지만 여전히 '장자권'이 불안하기만 하다. 그리하여 그 유명한 야뽁 강 나루에서 야훼의 천사들과 씨름판 기도를 바친다.

"놓아드릴 수 없습니다. 저에게 복을 빌어 주시지 않으면, 절대 못 놓아드립니다"(창세 32,27 참조).

엉덩이뼈 부러질 정도로 이 기도의 싸움은 격렬했지만, 야곱은 그예코 축복의 약속을 받아낸다. 마침내 형과의 화해도 이루어지고, 야곱은 "하느님과 겨뤘다"라는 의미의 이스라엘이라는 이름으로 개명된다. 물론, 야곱은 살아생전 이미 앞의 세 가지 축복이 부분적으로, 하지만 그에게는 풍성하게, 이루어짐을 보게 된다.

도둑이 되라 하느님의 은총은 모든 인간적인 계산법을 초월한다. 예수님이 돌아가시기 전에 마지막으로 하신 일 중 하나는, 십자가에 달린 강도를 용서하신 일이다. 이 강도는 앞으로 성경 공부를 할 것도 아니고 성당에 나갈 것도 아니고 자기가 피해를 입힌 사람들을 찾아가 죄를 빌 것도 아니었다. 강도는 단순히 두려움에서 벗어나고자 "예수님, […] 저를 기억해 주십시오"(루카 23,42) 하고 말한 것뿐인데, 예수님은 "너는 오늘 나와 함께 낙원에 있을 것이다"(루카 23,43)라고 약속해 주셨다. 이것은 은총이 우리의 행위에 달린 것이 아니라 하느님이 하신 일에 달려 있다는 것임을 보여주는 '충격적인 사건'인 것이다. 성 요한 크리소스토모는 이를 이렇게 묵상했다.

"이 도둑이 드디어 낙원을 훔쳤구나! 이 사람보다 앞선 사람들도 일찍이 아무도 그런 약속을 받은 사람은 없었다. 아브라함도, 이사악도, 야곱도, 모세를 비롯하여 많은 예언자들과 사도들 가운데에도 그러한 약속을 받은 사람은 아무도 없었다. 그런데 이 도둑은 그들을 모두 제치고 앞서고 말았구나! 이 사람의 믿음이 예언자나 사도들보다 더 뛰어난 것이었구나! 이 도둑은 고통을 겪으시는 예수님의 모습을 보고도 영광 중에 계시는 것처럼 흠숭을 드렸다. 이 도둑은 예수님께서 십자가에 못 박혀 계시는 모습을 보고도 예수님께서 마치 왕좌에 앉아 계시기라도 하듯이 자신의 소원을 말씀드렸다. 이 도둑은 예수님께서 사형 선고를 받으시는 모습을 보고도 임금님께 애원하듯 은총을 베풀어주시기를 간청했다. 오, 찬탄해 마지않을 도둑이여! 그대는 십자가에 못 박힌 사람을 보고서 그분이 바로 하느님이심을 선포하였구나."

우리도 천국을 훔치는 도둑이 될 수 있다면!

은총이란 '하느님이 필요함'을 어린아이처럼 순전히 즐겁게 받아들이는 것이요 하느님께 기쁨으로 완전히 '의존'하는 것이다. '즐거운 거지'가 되는 것이다.

오늘 믿음_ 오늘은 잔칫날

결국 우리의 삶 자체가 은총이다. 다 거저 받은 것이다. 생명도, 가족도, 친구도, 이웃도, 자연도, 미래도 도대체 거저 받지 않은 것이 없다. 그러므로 우리는 "모든 것이 은총이다"라고 항구하게 고백할 수밖에 없는 존재다.

봉쇄 수도원에서 십자가 마리아 수녀는 하염없이 흐르는 '눈물' 속에서 은총, 아니 하느님을 만난다.

> 나는 네가 너무 슬플 때
> 너와 함께 있고 싶어서
> 눈물이 되었다
>
> 나는 네가 너무 기쁠 때
> 너와 함께 있고 싶어서
> 눈물이 되었다[3]

은총에 벅찬 이들이 운다. 진짜 신앙생활을 하다 보면 눈물의 은혜를 겪는다.

사도 바오로가 얼마나 많이 울었는가? 사도 베드로가 예수님 배반하고 또 얼마나 울었는가? 그 눈물이야말로 우리와 함께 하는 주님이시다.

20. 아멘!

우리들의 이야기   실제로 강남의 어느 가정에 있었던 일이라고 한다. 결혼식을 막 올리고 신혼여행을 갔다 온 새 신부의 시어머니가 성직자에게 축복기도를 받게 하려고 데려갔다. 시어머니는 성직자에게 아이를 빨리 낳게 해 달라고 축복기도를 청했다.

며느리는 부끄러워 성직자의 힘 있는 축복기도에 "아멘"이라고 답하지 못했다. 시어머니만 연신 "아멘"을 외쳤다.

1년 후, 아이를 낳은 사람은 시어머니였다고 한다.

사실 여부는 확인 안 해 봤지만, 평소 내가 '아멘'에 대해 갖고 있는 철학과 부합하는 이야기다. 은총을 내 것으로 만들려면, "아멘" 하여 끌어당기면 된다.

본당 사제가 강론할 때 말한 좋은 말씀이 내 것이 되기 위해선, 코앞에서 "아멘" 해야 한다. "아멘" 하는 사람이 임자다.

원고백의 속뜻

통째로 '아멘!' 사도신경의 마지막 고백은 '아멘'이다.

라틴어 본문의 '아멘'(Amen)은 히브리어 '아멘'을 빌려다 쓴 단어다. '믿는다'의 동사 '아만'(aman)의 부사형이다. 이 '아멘'은 어떤 이야기에 맞장구를 쳐주는 것으로 '옳거니', '확실히', '당연히', '마땅히'의 의미다.

사도신경 본문의 '아멘'에 초점을 맞추기 전에 잠깐 다시 사도신경의 라틴어 이름 '심볼룸 아포스톨로룸'(Symbolum Apostolorum)의 의미를 되새겨보자.

서두에서 '심볼룸'은 '짝맞춤'이라고 했다. 하나를 둘로 나눈 반쪽을 나누어 갖고 있다가 다시 하나로 맞추는 것이다. 하느님 앞에 내가 갖고 있는 반쪽을 딱 내놓으면 하느님이 "아멘" 해 주시고, 하느님이 내게 반쪽을 딱 내놓으시면 내가 "아멘" 하는 것, 이것이 짝맞춤이다. 또 내가 공동체에 반쪽을 내면 공동체가 "아멘" 해 주고, 공동체가 내게 반쪽을 내면 내가 "아멘" 해 주는 것이 짝맞춤이다.

이렇게 볼 때 짝맞춤의 추임새가 바로 '아멘'인 셈이다. 결국 사도신경은 '아멘'의 주고받음이다.

이제 사도신경 본문의 '아멘'에 주목해 보자. 이 '아멘'은 앞의 "나는 믿나이다"에 대한 종지부로서 '아멘'이다. 이 '아멘'은 전체를 수용하여 내 것으로 받아들인다는 고백이다. 이는 사도신경 고백 가운데 자신이 좋아하는 것만 고르지 않고, 통으로 수용하여 받아들인다는 뜻이다.

이와 관련된 뉴만 추기경의 말은 옳다.
"진리에 있어서 전체를 받아들이지 않고 부분만 받아들이는 것은 결국 '거짓'에 빠지게 된다."
예수님께서 율법에 대하여 말씀하신 것은 모든 신앙 진리에 적용된다.
"하늘과 땅이 없어지기 전에는, 모든 것이 이루어질 때까지 율법에서 한 자 한 획도 없어지지 않을 것이다"(마태 5,18).
'한 자'나 '한 획'을 빠트리면 전체를 그릇되게 하는 것이다. 그러기에 만약 누군가 사도신경에 생뚱한 문장 하나를 집어넣었다면, 그것은 가짜다. 원문에서 하나를 빼는 것도 마찬가지다. 하나가 빠지면 전체가 확 빠진다는 뜻이다. '성자'를 빼도 문제가 되고, '성령'을 빼도 문제가 되고, '교회'를 빼도 문제가 된다. 그러니 통째로 '아멘'이다.

지금까지 사도신경 전체를 훑어봤다. 그런데 때로 바빠 바치다 보면, 이 모든 내용이 생각나기 어렵다. 그럴 땐 느낌으로, 직감으로, 가슴으로 내려온 것을 받아들여 고백하는 수밖에 없다. 그럼 지금까지 익힌 모든 것을 총동원하여 각 구절을 떠올렸을 때 오는 느낌을 확인해 보자.

전능하신 천주 성부: '천주 성부' 하면 어떤 느낌이 드는가? 아버지가 떠오를 것이다. 개념적으론 완전하신 아버지란 뜻이지만, 느낌으론 어떤가? "든든하다", "빽이다", "그러니 두려울 게 없다"와 같은 느낌이 팍팍 올 것이다.

천지의 창조주: '창조주'하면, 생동감이 느껴지지 않는가. '나에게 생명을 주신 분'. 이 분에게서 생명이 나온다.

그 외아들 우리 주 예수 그리스도님: 구원이 느껴지는가. 진실로 예수 그리스도를 만나면 "죽었다가 살았구나"라는 느낌이 확 들게 마련이다.

성령으로 인하여 동정 마리아께 잉태되어 나시고: 모성애가 느껴지는가? 동정 마리아는 어머니다. 우리 구세주 예수 그리스도를 낳고 키우신 어머니다.

본시오 빌라도 통치 아래서 고난을 받으시고: 답답하고 억울한 느낌이 드는가? 동시에 "어느 놈이 그랬어?" 하고 분노도 느껴지는가? 그런데 따지고 보면 그 어느 놈이 바로 '나'일 때가 있다.

십자가에 못 박혀 돌아가시고 묻히셨으며: 절망스럽고 슬픈 느낌이다.

저승에 가시어 사흗날에 죽은 이들 가운데서 부활하시고: 비로소

"할렐루야"다. 뒤집히지 않았는가. 돌아가셨다가 부활하셨으니, 반전이며 역전 만루 홈런이다.

하늘에 올라 전능하신 천주 성부 오른편에 앉으시며: 느낌 그대로 '영광'이다. 엄위로운 가운데 전권을 갖고 계시니 말이다.

그리로부터 산 이와 죽은 이를 심판하러 오시리라 믿나이다: 두려운 느낌이 좀 든다. 하지만 그리스도교인은 두렵기만 하진 않을 것이다. 한편으로는 희망이 있고 설레고 기다려지지 않는가.

성령을 믿으며: 성령은 뜨겁다. 또 성령이라는 협조자가 옆에 있으니 든든하다. 전속 보디가드가 있는 것 같은 느낌이다.

거룩하고 보편된 교회와 모든 성인의 통공을 믿으며: 연대성도 느껴지고, 측은지심도 생기고, 가족애도 느껴진다. 내 곁에 믿어지는 구석이 있으니 이 역시 든든한 느낌이다.

죄의 용서와 육신의 부활을 믿으며: 말 그대로 죄를 용서 받고 육신이 부활한다는 것은 희망이다. 죽지 않고 사는 것 아닌가.

영원한 삶을 믿나이다: 영원한 삶은 무엇인가? 그 안에 지복직관, 환희, 기쁨, 평화 이런 것들이 차고 넘친다. 이처럼 상상할 수 없는 것이 차고 넘치니 얼마나 감격스러운가.

아멘: 이는 앞에서 마음으로 수용한 모든 것에 대한 고개를 끄덕임이요, 박수의 화답이다.

우리가 사도신경을 바칠 때, 바로 이런 느낌들이 회복된다면! 그야말로 황홀한 사로잡힘이 될 것이다. 입으로만 건성건성이 아니라 마음으로 또박또박 혼을 실어 고백할 수 있다면, 사도신경 한 단어

한 단어에 내재된 천상적 권능이 우리를 덮칠 것이기에.

올인 '아멘!'   사도신경은 한마디로 '올인'이다. 그래서 우리는 "크레도 인 데움"이라고 고백한다. 여기서 '인'이 바로 '올인'이라는 의미기에, 저 고백은 "하느님께 내 삶을 몽땅 걸고 '아멘' 한다"는 뜻이 됨을 앞서 여러 차례 확인하였다.

믿음은 하느님의 존재만을 인정하는 것에 그치지 않고 하느님과 친밀한 관계를 맺는 것이다. 뉴만 추기경이 말했듯이 "믿음은 우리의 온몸으로 하는 '실재 동의'이지 머리로만 하는 '개념 동의'가 아니다".

그러므로 신앙고백 뒤에는 고백 내용대로 행하는 실천이 당연히 따라야 한다. '아멘'은 단순히 머리로만 하는 동의가 아니라 온 마음과 몸을 올인하는 것이기 때문이다.

인종차별이 극심했던 남아프리카 공화국에서 실제 있었던 일이다. 흑인만 다니는 성 시온 교회에서 주님 수난 주간 성목요일 예절을 진행하며 이뤄진 세족례 의식에, 유일한 백인이자 존경 받는 대법원장 올리버가 참석했다. 올리버는 자신의 차례가 되자, 마르타라는 흑인 여성을 불러 발을 정성껏 씻겨 주고, 입을 맞추었다. 순간 예배당은 놀라움과 동시에 이내 숙연해졌다. 예식을 마친 올리버는 그 자리에 있던 신자들에게 말했다.

"여러분, 마르타는 저의 집에 노예로 있는 사람입니다. 한평생 그녀는 우리 집 아이들의 발을 수백 번도 넘게 씻겨 주었지요. 그 모습을 보는 제 마음은 늘 괴로웠습니다. 그간의 보답이랄까요, 저는 오늘 저를 위해 고난 당하시고 피 흘리신 예수님을 따라한 것뿐입니다. 그러니 너무 이상하게 생각하지 마십시오."

이 소식을 들은 남아프리카 공화국 사법부는 올리버의 대법원장 직을 박탈했다. 하지만 올리버는 오히려 기뻐하며 감사했다고 한다.

"이제야말로 참 하느님께 나아갈 자유로운 그리스도인이 되었습니다."[1]

바로 이런 모습이 '올인' 아멘이다. 신앙을 팔아서라도 대법원장 직을 사려고 줄을 서는 것이 인지상정인 판인데, 올리버는 그의 표현대로 '자유로운 그리스도인'이 되기 위해 거꾸로 모두가 부러워하는 최상의 관직을 내팽개쳤다.

그는 억울하지 않았다. 오히려 자랑스러웠다. 그리스도를 거스르면서 대법원장을 하는 것보다는 차라리 예수님의 제자가 되어 그분이 원하시는 일을 하는 게 마음 편하고 자랑스러웠던 것이다. 그에게 형용할 수 없는 주님의 위로와 기쁨이 늘 함께 했을 것임은 굳이 말할 필요도 없을 터다.

하느님의 날인, '아멘!' 우리가 하느님께 "아멘" 하기도 하지만, 하느님도 우리에게 "아멘" 해 주신다. 이런 아멘은 하느님의 날인이다. "하느님, 이것 좀 해 주세요. 저 좀 도와주세요"라는 우리의 기도에 응답해 주시는 것이 하느님의 '아멘'이라는 것이다.

하느님의 아멘! 그 황홀한 아멘을 모세가 들었다.

"내가 보았고, 들었고, 알고 있다" (탈출 3,7 참조).

여기서 '알고 있다'라는 말에 느낌이 팍 오지 않는가. 오늘 이 시대에도, 지금 이 시간에도 여러 모양새로 어디선가 고통 받는 이들이 있다. 하느님은 그들의 소리를 '지금' 듣고 보고 알고 계신다. 그러시곤 이제 개입을 하시는데, 이 개입에 우리를 필요로 하신다.

"도대체 누가 내 속사정을 알아주랴. 누가 내 하소연을 들어주랴. 누가 내 마음을 느끼고 있으랴" 하며 홀로 고독 속에서 탄원하고 있는 이가 있다면, 주님의 음성에 귀 기울이자. 주님은 말씀하신다.

"내가 봤어. 내가 들었어. 내가 알고 있어. 기다려봐. 좋은 일이 일어날 거야."

구약의 히즈키야 왕은 병에 걸려 하느님께 이렇게 기도했다.

"아, 주님, 제가 당신 앞에서 성실하고 온전한 마음으로 걸어왔고, 당신 보시기에 좋은 일을 해 온 것을 기억해 주십시오"(2열왕 20,3).

이에 하느님이 이렇게 아멘 해 주셨다.

"나는 네 기도를 들었고 네 눈물을 보았다. 이제 내가 너를 치유해 주겠다"(2열왕 20,5).

히즈키야는 저 말씀대로 치유 받았다.

우리는 왜 기도하는가? 특권이 있기 때문이다. 소위 '푸닥거리'란 것은 그리스도인의 기도와는 차원이 다르다. 무엇이? 바로 '약속'이다.

푸닥거리는 약속 없는 기도다. 아무리 해 봐도 받는 쪽에서 준다고 한 적이 없다. 그러니 안 주면 그만이다. 그래 거절당하면 그만이다. 안 줬다고 따질 수 없다.

하지만 하느님은 성경에서 당신에게 불리한 말씀을 엄청 해 두셨다. 창세기부터 모두 우리에게 유리한 말씀이지 당신에게 유리한 게 하나도 없다. 재판이라도 걸면, 하느님이 다 질 수밖에 없다. 청하는 건 다 주시겠다고 하셨으니.

"네 입을 한껏 벌려라, 내가 채워 주리라"(시편 81,11).

맨 약속투성이다.

"나의 이름을 부르면, 내가 그들에게 복을 내리겠다"(민수 6,27).

그러니 우리는 이 말씀 붙잡고 "준다고 그러셨잖아요! 주세요! 약속 지키세요!" 하면 된다. 이것이 우리의 기도다.

우리가 이렇게 기도할 수 있는 근거는 뭔가? 바로 하느님의 '헤세드'(chesed)다. '헤세드'는 일반적으로 '자비'라는 뜻이고, 궁극적으로 "당신 약속에 충실하시다"라는 뜻이다. 그러기에 "하느님이 자비롭다"라는 말엔 "하느님은 약속에 충실하시다"라는 뜻이 포함되어 있다. 얼마나 감사한 일인가.

그래서 우리는 하느님께 당당하게 기도할 수 있는 것이다. 이렇게. "약속 지키세요. 내 놓으세요. 주신다고 하셨잖아요!"

그러므로 용기를 내어 기도할 일이다.

열린 믿음

희망으로서 '아멘!'   아멘은 희망이다. 우리가 "아멘" 할 때, 이루어지기를 바라는 미래의 것이 미리 당겨오는 것이다. 성경은 말한다.

"믿음은 우리가 바라는 것들의 보증이며 보이지 않는 실체들의 확증입니다"(히브 11,1).

믿음은 무엇인가? '아멘'이다. 우리는 믿을 때, "아멘" 한다. 이 믿음은 우리가 바라는 것들의 보증이다. 우리가 자꾸 "아멘" 할 때, 바라는 것이 이루어진다는 말이다. 보이지 않는 실체들이 현실로 일어난다는 것이다.

그러기에 '아멘'은 희망이다. 희망에 대한 다음 성구는 내가 정말 좋아하는 말씀이다.

"이 희망은 우리에게 영혼의 닻과 같아, 안전하고 견고하며 또 저 휘장 안에까지 들어가게 해 줍니다"(히브 6,19).

'휘장 안'이 어디인가? 천국이다. 거기까지 닻이 놓여 있다는 말씀이다. 닻은 무엇과 연결되어 있는가? 줄과 연결되어 있다. 그러기에 희망은 밧줄이다. 이 희망의 끈을 끌어당기면 닻이 내려진 천국까지 가는 것이다.

이 밧줄은 지상의 내비게이션보다 더 좋다. 내비게이션은 닻으로 끄는 것이 아니다. 작동시켜 한 지점을 찾아가는 것이다. 그러다가 빗나가기도 하지 않는가.

하지만 닻은 줄로 확실하게 연결되어 있기에, 다른 데로 가더라도 결국 최종 목적지로 가게 해 준다. 결국 우리가 하느님께 희망을 두고, 예수님께 희망을 두면 천국에 가게 되어 있다. "아멘" 할 때마다 이 희망이 우리에게 다가오는 것이다.

나는 늘 이렇게 말한다.
"그리스도인은 이 지구상에 있는 사람들이 전부다 절망에 빠졌을 때, 마지막까지 절망에 빠지지 않고 끝까지 희망이라고 우기고 살아남는 사람입니다."
최후의 사람이 되어야 한다. 희망의 증인이 되어야 한다.
요즘 너나없이 어렵다고들 한다. 신문에, 뉴스에 온통 "어렵다"는 말뿐이다. 심지어 2040세대의 분노가 우리나라 정치 지형을 바꿔놓기도 했다.
이런 상황일수록 계속 희망을 갖고 절망을 몰아내야 한다. 희망은 반드시 승리한다.
1930년대 초 미국이 심각한 대공황을 겪고 있을 때였다. 어느 날 공장이 밀집된 지역의 한 흑인교회를 클레어린스라는 목사가 방문했다. 그 교회 신자들은 60% 이상이 실직을 당한 상태였고, 대부분 극빈자였다. 그런데 그들이 부르는 찬송은 힘과 희망으로 넘쳤다. 그들의 표정에선 절망의 빛을 찾아볼 수 없었다. 클레어린스 목사는 설교 중에 신자들에게 그 이유를 물었다.
"여러분, 지금은 대공황이고 이 나라는 도무지 희망이 없어 보입니다. 실업자는 계속 증가하고 있구요. 그런데 여러분은 무엇이 그렇게 즐겁습니까?"

그때 한 신자가 자리에서 벌떡 일어나 밝은 표정으로 말했다.

"지금 우리는 예수 그리스도를 노래하고 있지 않습니까. 예수 그리스도가 우리 곁에 계신다는 사실이 최고의 희망입니다."[2]

실낱같은 희망도 찾을 수 없던, 말 그대로 '대공황'의 혼란스러운 어둠 속에서 그들이 붙잡은 것은 예수 그리스도라는 '희망'이었던 것이다.

우리 역시 대한민국의 희망 부대가 되는 것이다. 희망의 전령이 되는 것이다. 사람들은 곧잘 내게 이렇게 말한다. "신부님은 희망의 전도사군요."

그러면 나는 이렇게 답하기를 좋아한다. "아닙니다. 저는 희망의 광신도입니다."

어떻게 해야 희망이 커지는가? '아멘'을 열심히 하면 된다.

절박한 기도로서 '아멘!' 어떤 때, '아멘'은 절박한 기도다. 이 아멘을 과격하게 하면 명령어가 된다.

시편 17편에 등장하는 다윗의 요청은 명령문으로 되어 있어 언뜻 보면 마치 하느님께 명령을 내리는 듯하다. 그런데 히브리어에서 윗사람에게 사용하는 명령문은 무례함이 아니라 존경과 위엄을 뜻한다.

"당신 눈동자처럼 저를 보호하소서"(시편 17,8).

다윗은 겸손히 하느님의 보호를 요청하는 것이다.

그런데 "주님, 일어나소서. 다가가 그를 내던지소서"(시편 17,13) 쯤에 이르면 하느님을 재촉하는 듯하다. 다윗이 감히 하느님께 명령하는 것이다. 번역을 점잖게 해서 그렇지 "급하니까 빨리 어떻게 좀 해 줘!"라는 명령형으로 되어 있다.

곰곰이 생각해 보자. 한밤중에 어린아이가 잠에서 깨면 불현듯 겁에 질려 엄마, 아빠를 찾는 경우는 흔하다. "엄마, 아빠! 어딨어? 일어나!"

이는 오만함이 아니라 절박함에서 나온 것이다.

그 절박함으로 이사야 예언자는 부르짖는다.
"아, 하늘을 쪼개시고 내려오십시오. 산들이 당신 앞에서 떨 것입니다"(이사 63,19: 공동번역).

그는 "아" 하고 절규까지 했다. 이처럼 아멘을 세게 하면 명령이 된다. 급하니까 하느님께 SOS를 치는 것이다.

요컨대, '아멘'은 그 자체가 "그대로 이루어지소서"라는 믿음의 명령인 동시에 강력한 '긍정'의 언어다. '아멘'은 어떤 난관이나 절망도 부인하는 긍정의 선언이다. "반드시 된다", "꼭 이루어진다", "이미 사실이다"라는 의미의 긍정의 함성인 것이다.

감사로서 '아멘!'   '아멘'이라는 말 속에는 '감사'가 들어 있다. '아멘'은 궁극적으로 주님께서 베푸신 은총에 대한 '감사'를 강력하게 표현해 준다.

소설 『빙점』으로 유명한 일본 여류 작가 미우라 아야코는 독실한 그리스도인이다. 폐결핵과 척추결핵으로 13년간 투병생활을 하면서 그녀는 그리스도교 신앙을 갖게 됐다.

베스트셀러 작가가 된 그녀는 언젠가 이런 질문을 받았다.

"그리스도교에는 불교에서와 같은 염불이 없나요?"

그녀는 이렇게 대답했다.

"엄밀히 말하자면 그리스도교에는 염불이 없습니다. 그러나 비슷한 말은 있어요. 바로 '임마누엘 아멘'입니다. '나무아미타불'은 '부처와 함께 있다'라는 의미인 듯한데 그와 비슷해요. '아멘'은 '참으로, 진실로'라고 동의하는 말이며 이것은 세계 공통의 말이에요. '임마누엘 아멘'이라고 하면 '하느님이 나와 함께 계십니다. 실로 그렇습니다. 감사합니다'라는 뜻이 되지요. 나는 오랜 요양생활 가운데 문득 쓸쓸해지면 곧잘 이 '임마누엘 아멘'을 불렀어요. 그러면 이상하게도 전능하신 하느님께서 내 곁에 계셔서 온전히 나를 지켜주시는 것이 느껴지면서 마음이 평안해졌습니다."

미우라 아야코는 긴 투병생활 중에 '임마누엘 아멘', 곧 "하느님이 나와 함께 계십니다. 감사합니다"라고 기도를 드리며, 주님께서 자신과 함께 하시기를 청했다. 그러면서 어렵고 외로운 투병생활을 견뎌냈다. 우리는 그녀의 신앙을 통해서 우리가 아무리 어려운 상황에 놓이더라도 주님께서 함께 하시면 어려움을 극복할 수 있다는 것을 공감하게 된다.

우리가 감사할 때 어떤 일이 일어나는가? 감사는 '선순환'을 가지고 있다. 물론 불평의 '악순환'도 있다. 이들을 도해화 하면 다음과 같다.

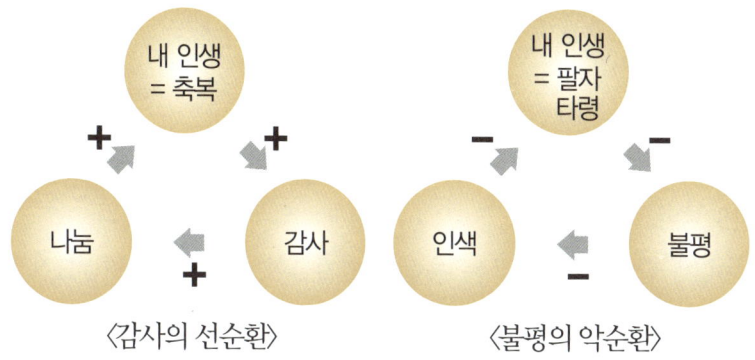

〈감사의 선순환〉　　　　〈불평의 악순환〉

우리가 '은총'(축복)을 많이 받으면 그것을 인정하고 '감사'하게 된다. 이를 말로만 하는 것이 아니라 하느님께 감사한 마음을 담아 '봉헌' 예물을 올린다. 봉헌을 많이 할수록 다시 은총을 받게 된다. 이처럼 감사의 선순환이 반복되는 것이다.

한편, 자신의 상황에 '불만'을 갖게 되면 '불평'이 절로 나온다. "나는 받은 것이 없어", "내 삶은 불행의 연속이야" 등. 그러면 사람은 '인색' 해져서 나눌 줄도, 감사할 줄도 모른다. 이렇게 인색하니까 또 받지 못하게 되고 다시 불만이 쌓여간다. 이처럼 불만의 악순환이 반복되는 것이다.

기도하다 보면 가끔 이런 말이 불쑥 튀어나올 때가 있다. "요즘엔 왜 응답이 안 올까? 기도 끗발이 떨어졌나?"

이런 때 바로 점검이 필요한 순간이다. 응답이 안 오는 이유는 틀림없이 내가 떼먹은 감사가 있기 때문이다. 내 이름이 지금 감사 신용불량자 명단에 올라가 있는 것이다. 일단 신용불량자는 거래가 안 된다. 이 거래를 다시 트려면 어떻게 해야 하는가? 여태 안 갚은 것을 갚아야 하는 것이다.

이런 까닭에 나는 감사를 천국의 3대 언어라고 역설한다. 아멘, 할렐루야, 그리고 감사!
이 세 단어를 자주 쓰는 사람에겐 지금이 천국이고 여기가 천국이다. 그러기에 나는 요즘 나의 철학이요 영성인 '무지개 원리' 풀이도 '감사'로 마무리한다.
그렇다. 내가 기회 있을 때마다 언급하는 '무지개 원리'도 결국 '감사' 하나로 귀결된다. '무지개 원리'를 터득한 사람은 결과적으로 감사할 수밖에 없고, 습관적으로 감사할 줄 아는 사람은 이미 '무지개 원리'를 수준 있게 익힌 셈이다.
'무지개 원리' 하나하나와 감사를 연결시켜 보면 그 상관관계가 더욱 뚜렷하게 드러난다. 긍정적인 생각, 지혜의 씨앗, 꿈, 성취신념, 말, 습관, 포기하지 않음! 이 일곱 가지가 하나같이 '감사'와 호환된다. 곧 '무지개 원리'의 완성은 감사다.
이 감사와 '아멘'은 결국 같은 말이다. 그러기에 '아멘'을 많이 쓰는 사람은 '무지개 원리'를 완성한 사람이다. 그런 이는 만사형통하게 되어 있다.

오늘 믿음_ 아멘 하자

'아멘'을 하려면 먼저 입술로 시인하는 것이 중요하다.
"그대가 예수님은 주님이시라고 입으로 고백하고 하느님께서 예수님을 죽은 이들 가운데에서 일으키셨다고 마음으로 믿으면 구원을 받을 것입니다"(로마 10,9).

혹시 이 말씀에 반발을 느끼는 사람이 있을지도 모르겠다.
"거 그냥 속으로 믿으면 됐지, 뭘 그렇게 요란을 떨라고 합니까?"

입으로 해야 한다. 하느님이 듣지 못하셔서 입으로 얘기하는 게 아니라, 인간이 워낙 변덕스럽기에 입으로 얘기해야 하는 것이다. 자신이 속으로 마음먹은 것도, 자신이 말해놓고도 잊어버리기 십상이니 말이다.

하느님은 원래 청하지 않은 것에도 응답을 주신다. 그런데 청해놓고도 잊어버리는 인간이 하느님의 응답을 못 알아보고, 자꾸 엉뚱하게 반응하거나 오리발 내미니까, 이제는 청한 것만 응답을 주시는 것이다.

그러니 감사할 줄 알아야 한다. 그래야 탈이 안 난다.

입술로 아멘을 고백하는 것이 좋은 가장 중요한 이유는 말의 힘 때문이다. 우리가 입으로 무슨 말을 하든 이것이 결국 우리의 현실로 이루어진다.

"내가 살아 있는 한, 너희가 내 귀에 대고 한 말에 따라, 내가 반드시 너희에게 그대로 해 주겠다"(민수 14,28).

나는 이 말씀을 99%가 아니라 100% 믿는다. 이 말씀은 100% 진실이다.

"아이고, 지겨워. 아이고, 죽겠다. 아이고, 내 팔자야"라는 말을 매일 달고 다니는 사람은 점점 꼬여서 잘 되던 일도 망한다.

반면 "할 수 있다"는 희망의 말을 계속 하는 사람은 반드시 좋은 일이 일어난다.

그러니 이 "아멘"을 하루에 백 번 이상, 그것도 꼭 소리 내어 해 보자. "할렐루야"도 덩달아 백 번 이상씩.

추임새로 "아멘" 하면 된다. 나도 그런 연습을 많이 했다. 회의하다가도 좋은 아이디어가 나오면 "아멘" 한다.

이처럼 집에서, 직장에서, 단체에서 대화하다가 상대방이 좋은 말하면 "아멘" 해 보자. 서로 기가 산다.

아울러 우리 주님께도 "아멘"을 많이 해 드리면, 저 위에서 들려오는 우리에 대한 당신의 "아멘" 소리가 소낙비처럼 들려올 것이다.

21. 에필로그

르네상스 영성   중세의 암흑기에서 당대의 지성인들은 그 출구로써 '처음'을 찾았다. 그것은 두 가지 방향으로 이루어졌다. 하나는 성경, 다른 하나는 그리스 문화유산 클래식으로의 복귀였다.

이스라엘 백성 또한 똑같은 탈출의 지혜를 지니고 있었다. 그들 역시 역사의 고비 때마다 '맨 처음'으로 더듬어 올라갔다. 거기서 희망의 근거를 찾았다.

지금 이 시대 우리들의 화두는 절망과 분노다. "미래가 안 보인다. 비전이 안 보인다"고 답답해 한다.

교회는 교회대로 위기라고 말한다. 신앙인들은 벌써 위기와 몰락을 얘기한다.

우리 역시 출구가 필요하다.

이스라엘인은 이 지혜를 갖고 있었다. 이집트 땅에서의 종살이는 얼떨결에 당한 일이었다. 400년간 지속된 일이기에 어떻게 보면 숙명처럼 여겨졌다. 그곳에선 절망감보다는 부자유가 더 컸다.

하지만 바빌론으로 끌려갔을 때, 그 절망감을 이루 말할 수 없었다. 한마디로 상상할 수 없는 일이었다. 여태까지 이스라엘은 절대로 망할 수가 없었다. 예루살렘은 하느님이 계신 곳이기 때문에 그 누가 침공을 해도 절대로 허물어지지 않는다는 것이 그들의 믿음이었다. 이 '예루살렘 불패신앙'을 철석같이 갖고 있었는데 잿더미가 되어 망해버렸다. 이 참담함 속에서 이들이 희망으로 찾은 것이 창조신앙이었다. 물려받은 문화 중에서 창세기를 뒤져 '처음'이 어땠는지 확인한 것이다. 이사야 예언자는 이때 찾은 사상을 담아 희망의 메시지를 전한다.

"이제 야곱아, 너를 창조하신(bara) 분, 이스라엘아, 너를 빚어 만드신(bara) 분, 주님께서 이렇게 말씀하신다. '내가 너를 구원하였으니 두려워하지 마라. 내가 너를 지명하여 불렀으니 너는 나의 것이다.'"(이사 43,1).

당신의 이름으로 희망을 주신 것이다. 당시 이스라엘 백성은 절망 속에서 다른 얘기는 하나도 안 들어 왔다. 그런데 '창조의 하느님' 그랬더니 그제야 희망하게 된다. 왜? '바라'의 하느님은 무에서 유를 만드신 분, 역사 자체이며 시작이신 분이기 때문이다. 그러기에 왜곡된 질곡의 역사를 시정하고 회복시키는 일쯤은 그분에게 식은 죽 먹기다. 이윽고 유배지의 이스라엘 백성은 이 희망을 붙들고 예루살렘으로 돌아올 수 있게 되었다.

이는 끝자리에 처했을 때 우리가 취해야 할 지혜다. 답답하고 힘들 때, 선교율보다 빠져나가는 비율이 더 높아 교회가 텅텅 빌 때, 자녀들이 교회에 없을 때, 신앙의 유산을 뒤져 거기서 희망의 단초를 발견하는 지혜가 필요한 것이다.

그리스도교 보물들

7대 신앙 유산 그렇다면 우리 신앙의 유산은 무엇인가? 성경과 신학 자료를 뒤져 보고 정리하니 '7대 신앙 유산'이 추려졌다.

우선, 신앙 유산 넘버원은 단연 '성경'이다.

그다음은 성경에서 추려진 '십계명'이다.

여기에 예수님이 가르쳐주신 '참행복'(=진복팔단) 과 '주님의 기도'가 추가된다.

그리고 복음의 핵심인 '향주3덕'(믿음·희망·사랑)과 '복음3덕'(청빈·순명·정결)이 있다.

끝으로, 이들 못지않게 중요한 '사도신경'이 있다.

우연인지 필연인지, 이번 '사도신경' 해설 특강으로 이 모든 주제를 평화방송 강의에서 다 다룬 셈이 되었다. 처음부터 계획하진 않았지만, 하다 보니 여기까지 왔다. 성령의 오묘한 안배를 느낀다.

신앙 유산의 피라미드   신앙의 유산을 자녀에게 물려주는 것은 그 무엇하고도 비교할 수 없는 가치를 지닌다. 그런데 가짓수가 많으면 헷갈린다. 그래서 7대 신앙 유산을 피라미드로 배열해 봤다. 함께 확인해 보자.

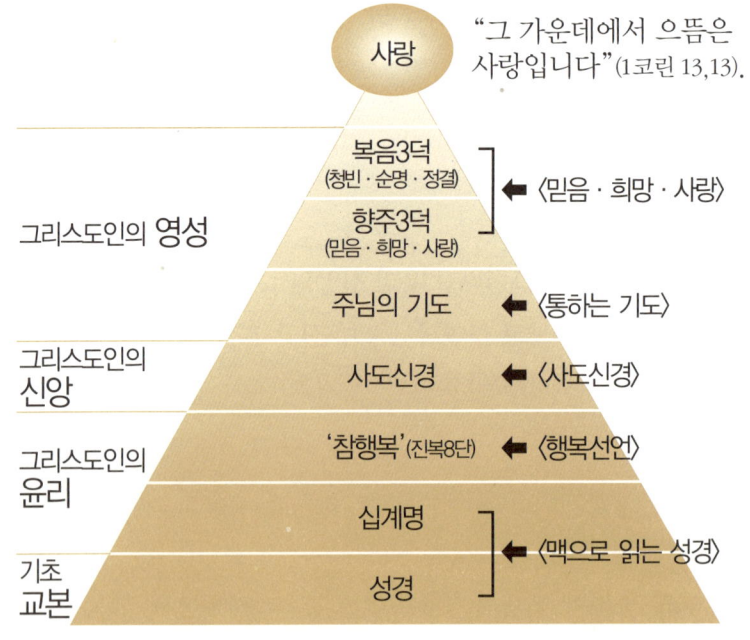

〈7대 신앙 유산의 피라미드〉

모든 것의 기본인 '기초교본'은 '성경'이다. 성경의 메시지는 무엇인가? 20세기 최고의 신학자 중 하나로 꼽히는 칼 바르트가 미국에서 특별 강연을 하던 중 한 신학생으로부터 이런 질문을 받았다. "박사님의 마음을 사로잡은 가장 큰 진리는 무엇입니까?" 그의 대답은 짧고 분명했다. "예수님께서 나를 사랑하십니다." 잠시 후 그가 다시 말을 이었다. "왜냐하면 성경이 내게 그렇게 말하고 있기 때문입니다." 성경은 '나'를 향한 하느님의 사랑 고백이라는 말이다.

이 성경을 깔고 '십계명'이 주어졌다. 성경이 하느님 사랑의 고백이라면 십계명은 이 사랑을 구현하도록 도와주는 가이드다. 그런데 십계명 하면 조금 짐스럽게 느껴진다. 그걸 지키려면 버릴 것도 좀 있고, 끊을 것도 조금 있고 하니 부담스러운 것이다. 그런데 막상 십계명 안으로 들어오면 홀가분하다. 오히려 세상의 짐을 다 내려놓고 사는 방법을 가르쳐주는 것이 십계명이다.

십계명은 구약 백성의 윤리다. 우리 선입견에 윤리하면 너무 의무감이 든다. 하지만 윤리는 따지고 보면 생활 지혜다. 이 지혜의 측면을 강조하면, 십계명이 사는 데 행복도 좀 가져다 줌을 깨닫게 된다. 시편을 보면 다윗 임금이 덩실덩실 춤을 추며 이렇게 고백한다.

"주님의 규정은 올발라서 마음을 기쁘게 하고 주님의 계명은 맑아서 눈에 빛을 주네. 주님을 경외함은 순수하니 영원히 이어지고 주님의 법규들은 진실이니 모두가 의롭네. 금보다, 많은 순금보다 더욱 보배로우며 꿀보다 생청보다 더욱 달다네"(시편 19,9-11).

다윗은 십계명의 진수를 알았던 것이다. 그래서 매일 하프를 키며 하느님을 그리워한 것이다.

신약으로 넘어오면 예수님이 십계명을 아주 밀도 있게 풀어주신 대목이 있다. 바로 '산상수훈'이다. 어느 날 예수님이 산상에서 제자들을 모아놓고 십계명을 해설해 주셨다. 그러면서 그것의 절정이 '참행복'임을 말씀하셨다.

이 참행복의 포인트는 "누려라"다. 이미 상은 차려져 있다. 누리기도 바쁘다. 구하러 다니지 말고 찾으러 다니지 말고 가지려고 하지 말고 싸우지 말고 있는 거 누려라. 이미 자연 속에서 주어진 것, 인간관계에서 주어진 것, 가정 안에서 주어진 것들을 누려라. 이런 메시지다.

참행복은 신약 백성의 윤리며, 십계명 풀이의 완성이다. 이는 구약 백성의 윤리를 버리지 않고 받아들였다는 뜻이기도 하다. 그래서 이 전체를 합해서 그리스도인의 윤리, 그리스도인의 지혜라고 한다. 여기까지는 "이렇게 살아야 한다"라는 삶에 해당하는 부분이다.

'사도신경'은 그 위에 기본으로 깔려 있는 그리스도인의 신앙이다. 점점 위로 올라가고 있다. 하늘스러워지고 있다. 사도신경의 정신은 이미 이 책 전체가 합창으로 노래하고 있으니 더 이상 말해 무엇하랴. 여하튼 이 신앙을 바탕으로 기도를 하는 것이다.

그리스도인의 기도 교과서는 '주님의 기도'다. '통하는 기도'라는 제목으로 푼 주님의 기도의 핵심 포인트는 하느님을 "아빠"라고 부르는 데에 있다. "아빠"라고 불렀으면 게임 끝이다. 흥정할 때를 한번 생각해 보자. 아빠랑 흥정하는 것과 잘 모르는 어려운 사람이랑

흥정하는 것의 차이는 크다. 그러니 하느님을 "아빠"라고 부르면 다 이루어진 셈이다.

그리고 주님의 기도를 가만히 뜯어 보면 '향주3덕'(믿음·희망·사랑)이 속해 있음을 알 수 있다. 우리는 향주3덕과 주님의 기도를 깔고 영성생활을 한다. '향주'는 주님을 향한다는 뜻으로, 위를 향한 덕이다. 앞의 그림에서 그 아래에 있는 것들은 지상에서 사는 삶의 덕이고, 이 향주3덕은 위를 향한 덕이다.

이 향주3덕을 더 본격적으로 밀도 있게 올인해서 살겠다고 선택한 삶이 '복음3덕'이다. 복음3덕은 청빈·순명·정결로 믿음의 완성이 '청빈', 희망의 완성이 '순명', 사랑의 완성이 '정결'이다. 이 세 가지는 그리스도인의 영성이다. 이는 수도자에게만 해당하지 않는다. 평신도도 열심히 하면 그렇게 살 수 있다.

피라미드의 마지막은 '사랑'이다. 이 지점에서 하느님의 사랑과 인간의 사랑이 만난다. 밑에서부터 올라가서 이 사랑 안에 딱 들어가면 하느님의 '사랑'이 마주 오신다.
"그러므로 이제 믿음과 희망과 사랑 이 세 가지는 계속됩니다. 그 가운데에서 으뜸은 사랑입니다"(1코린 13,13).
이로써 신앙의 절정에 이른 셈이다.

이 신앙의 유산은 우리의 삶을 풍요롭게 한다. 여기서 하나라도 빠지면 그것은 '결핍'이 된다. 이것들은 필수과목이다.

지금까지 확인한 것들은 평화방송TV와 책으로 만날 수 있다. 연도 순으로 치자면 〈맥으로 읽는 성경〉, 〈통하는 기도〉, 〈행복선언〉, 〈믿음·희망·사랑〉 그리고 이 책 〈사도신경〉, 이렇게 해서 꽉 채워졌다. 기초가 부실하면 다 무너진다. 빠진 부분은 꼭 채워 익히는 것이 좋겠다. 익혀서 '내' 것으로 만든 다음, 자녀들에게 물려줄 수 있다면 그야말로 금상첨화일 것이다.

유산 상속자   우리 각자가 유산 상속자다.

그런데, 이 유산 상속자의 기득권층은 학자들이라고 할 수 있다. 연구를 많이 했으니까. 옛날로 치면 율법 학자와 바리사이들에 해당한다. 이들은 성경과 율법을 독차지했다. 오늘날도 똑같은 일이 발생한다.

미국의 어느 대학 캠퍼스에 한 히피가 잔디밭에 앉아 성경을 읽고 있었다. 한참 성경을 열심히 읽던 그는 갑자기 벌떡 일어나 외쳤다. "할렐루야!"

마침 그 옆을 지나가던 자유주의 신학자는 깜짝 놀라 그에게 물었다. "이봐, 성경에 도대체 뭐라고 적혀 있기에 그 야단이야?"

탈출기를 펼쳐든 히피는 흥분이 가라앉지 않은 목소리로 대답했다. "하느님께서 이스라엘 백성들을 구하시려고 갈대 바다를 갈랐어요."

자유주의 신학자는 얼굴 가득 비웃음을 띠며 안타깝다는 표정으로 혀를 차며 말했다. "이 사람아, 성경은 그렇게 보는 게 아니야.

이스라엘 백성이 건넜다고 하는 그곳은 사실 물이 겨우 발목까지밖에 오지 않는 얕은 곳이었다구."

히피는 풀이 죽어 조금 실망스러워했다. 득의양양해진 자유주의 신학자는 가던 길을 다시 갔다. 그런데 히피가 아까보다 더 큰 목소리로 외치는 것이 아닌가. "할렐루야! 하느님은 위대하시다!"

자유주의 신학자는 되돌아 와서 히피에게 말했다. "이봐, 내가 성경은 그렇게 읽는 게 아니라고 했지? 이번에는 또 뭐가 그리 놀라운 거야?"

히피는 기쁨과 감격을 감추지 못하며 말했다.

"이것 좀 봐요. 정말 기적이에요. 하느님께서 겨우 발목 깊이밖에 안 되는 얕은 물에 이집트의 모든 군대와 말들을 빠져 죽게 만들었다니. 할렐루야!"

누가 진정한 유산 상속자인가? 잘 믿고 잘 받아들이는 사람이다. 교황이, 추기경이, 신부가, 교수가 유산 상속자가 아니다. 성경 읽고 잘 믿으며 "아멘" 해서 내 것으로 받아들이는 이가 유산 상속자다.

다음 세대를 위하여

거듭거듭 일러주라 이제 우리가 할 일은 무엇인가? 자녀에게 신앙 유산을 가르쳐주는 것이다. 매일매일.

"너희는 집에 앉아 있을 때나 길을 갈 때나, 누워 있을 때나 일어나 있을 때나, 이 말을 너희 자녀에게 거듭 들려주고 일러 주어라"(신명 6,7).

신앙교육은 '잔소리'다. 어감은 별로지만 이 '잔소리' 철학은 심오하다! 아이들이 싫어 해도 정말 중요한 것은 잔소리처럼 계속 말해 주는 것이 상책이다. 그리고 "내 자식은 내가 가르친다"는 생각으로 직접 가르치는 것이 좋다. 이스라엘인은 신앙교육만은 가정에서 0순위로 가르쳤다.

앞에서도 언급한 강영우 박사는 두 아들에게 이런 유언을 남겼다.
"해 보기 전에는 '결코, 결코, 결코 포기하지 마라'는 나의 말을 가슴 속 깊이 새긴 채로 자라준 너희들이 고맙다."[1]
결국, 큰아들은 2011년 워싱턴 포스트가 선정한 최고의 안과의사가 되었고, 둘째 아들은 오바마 미대통령 선임 법률 고문으로 임명됐다.
큰아들은 어렸을 때의 일을 이렇게 회고한다.
"오늘날 내가 성공적인 삶을 영위할 수 있는 것은 전적으로 우리 아버지 덕분이다. 우리 아버지는 나와 내 동생에게 '너희 아버지는 완전 맹인으로 외국어를 가지고 박사 학위도 받고 국제적으로 활동을 하고 있으니 너희들은 두 눈을 뜨고 모국어로 너희 아버지보다 더 많은 것을 성취할 수 있고 이 사회에 더 크게 공헌할 수 있다'고 종종 말씀하셨다. 내가 모험을 좋아하고 도전하여 극복하려는 자세를 가지게 된 것은 이러한 가르침에 기인한 것이다."[2]
강영우 박사도 자녀에게 잔소리꾼이었던 것이다. 해 보기 전에는

'결코, 결코, 결코 포기하지 마라'…….

보여 주라   초창기 이스라엘인은 야훼 하느님의 강력한 역사 개입을 체험했다. 그들은 야훼가 누군지 체험을 통해서 깨닫고 알았다. 그런데 그다음 세대에 위기가 온다.

하느님을 체험한 이가 모두 죽자, 하느님도 알지 못하고, 하느님께서 이스라엘인에게 베푸신 업적도 알지 못하는 다른 세대가 등장한 것이다. 그래서 이 문제를 해결하기 위해 신앙교육의 중요성을 강조하기 시작한다. 이는 지금 전하고자 하는 메시지하고 똑같다.

예수님은 말씀하셨다.
"너는 기도할 때 골방에 들어가 문을 닫은 다음, 숨어 계신 네 아버지께 기도하여라"(마태 6,6).
이 말씀은 옳다. 그런데 이건 옛날 얘기다. 오늘날 자녀 세대의 허술한 신앙 때문에 골머리를 앓고 계신 예수님은 꼭 이렇게 말씀을 바꾸실 것 같다.
"골방에서 나와라. 나와서 애들이 보는 데서 기도하거라."
그러니 거실에서 기도하고, 묵주 들고 애들 공부방에도 들락날락할 일이다. 이렇게 보여 주면 아이는 든든한 마음이 생긴다. "아, 나를 위해 누군가 기도해 주고 있구나. 우리 엄마가 나를 위해 기도하는 구나." 이보다 좋은 응원이 어디 있을까.

보이는 대로 나중에 따라 하게 되어 있다. 그러니 자녀가 보는 앞에서 신앙의 유산을 쫙 펴놓고 읽고 익히라는 것이다.

함께 누리라 　　보화는 누리는 사람이 임자다. 성 요한 크리소스토모는 이렇게 말했다.

"여러분은 예수님의 옷자락을 만졌던 여인을 부러워하겠지요. 그리고 눈물로 그분의 발을 씻겨드렸던 죄 많은 여인과 그분의 여정에 동행하면서 시중들었던 갈릴래아의 여인들, 그분과 친밀하게 대화할 수 있었던 사도들과 제자들, 그분의 입술로부터 솟아나오는 은총과 구원의 말씀을 들을 수 있었던 그 당시의 사람들을 부러워하겠지요.

제대 가까이 오십시오. 그러면 여러분도 그분을 뵐 수 있습니다. 영성체로써 그분을 느끼고 그분께 친구(親口)할 수 있으며, 그분을 여러분의 눈물로 씻어드릴 수 있고, 지극히 거룩하신 마리아께서 하셨던 것처럼 여러분도 그분을 여러분 안에 모시고 다닐 수 있습니다."[3]

예수님을 직접 만난 이가 부럽다면, 제대 가까이 오라는 말이다. 그러면 우리도 그분을 직접 뵐 수 있다는 얘기다.

또한, 부활하신 예수님은 "평화가 너희와 함께"라고 말씀하시며 우리에게 평화를 주셨다. 한번 성당에 가서 제대 앞에 앉아 보라. 삼매에 빠질 즈음 이런 음성이 들려올 것이다.

　　당신은 너무 많이 달렸습니다.
　　당신은 너무 오래 서 있었습니다.
　　당신은 너무 오랫동안 싸웠고, 밀어붙였으며,

당신의 길을 헤쳐 나왔습니다.
하느님은 마침내 당신을 주목하셨습니다.
그분은 말씀하고 계십니다.
'됐다! 이제 그만! 내게 맡겨라!
거기 네가 걸어온 뜨거운 모래에 앉아라.
네 옆에 무엇이 있는지 보아라.
시원한 물이 넘쳐나는 샘이다.'
곧 하느님은 기뻐하시면서 두레박으로 물을 퍼서
당신의 영혼을 시원케 하실 것입니다.
가만히 앉아 있으십시오.
거기 가만히 계십시오.[4]

교회로 초대하시는 주님이시다. "와서 누려라"시는 재촉이다.

세상을 위하여

가라   그렇다면, 동시대인을 위해서는 무엇을 해야 할까? 세상 속으로 가야 한다. 불심장으로 나가 외쳐야 한다.

"'그분을 기억하지 않고 더 이상 그분의 이름으로 말하지 않으리라.' 작정하여도 뼛속에 가두어 둔 주님 말씀이 심장 속에서 불처럼 타오르니 제가 그것을 간직하기에 지쳐 더 이상 견뎌 내지 못하겠습니다"(예레 20,9).

이런 불이 가슴에서 타올라야 한다.

나의 복음 선교 열정은 송해붕 세례자 요한과의 만남을 통해 새로운 차원을 얻게 되었다. 저술, 강연, 매스컴 활동에서의 열매는 계획한 것도 애써 추구한 것도 아니다. 어쩌다 보니 그렇게 되었다. 설명할 수 없는 성과에 놀랄 따름이다.

돌이켜 볼수록 송해붕 세례자 요한의 전구를 느낀다. 송해붕 세례자 요한은 약하디 약한 내 체력을 천상에서 붙잡아 주셨다. 그분과의 인연은 앞서 밝혔다.

나는 기도 중에, 주님께서 송해붕 세례자 요한을 21세기 선교의 하늘 일꾼으로 세워주셨음을 확신한다. 송해붕 세례자 요한은 생전에 이런 말을 남겼다.[5]

"주님의 종 공깃돌의 동지는 절대로 혼자 천국에 가기를 원치 않고 여하한 방법으로든지 죄악 중에 방황하는 남녀노소의 수많은 영혼을 이끌고 갈 것이다."

복음을 전하자는 말이다. 그의 거룩한 강박은 여기서 그치지 않는다.

"보통의 열성은 보통의 일밖에 못한다. […] 삼천리강산의 동포의 무리를 진리의 성신으로 성화시키기 위해서는 첫째 보통이 아닌 초자연적인 열성, 둘째 예수 성심에 취한 열성으로 피눈물 섞인 희생과 고통을 극복하는 정신이어야 한다."

1950년대 송해붕 선생께서 삼천리강산의 동포 무리를 가슴에 품은 것은, 지금으로 치면, 세계를 품은 것과 무엇이 다르랴.

복음을 전하는 이를 기다리는 것이 있다. 예상치 못한 선물! 나는 오늘도 입술로, 눈으로, 귀로 약속의 말씀을 사모한다.

"어떠한 눈도 본 적이 없고 어떠한 귀도 들은 적이 없으며 사람의 마음에도 떠오른 적이 없는 것들을 하느님께서는 당신을 사랑하는 이들을 위하여 마련해 두셨다"(1코린 2,9).

아멘.

참고문헌

1. 프롤로그
1 「사도들의 신조에 대한 주석」, 2, 이상국, 『사도 교부들의 가르침』, 성바오로, 305쪽
2 칼빈, 「신앙」, 빠라(Les Belles Lettres)에 의한 편집], 1937, 2권, 45면, 이상국, 『사도 교부들의 가르침』, 성바오로, 303-304쪽
3 「설교들」, 212,213,214, 이상국, 『사도 교부들의 가르침』, 성바오로, 328-329쪽

3. 전능하신 천주 성부
1 아우구스티노, 『고백록』 1권 1장

5. 그 외아들 우리 주 예수 그리스도님
1 한스 큉, 『믿나이다』, 분도
2 구상, 「나자렛 예수」, 『두 이레 강아지 만큼이라도 마음의 눈을 뜨게 하소서』, 성바오로딸수도회

6. 성령으로 인하여 동정 마리아께 잉태되어 나시고
1 성 이냐시오, 「에페소인들에게 보낸 서간」
2 차동엽, 『여기에 물이 있다』, 미래사목연구소
3 이현주, 『세기의 기도』, 삼인, 199-201쪽

8. 고난을 받으시고 십자가에 못 박혀 돌아가시고 묻히셨으며
1 린다 딜로우, 『만족, 좋은씨앗
2 풀톤 J. 쉰, 『그리스도의 생애』, 성요셉출판사

9. 저승에 가시어 사흘날에 죽은 이들 가운데서 부활하시고
1 정충영, 〈크리스천투데이〉, 2010년 10월 13일자
2 『로마교리서』 1, 6, 3.
3 745년의 로마 공의회: DS 587
4 DS 1011; 1077
5 625년의 제4차 톨레도 공의회: DS 485; 마태 27,52-53
6 고흥식, 『감동의 면화 100% 활용하기』

2. 크리스천리더
7 구엔 반 투안, 『지금 이 순간을 살며』, 바오로딸

10. 하늘에 올라 전능하신 천주 성부 오른편에 앉으시며 그리로부터 산 이와 죽은 이를 심판하러 오시리라
1 페드로. 아루페, 「한 예수회원의 영적 여정」, 제임스 마틴, 『나의 멘토 나의 성인』, 가톨릭출판사, 159쪽

11. 성령을 믿으며(1)_ 성령강림
1 제임스 마틴, 『나의 멘토 나의 성인』, 가톨릭출판사, 301쪽
2 「연설」10, 1: PG 35, 827., 아고스티노 트라페, 『교부들의 사제 영성』, 분도출판사, 231쪽
3 최영철, 『또한 사제와 함께』, 두엄

12. 성령을 믿으며(2)_ 은사계발
1 『주부생활』, 2012년 2월 호
2 제임스 마틴, 『나의 멘토 나의 성인』, 가톨릭출판사, 302쪽
3 「설교」80, 7: NBA 30/1, 590., 아고스티노 트라페, 『교부들의 사제 영성』, 분도출판사, 106-107쪽

13. 거룩하고 보편된 교회(1)_ 우리가 교회다
1 도로시 데이, 『기나긴 고독』, 제임스 마틴, 『나의 멘토 나의 성인』, 가톨릭출판사, 319쪽
2 이레네우스, 「이단 반박」 4, 26, 2., 한국교부학연구회, 『내가 사랑한 교부들』, 분도출판사, 111쪽
3 최영철, 『또한 사제와 함께』, 두엄
4 『가톨릭교회교리서』 817항
5 『교회헌장』 12항
6 『사목헌장』 1항

14. 거룩하고 보편된 교회(2)_ 성사인 교회
1 마이클 야코넬리, 『뒤엉킨 영성』, 씨뿌

리는사람

15. 모든 성인의 통공
1 월간 『가이드 포스트』, 2012년 4월 호

16. 죄의 용서
1 성찬경, '봉헌', 『황홀한 초록빛』, 프란치스코출판사

17. 육신의 부활
1 최영철, 『또한 사제와 함께』, 두엄

18. 영원한 삶(1)_ 종말
1 김윤덕, 『뒤주 속의 성자들』, 주변인의 길
2 제임스 마틴, 『나의 멘토 나의 성인』, 가톨릭출판사, 165-166쪽
3 교황청신앙교리성성, 「종말론의 몇 가지 문제점에 관한 서한」 (1979. 5. 11.)
4 이현주, 『세기의 기도』, 삼인, 332-333쪽

19. 영원한 삶(2)_ 은총이 흐르는 삶
1 이현주, 『보는 것마다 당신』, 샨티
2 차동엽, 『맥으로 읽는 성경』, 위즈앤비즈
3 십자가 마리아, 「눈물」, 『노랑꽃 엄마꽃』, 선우미디어

20. 아멘!
1 김인환, 『21세기 리더 예수의 제자가 되어라』, 지티엠
2 신경식, 『드림 메이커』, 제네시스21

21. 에필로그
1 『주부생활』, 2012년 2월 호
2 강영우, 『어둠을 비추는 한 쌍의 촛불』, 생명의말씀사
3 스테파노 M. 마넬리, 『성체성사에서 만나는 예수님 사랑』, 가톨릭출판사
4 찰스 스윈돌, '하느님께 맡겨라', 『지혜』, 요단출판사
5 안 영 엮, 『스물넷, 못다 사른 불꽃』, 미래사목연구소

종도신경(제2차 바티칸 공의회 이전)

나 천지를 조성하신 전능 천주 성부를 믿으며,

그 외아들 우리 주 예수 그리스도를 믿으며,

저 성신을 인하여 강잉하사 마리아 동신께로서 나심을 믿으며,

본시오 비라도 벼슬에 있을 때에 난을 받으사,

십자가에 못박혀 죽으시고 묻히심을 믿으며,

지옥에(림보, 라말) 내리사 사흘날에 죽은 자 가운데로 조차 다시 살으심을 믿으며,

하늘에 오르사 전능 천주 성부 우편에 좌정하심을 믿으며,

저리로 조차 산 이와 죽은 이를 심판하러 오실 줄을 믿나이다.

나 성신을 믿으며, 거룩하고 공번된 회와

모든 성인의 서로 통공함을 믿으며,

죄의 사함을 믿으며,

영원한 삶을 믿나이다.

아멘.

-천주성교공과(1963) 발췌

사도신경(1996년 새 번역 개정 이전)

전능하신 천주 성부

천지의 창조주를 믿나이다.

그 외아들 우리 주 예수 그리스도,

성신으로 동정녀 마리아께 잉태되어 나시고,

본시오 빌라도 치하에서 고난을 받으시고,

십자가에 못박혀 죽으시고 묻히셨으며,

고성소에 내리시어 사흘날에 죽은 이들 가운데서 부활하시고,

하늘에 올라 전능하신 천주 성부 오른편에 앉으시며,

그리로부터 산 이와 죽은 이를 심판하러 오시리라 믿나이다.

성신을 믿으며, 거룩하고 공번된 교회와,

모든 성인의 통공을 믿으며,

죄의 용서와 육신의 부활을 믿으며,

영원한 삶을 믿나이다.

아멘.